BIBLIOTHÈQUE
DE PHILOSOPHIE CONTEMPORAINE

LE SUCCÈS

AUTEURS ET PUBLIC

ESSAI DE CRITIQUE SOCIOLOGIQUE

PAR

GASTON RAGEOT

MAURICE BARRÈS — RENÉ BAZIN
TRISTAN BERNARD — PAUL BOURGET — ALFRED CAPUS
MAURICE DONNAY — FERNAND GREGH
ABEL HERMANT — PAUL HERVIEU — PIERRE LOTI
Mme DE NOAILLES — GEORGES DE PORTO-RICHE
MARCEL PRÉVOST — ANDRÉ RIVOIRE — EDMOND ROSTAND
JACQUES VONTADE

PARIS

FÉLIX ALCAN, ÉDITEUR

ANCIENNE LIBRAIRIE GERMER BAILLIÈRE ET Cie

108, BOULEVARD SAINT-GERMAIN, 108

1906

1423-05. — Coulommiers. Imp. PAUL BRODARD. — 11-05.

LE SUCCÈS

LE SUCCÈS

AUTEURS ET PUBLIC

ESSAI DE CRITIQUE SOCIOLOGIQUE

PAR

GASTON RAGEOT

MAURICE BARRÈS — RENÉ BAZIN
TRISTAN BERNARD — PAUL BOURGET — ALFRED CAPUS
MAURICE DONNAY — FERNAND GREGH
ABEL HERMANT — PAUL HERVIEU — PIERRE LOTI
Mme DE NOAILLES — GEORGES DE PORTO-RICHE
MARCEL PRÉVOST — ANDRÉ RIVOIRE — EDMOND ROSTAND
JACQUE VONTADE

PARIS

FÉLIX ALCAN, ÉDITEUR

ANCIENNE LIBRAIRIE GERMER BAILLIÈRE ET Cie

108, BOULEVARD SAINT-GERMAIN, 108

1906

LE SUCCÈS

INTRODUCTION

Lorsque, le matin, nous parcourons au réveil notre journal habituel, nous ne nous attardons pas plus à la chronique dramatique qu'à tout le reste; au contraire. Nous savons le chroniqueur, le plus souvent distrait, parfois incompétent[1]. Cependant, comme il n'y a plus guère de lecteurs d'un seul journal (heureusement, car je hais l'homme d'une seule gazette), nous sommes tout de suite fixés, pour peu que nous soyons amateurs de spectacles, sur le point de savoir si nous irons ou non écouter cette pièce. Et les conversations d'amis confirment cette détermination inspirée par la presse, en sorte que le plus souvent nous finissons par louer un fauteuil, sans savoir pourquoi, parce que nous ne pouvons pas faire autrement, en vérité.

De même, s'il est un fait acquis, c'est que la critique littéraire se meurt, que la critique littéraire est morte. Ce n'est offenser personne que d'observer combien sont rares les articles « qui valent l'argent », et accroissent la vente d'un ouvrage, dont l'éloge a été fait par tel ou tel juge patenté. Et, comme les chroniques de cet ordre n'ont pas dans les journaux la même exactitude que les comptes rendus des théâtres, leur effet se trouve encore atténué de ce qu'ils paraissent si souvent hors de propos. N'empêche que, quelques jours

---

1. Il faut naturellement excepter les feuilletons hebdomadaires qui ne sont pas du journalisme.

après l'apparition d'un livre, pour peu que l'on soit soucieux de se tenir au courant de ce qui s'imprime, on a pris son parti de l'acheter.

Il y a donc lieu de séparer bien nettement cette curiosité, qui me pousse au théâtre ou chez le libraire, des impressions que je ressentirai dans la suite, en écoutant la pièce ou en lisant le roman, — de la même façon qu'il faut distinguer des nécessités générales qui, vers la trentaine, nous conduisent au mariage, les motifs particuliers que nous avons de choisir la personne dont nous sommes amoureux, de même encore qu'il ne faut pas confondre la docilité que j'apporte à suivre une mode de toilette et le jugement que je réserve sur son incommodité ou sa laideur. Dans tous ces cas, je subis pareillement une contrainte, je me conforme à un mouvement, qui m'est communiqué du dehors. Dans tous ces cas aussi, il y a une sanction à mon attitude de conformité ou de résistance. L'état de célibataire, dans notre actuelle société, entraîne un certain nombre d'inconvénients, qui en sont comme la punition infligée par le milieu. Si je me dérobe à une mode, je suis ridicule. De même, si j'ignore *Cyrano de Bergerac*, de quoi ai-je l'air ? J'ai le droit de prononcer sur lui tel jugement que je voudrai, mais je suis obligé d'en avoir un.

Ce n'est donc jamais par moi-même, quelle que soit ma liberté d'esprit et mon initiative, que je me détermine dans le choix de mes plaisirs et de mes lectures. Tous, nous sommes plus ou moins le riche bourgeois qui dit une bonne fois à son libraire : « Envoyez-moi tout ce qui paraît d'important ! »

J'appelle précisément, dans le domaine de l'art, *succès*, cette obligation qu'une œuvre nous impose de nous occuper d'elle. Il n'y entre aucun élément artistique, puisque j'ignore encore cette œuvre dans l'instant que j'en subis l'attrait, et que c'est précisément parce que je ne sais pas ce que je vais voir au théâtre que je vais pour le voir. C'est à peine si, dans mon fauteuil ou dans mon cabinet, je parviendrai à m'abstraire de ces présomptions, — car ce serait les subir encore que d'en prendre justement le contre-pied, — et à juger par moi-même, cette fois-ci, et tout seul, de mes propres impressions. Je ne vais pas au spectacle parce que je le trouve beau avant de l'avoir vu, mais parce que des convenances diverses me poussent à l'aller voir. — Dès lors, est-ce que je ne le trouve pas beau, parce que j'ai été le voir ?

Le maître. de la Sociologie contemporaine[1] définit ainsi un fait social : « *Est fait social toute manière de faire, fixée ou non, susceptible d'exercer sur l'individu une contrainte extérieure ; ou bien encore, qui est générale dans l'étendue d'une société donnée tout en ayant une existence propre, indépendante de ses manifestations individuelles.* »

Le succès, semble-t-il, répond à cette définition : n'est-il pas un fait social ? et, s'il en est un, n'allons-nous pas parvenir à faire pénétrer avec lui, dans le domaine toujours subjectif de l'art et de la critique, la méthode la plus précise ? Si l'opinion que j'ai sur le succès d'Edmond Rostand est qu'il ne le mérite pas, cette opinion est indépendante de la réputation d'Edmond Rostand qui demeure, par rapport à mon jugement, un fait général. Et si mes impressions littéraires ont la délicatesse et la fluidité insaisissable des sentiments, cette réputation a la réalité objective d'une simple *chose*, d'un phénomène extérieur et observable. On pourrait donc ouvrir en partant de là une voie nouvelle à la critique, celle de la *critique sociologique*, par la constatation et l'analyse du succès.

Précisons.

.˙.

A considérer une œuvre d'art comme une réalité quelconque, comme un fait parmi les autres, elle présente trois aspects auxquels correspondent trois problèmes.

1. Dürkheim. *Règles de la méthode sociologique.* (Paris, F. Alcan.)

I. Cette œuvre est un fait esthétique: à quelque degré que ce soit, elle présente un caractère de beauté. Elle est l'expression plus ou moins heureuse d'un idéal, elle atteste une réalisation plus ou moins fidèle de règles, de canons, qui s'imposent aussi bien à l'inspiration de l'artiste qu'à sa technique. Ce que l'on appelait autrefois la *Critique littéraire*, — ce qu'on appelle encore la *Critique d'Art*, — se proposait justement de répondre à cette question : dans quelle mesure une œuvre est-elle belle? Elle l'évaluait esthétiquement, établissait son degré de conformité à un idéal déterminé. Ainsi Corneille, dans ses *examens*, prouvait qu'il avait respecté dans ses tragédies les règles d'Aristote. Mais, à supposer que Corneille eût violé ces règles, pourquoi eussent-elles été meilleures que l'idéal personnel de Corneille, Corneille valant Aristote? Cette critique d'appréciation, opposant convenances à convenances, ne pouvait avoir d'autre mérite que celui de son auteur. Il y fallait, pour juger une œuvre, plus de talent que pour l'écrire. Déjà, dans la première partie du xix° siècle, Villemain tenta d'y substituer l'histoire. On la dit morte aujourd'hui, dénuée de revues pour l'imprimer, de public pour la lire. C'est à peine si M. Jules Lemaître, ce poète de l'impressionnisme littéraire, y peut être rattaché. Elle était sentimentale, subjective, personnelle. Sans doute renaîtra-t-elle quelque jour sous une forme rationnelle, puisqu'aussi bien il doit être possible de résoudre scientifiquement ce problème de la beauté, et que c'est à quoi tâche l'*esthétique*.

Lorsque cette nouvelle étude nous aura révélé les conditions générales et permanentes de la beauté, nous n'aurons plus qu'à rechercher, par comparaison, comment chaque œuvre les a en effet réalisées et dans quelle mesure. Ce sera l'âge définitif d'une critique positive. On évaluera la beauté d'une œuvre comme on calcule la solidité d'un édifice. Mais l'esthétique n'est point faite, et cette première question ne peut avoir, actuellement, aucun sens utile.

II. Cette œuvre est un fait psychologique. Elle a été créée par son auteur. Elle est un effet dont la cause fut le génie de son producteur, son tempérament, sa personnalité. Est-il possible de remonter de l'analyse de cet effet à la connaissance de cette cause, de *Parsifal* à Wagner, de la chapelle Sixtine à Michel-Ange, de *Phèdre* au Janséniste amoureux de la Champmeslé ? Telle fut précisément la croyance et la tentative du maître de la critique française, Sainte-Beuve, prince de la finesse et roi de l'intelligence. Il a entrepris de faire par les œuvres l'histoire des esprits, de tracer des portraits d'après ses lectures. Comme il lui manquait une psychologie positive qui pût l'informer des lois générales de l'esprit et lui fournir, par comparaison, les traits différenciels des esprits auxquels il appliquait son étude, il pensa tourner la difficulté et compléter les résultats de sa clairvoyance naturelle par une information biographique. Pour retrouver l'auteur, il ajouta à son œuvre sa vie, Port-Royal à *Phèdre*, pour deviner Racine. Et il ne s'aperçut point, malgré sa subtilité, qu'il y avait à interpréter ces données biographiques, sans le secours d'une science psychologique, la même difficulté et le même risque que pour l'œuvre elle-même. C'était une autre forme d'empirisme subjectif, et, une fois encore, l'entreprise du critique ne valut que ce que valut Sainte-Beuve[1].

Mais la question : une œuvre signifie un esprit, était bien posée. Pour la résoudre aujourd'hui, ne nous sera-t-il pas possible de remplacer le talent de Sainte-Beuve, qui nous manque à tous, par une psychologie positive, qui lui fit défaut[2] ?

---

1. « Sainte-Beuve a donné, — rien de plus, rien de moins, — d'étonnantes biographies d'âmes. Sa critique est purement réaliste, d'une grande valeur artistique, par l'expression des caractères individuels, d'une insignifiante portée scientifique, parce qu'il n'y a pas de science de l'individu. » G. LANSON.

2. C'est à peu près encore la méthode et le point de vue de M. E. Faguet qui, se gardant de toute théorie, ne s'intéresse qu'à l'analyse des esprits, au démontage de leur mécanisme, et y excelle.

III. Cette œuvre est un fait historique. Elle apparaît à une date du temps, en un lieu de l'espace, chez un peuple qu'elle exprime et qui l'accepte. C'est justement cette relation d'une œuvre à l'ambiance physique et sociale qui avait frappé Taine. Formé aux disciplines de l'histoire, il eut idée d'en faire application à la critique des œuvres d'art. De même que Sainte-Beuve avait rattaché l'œuvre à son auteur, Taine entreprit de rattacher l'auteur à sa race, à son milieu (habitat et hérédité), à son moment. C'était introduire enfin, dans le domaine de la critique, l'idée du déterminisme, première condition de toute discipline scientifique. Il n'y avait plus à juger une œuvre, mais à l'expliquer, comme la France contemporaine par ses origines, en montrant de quels facteurs elle était la résultante nécessaire. La Fontaine, c'était la Champagne et le XVII⁰ siècle, la littérature anglaise, l'histoire et la géographie de l'Angleterre.

La fortune d'une telle « philosophie de l'art » fut considérable. Elle bénéficia, outre le talent de Taine, de l'extrême habileté ou du rare bonheur avec lequel il en fit application à quelques cas, auxquels, en effet, elle devait paraître le mieux convenir. Aujourd'hui encore il serait malaisé d'établir qu'elle est fausse. Elle est surtout vague, d'une généralité qui la rend scientifiquement inutile, artistiquement illusoire, car, à l'inverse de Sainte-Beuve qui ne s'était pas assez soucié du général, ce que Taine laisse échapper, c'est l'individuel. S'il est certain que les conditions physiques et morales de son développement agissent sur le génie d'un écrivain, la question demeure justement de savoir comment s'exerce cette influence, comment ces causes générales se sont composées pour produire cet effet particulier. Expliquer Racine, selon la remarque de M. Lanson, est autre chose que d'expliquer la Tragédie française, et si personne n'échappe à ces conditions du dehors, comment chacun les subit-il? Pourquoi Corneille, Flaubert et Maupassant ont-ils emporté de la Normandie des im-

pressions différentes ou, au contraire, pourquoi Racine
et Pradon, — cet exemple est toujours bon, — ont-ils
traité si différemment le même sujet ? Quelle est pour
chaque écrivain sa réaction personnelle aux causes im-
personnelles, tout est là [1].

L'ambition de ce vaste esprit critique fut donc encore
excessive, et la marche qui peut convenir à une étude
précise sera justement l'inverse de la marche qu'il a pro-
posée. Je ne puis partir utilement d'aucune condition
préalable pour définir une œuvre, parce qu'il m'est
encore impossible de découvrir comment cette condition,
quelle qu'elle soit, a pu produire, si elle l'a produite, en
fonction d'une individualité inconnue, qui est l'auteur,
cette œuvre. Cette œuvre, en effet, est ma seule donnée
spécifique, et qui relève directement de mon observation.
C'est d'elle seulement que je pourrai partir, non plus
pour remonter la chaîne hypothétique de causes qui
m'échappent, mais pour suivre une série d'effets qui me
sont également donnés, car si l'œuvre a été écrite par
son auteur, elle a été lue par des lecteurs, applaudie
par des spectateurs. L'œuvre est un fait historique, non
seulement par son apparition, mais surtout par sa destinée, et la première démarche nécessaire est d'étudier
ce qu'il est advenu d'elle dans le milieu social où elle
a évolué. Lorsque le *Cid* fût joué, comment fut-il ac-
cueilli ? Les énergiques contemporains de Richelieu et
de Retz reconnurent-ils dans le héros de la volonté
leur propre image, de même que dans l'amoureuse
racinienne se complut toute une cour nerveuse et agitée ?
Par rapport à une œuvre d'art, sous peine de retomber
dans l'hypothèse et la fantaisie personnelle, il faut

---

1. « Euripide et Aristophane sont du même temps, comme Lucrèce
et Cicéron, comme l'Arioste et le Tasse, comme Cervantès et Lope de
Véga, comme Gœthe et Schiller, comme Léopardi et Giusti, comme
Heine et Uhland, comme Swinburne, Browning et Tennyson, comme
Tolstoï et Dostoïewski. Shelley dans l'Angleterre du commencement de
ce siècle est un anachronisme, comme Stendhal au milieu des guerres
de l'Empire, comme Balzac et Delacroix dans la société de la Monarchie
de Juillet » (Émile Hennequin, *La Critique scientifique*).

entendre comme « moment » à étudier, non pas celui qui la précède, mais celui qui la suit. L'œuvre et son public, telle est la donnée vivante, concrète, le fait complet et observable[1].

Est-il donc possible, par une analyse pareille à la précédente, d'inférer de l'œuvre admirée la psychologie de ceux qui l'admirent et, après avoir atteint l'auteur, de parvenir au public?

Dans l'un et l'autre cas, j'ai à ma disposition des disciplines. De même qu'il doit suffire d'une bonne méthode psychologique pour suivre Sainte-Beuve dans les portraits, nous trouverons un guide sûr dans la méthode sociologique pour étudier, après Taine, le milieu réel de l'œuvre, celui où elle a vécu, heureuse ou

[1]. M. Ferdinand Brunetière, le plus vigoureux et le plus systématique esprit que nous ayons eu dans la Critique, depuis Taine, a bien vu que la notion la plus utile à préciser de la théorie de Taine était celle du moment. Il a cherché cette détermination exacte dans sa grande hypothèse de l'évolution des genres, qui ne fut que l'expression critique de son traditionalisme instinctif. C'est par elle qu'il maintient dans l'histoire littéraire le point de vue essentiellement historique, le point de vue dynamique, et qu'il dégage dans le temps la solidarité des esprits. Nous sommes liés aux morts, de toutes les manières, et ce qu'il faudrait appeler le « moment » littéraire d'une œuvre, c'est la pression exercée sur l'esprit de son auteur, consciemment ou inconsciemment, par tout ce qui a été produit avant lui :

« A chaque « moment » de l'histoire d'un art ou d'une littérature, quiconque écrit est donc sous le poids, si je puis ainsi dire, de tous ceux qui l'ont précédé, n'importe ou non qu'il les connaisse, et c'est en passant, pour cela, que l'originalité est si rare, même dans l'ignorance. Et ce qui est vrai de l'artiste ou de l'écrivain, qu'il le soit encore davantage de leur public à tous deux, je n'ai pas besoin de le montrer longuement. »

J'emprunte ce passage au très bel et très élogieux article qu'il a consacré au regretté Hennequin, auteur de *La Critique scientifique* et l'un des premiers à débrouiller ces problèmes (*Questions de critique*, 1889).

Une telle connaissance de l'évolution des genres, ou tout au moins de l'évolution littéraire, est en effet indispensable. Mais elle correspond simplement à l'emploi de l'histoire, qui est un procédé nécessaire, une démarche élémentaire dans toute tentative sociologique et par conséquent ici, si l'on adopte notre point de vue, de tout essai critique, soit pour l'analyse psychologique de l'auteur, puisque la recherche des influences subies en sera quelquefois l'essentiel, soit pour l'analyse sociologique du public, puisque le plus souvent, par prolongement ou réaction, ses tendances ne sont que des transformations de tendances précédentes. Mais, me semble-t-il, ce ne sera toujours là qu'un élément d'un tout très complexe, non une méthode pour décomposer ce tout en ses éléments.

malheureuse. Psychologie individuelle de l'auteur, psychologie collective du public seront ici parfaitement complémentaires.

Car on s'imagine volontiers que le succès d'un écrivain dépend de cet écrivain. Même si on s'efforce de le rattacher à son milieu et à son époque, on ne cherche à expliquer par là que sa personnalité, qui rendra compte de sa fortune. On persiste à rapporter sa réputation à son talent. On lui attribue le mérite de sa célébrité ou de sa gloire. Mais quand un écrivain a réussi, en outre des causes particulières et inconnues qui ont composé son génie, il faut considérer d'autres causes, collectives, celles-là, sans doute déterminables. Après la Révolution, la disparition des salons, la chute de la royauté féminine, la création du journalisme, le développement des idées scientifiques, tous ces changements profonds n'ont-ils pas eu pour effet de constituer à la littérature un public bien nouveau ? Est-ce que *Hernani* aurait réussi à la cour de Louis XIV, et *Andromaque* devant les jeunes « France » ? Est-ce son style qu'ont blâmé les ennemis de Renan, et n'est-ce que l'esprit de Maurice Donnay qu'ont applaudi les trois cent mille spectateurs du *Retour de Jérusalem* ? Sous forme de tendances, d'opinions, d'aspirations, concrétisées aussitôt sous les diverses formes orales ou écrites de la publicité, et directement manifestées par la consommation du produit, nous devons donc reconnaître des forces éparses qui, dès son apparition, saisissent l'œuvre nouvelle pour l'élever aux nues ou la jeter à bas.

Et nous pouvons maintenant, avec une nouvelle précision, définir le succès, le *fait qu'une œuvre produite par une personnalité a été adoptée par une collectivité*. Ainsi, il apparaît bien comme un fait privilégié, nous installant d'emblée dans une double étude, celle de l'auteur, celle du public.

.*.

Maintenant que faut-il entendre par succès ? Où commence-t-il ? A quel signe précis déciderai-je qu'un écrivain peut ou doit intéresser la psychologie du succès ? Prendrai-je pour criterium la réputation, la publicité, les honneurs ? Tout cela est trop mobile, et pour que la méthode ait de la rigueur, il faut que le succès cesse d'être un fait d'appréciation relevant de la critique, et devienne un élément positif ressortissant à la statistique. Il faut qu'il puisse être traité comme un phénomène économique. Nous serons sûrs de ne pas nous tromper en compulsant les comptes des libraires et les recettes des théâtres [1], et l'on mesurera le succès à son rendement commercial. Je n'entends point par là que le succès ne consiste que dans ce rendement, mais que ce rendement est le seul côté par lequel on puisse l'observer. Il en est le signe comme un jugement est le signe de la justice, comme le droit est le signe des mœurs, et les mœurs de la morale. Les rois pensionnaient les écrivains, l'Académie couronne encore les poètes et Molière fait toujours recette à la Comédie française. Il n'y a pas de célébrité sans bénéfices.

Mais, dira-t-on, quel philistin, quel « bourgeois », fit jamais de la richesse la mesure de la gloire ? Est-ce que le renom des poètes, qui ne se vendent pas, n'est pas le plus noble ? et aujourd'hui, par exemple, François de Curel devra-t-il être moins honoré qu'Alfred Capus ? Et même en lui laissant une acception plus large où entreraient les honneurs, les distinctions et les éloges publics, à prendre uniquement le succès comme fait d'observation en critique, n'arrivera-t-il pas trop souvent que le mérite personnel, dans le concours des causes générales, devra être compté à peu près pour

1. Je n'oublie point les fraudes des éditeurs et les ruses des auteurs pour majorer les tirages des volumes et les recettes des pièces. Mais ces causes d'erreur, étant constantes et universelles, se neutralisent.

rien ? Il est même à présumer que le succès, qui est social, sera d'autant plus accusé dans chaque cas particulier que les éléments originaux y auront eu moins de part. En sorte que, s'il est légitime que le critique s'efforce de ne plus juger, il est tout de même excessif qu'il s'expose à prendre toujours le contre-pied de l'artiste et de l'esthéticien. Faudra-t-il égaler toutes les productions de l'esprit humain, devant le fait brutal du succès ?

C'est en quoi, si l'esthétique était constituée, il n'y aurait point d'embarras. Elle prononcerait souverainement sur la beauté d'une œuvre et sur l'estime qu'il faut en faire. Mais, en attendant l'esthétique et sans doute pour l'aider à se mieux constituer qu'elle ne l'a pu faire encore, je crois que le succès, considéré dynamiquement dans son influence, statiquement d'après la nature de ses éléments, est à peu près le seul principe sérieux de différenciation artistique.

Voici deux écoles poétiques, deux destinées historiques, Romantisme et Symbolisme. Par la seule méthode comparative, ne puis-je parvenir à une inférence légitime sur l'estime que je dois leur accorder et mon jugement historique n'aboutira-t-il pas finalement à une classification esthétique, — la seule possible ? Parmi les éléments du succès romantique, je trouve en effet des causes sociales ou psychologiques absolument générales, telles que le surmenage napoléonien du pays, le déclin de la culture classique, la substitution du moyen âge mieux connu à l'antiquité comme modèle, et l'expansion de l'individu dans ce qu'il a d'éternel sous la forme de l'amour de la nature et de la mélancolie sentimentale. Ce chagrin de l'individu, qui se prend comme centre du monde, est un fait si universel qu'il se rencontre à d'autres époques de notre littérature et dans d'autres littératures. Le romantisme français m'apparaît ainsi comme un cas particulier d'une tendance commune dont je retrouve les manifestations dans notre xviii° siècle, en Angleterre et en Allemagne, dans la littérature d'aujourd'hui.

Qu'est-ce que le symbolisme, au contraire[1] ? Dans le spectacle du monde, « il élimine autant que possible ce qui peut être *connu* ; il choisit tout ce qui peut être *senti* ; » il nage dans la fluidité et dans le mystère, dans l'inexprimable ; il est un musicien n'ayant à son service que des mots, « notations musicales au gré d'une psychologie passionnelle, » et le « vers libre » de forme indéterminée en elle-même, mais souple, malléable, se prêtant à toutes les combinaisons possibles de synthèse et d'harmonie.

Certes, nous ne demanderons pas à un psychologue s'il aime ou non le symbolisme. Mais M. Ribot constate que le symbolisme fait, en poésie, une tentative purement musicale ; qu'il confond deux arts, deux modes d'expression esthétique ; que, sous une forme en apparence raffinée, il ressuscite simplement « la conception animiste des primitifs, peuplant l'univers d'entités vivantes et agissantes », et qu'enfin, en réalité et en droit, une telle tentative n'aboutit guère qu'à l'enfantillage.

Ainsi l'analyse explique et fortifie ce que l'histoire constate : le succès du romantisme est allé en croissant, celui du symbolisme en diminuant jusqu'à disparaître. Il avait fait appel à des éléments de littérature et de sensibilité trop particuliers pour ne pas être considérés comme accidentels, ou même comme morbides.

En d'autres termes, lorsqu'à l'aide de la méthode historique et comparative vous aurez considéré une œuvre d'art par son aspect social, son côté objectif et observable, le succès, vous aboutirez nécessairement à diviser en deux classes les éléments de ce succès. Pour les uns, l'histoire littéraire comparée ou la psychologie générale et la sociologie proprement dite vous permettront de reconnaître qu'ils sont durables et généraux, qu'ils correspondent à des traits profonds de la nature humaine et de la vie sociale. La marque positive de

---

1. Cf. Th. Ribot. *La logique des sentiments.* (Paris. F. Alcan.)

leur présence sera l'étendue même dans le temps et dans l'espace de leur action séductrice et influente. De tels éléments, équivalents aux caractères spécifiques des naturalistes, fourniront à l'esthéticien et à l'historien de la beauté leurs données les plus précises et les plus sûres : pourquoi les tragédies et la statuaire grecques nous enchantent-elles encore ? Mais vous reconnaîtrez aussi des éléments accidentels, momentanés, spéciaux et constituant ce que l'on appelle vulgairement l'*actualité*. Les auteurs dramatiques savent très bien qu'il y a une mise au point nécessaire et quelques-uns se bornent à « moderniser » les plus vieux sujets. N'est-il pas clair qu'un roman [1], par exemple, qui en 1905 prend parti pour une religieuse expulsée, est de nature à séduire par son seul sujet toute une classe de la société française, alors qu'il en rebutera une autre, et que, dans quelques années, il n'intéressera plus personne ? De tels succès passent avec le temps, l'année ou la saison. Ils conservent toujours une valeur documentaire, si l'on veut, mais ils ne signifient jamais la beauté. Ils en accusent l'absence.

Nous voici donc rentrés dans l'art par l'analyse même de ce qui, au premier abord, en paraissait le plus éloigné, le succès. Nous sommes — mais après instruction — redevenus des juges. Nous reprenons notre droit à l'estime et à l'admiration, puisque nous sommes sûrs que toute œuvre d'art, par un phénomène qui constitue son adaptation, sa vie, se fait toujours le public pour lequel elle est née. Dis-moi qui te lit et je te dirai qui tu es. Il suffira de comparer la clientèle de Maurice Barrès, par exemple, à celle de Marcel Prévost pour conclure à la différence de leurs mérites. Et, en attendant la formule positive de l'esthétique à venir, nous pouvons dire qu'une œuvre d'art est d'autant plus expressive et plus belle que son succès, plus étendu et plus durable, peut être expliqué par des élé-

1. *L'Isolée* de René Bazin.

ments psychologiques et des faits sociaux plus essentiels.

*
* *

Après quoi, mon dessein n'est pas d'apprendre à
réussir. Je ne me propose pas de révéler ici les recettes
du succès.

Ce n'est point que je juge impossible, l'analyse une
fois poussée assez avant, de dégager synthétiquement
du succès la formule merveilleuse qui permettrait,
pour un temps donné, de le conquérir à coup sûr. Il
sera quelque jour aussi scientifique de construire une
réputation littéraire ou artistique qu'un chemin de fer
métropolitain. Nous avons déjà d'habiles empiriques
dans la pratique de la fortune et de la gloire. Nous en
ferons bientôt des ingénieurs. L'*Arrivisme* est encore sujet à des tâtonnements. Demain peut-être il sera
positif. Il suffira de la sociologie, sans doute, aidée de
l'esthétique, pour s'élever dans l'estime des hommes,
comme il suffit de la physique, aidée de la mécanique,
pour s'élever dans les airs. A la science de ses conditions, correspondra l'art de la célébrité.

Mais nous n'en sommes pas là. Rien n'est plus mobile ni plus incertain encore que le succès, et c'est une
grande mélancolie de constater, à l'heure actuelle, la
fragilité des plus enviables situations. L'effort des « par-
venus » pour se maintenir passe en âpreté celui qu'ils
firent pour se pousser.

On trouvera donc seulement ici l'analyse de quelques faits, de quelques cas de succès qui m'ont paru
significatifs de notre époque. Ce sont des portraits à
double face, d'un côté l'auteur, de l'autre son public,
en diptyque, composant, dans un domaine encore mystérieux, ce que les médecins appellent des « observations. »

PREMIÈRE PARTIE

LE ROMAN

Le roman décline-t-il? Je le crois, je l'espère, je n'en sais rien.

Je vois seulement que parmi les écrivains, ceux qui s'y adonnent ou ceux qui le dédaignent, il est considéré comme correspondant assez sensiblement à ce que l'on appelle, dans tout ordre de fabrication, la « camelote ». Les quelques grands esprits qui s'y entêtent encore, comme les frères Margueritte, cet admirable Paul Adam, ces mystérieux Rosny, lui font violence pour le rendre significatif. Seront-ils plus forts que le genre, qui ne comporte que le romanesque, ou le genre triomphera-t-il de leur bonne volonté en achevant de rendre illisibles leurs dissertations patriotiques, idéologiques ou scientifiques? D'autres, tels qu'Anatole France, n'en ont même jamais conçu l'idée véritable, et lorsqu'il a semblé qu'ils avaient réussi à écrire un roman comme *Le lys rouge, Une histoire comique*, il s'est rencontré que c'étaient justement les moins excellents de leurs ouvrages, et leurs chefs-d'œuvre sont d'autre sorte. Mais le plus grave sans doute, c'est que ceux dont il avait fait la réputation, comme Paul Hervieu, abandonnent résolument le roman pour le théâtre. Aux tout jeunes gens, il n'apparaît plus qu'un petit moyen de début, une porte ouverte dans les revues. Presque tous, formés par les disciplines scientifiques, répugnent à l'historiette. Ils écrivent des livres ou des pièces. Il est donc certain que, pour être cultivé fructueusement, le roman réclame, à l'heure présente, des qualités spéciales, presque professionnelles, et qu'il faut découvrir. Depuis le déclin du *naturalisme*, il n'y a pas seulement trace d'une *école*, parmi les romanciers : c'est qu'ils n'ont plus d'idéal, mais un métier.

Quant au public, on peut se demander s'il eût jamais le goût du roman? Le bourgeois français, l'ancien voltairien, a l'esprit plus positif que romanesque. Il a toujours été épris de faits, curieux d'idées. Il est surtout préoccupé de s'instruire. Il aime tellement apprendre quelque chose, qu'il fait la fortune de toutes les revues et publications spéciales. Il n'a jamais été de ceux qui lisent pour s'amuser et il voyait surtout dans le roman, une lecture de femme, comme il y voit maintenant une production de femme. Flaubert lui-même avait noté cette disposition du public qui exige que « les dénouements soient des conclusions ». Qu'est-ce qu'un livre qui ne signifie rien? Et pourtant qu'est-ce qu'un roman qui veut signifier quelque chose? Le roman est une forme élargie du conte, une grande nouvelle. Il est le récit d'une aventure. Il comporte d'abord une intrigue. S'il n'est pas cela, il est ennuyeux; s'il n'est que cela, il est fade. Il ne lui reste, pour subsister, qu'à trahir sa destination. Il s'y applique aujourd'hui de plus en plus, et ceux-là seuls en ont tiré profit, qui ont su comprendre cette nécessité de traiter le roman, non plus comme une œuvre d'art, mais comme un moyen de propagande.

Seulement cette disposition du public à prendre le roman au sérieux, ou à le laisser, impose, comme conséquence, une autre servitude aux romanciers. C'est même là l'un des caractères les plus saillants des mœurs littéraires contemporaines. On y saisit un très curieux renversement des rapports historiques du producteur et du consommateur. Car, dès que l'on cherche des *tendances* dans une œuvre, il est impossible de ne pas mettre au premier rang de ces tendances les tendances politiques. Comment lit-on aujourd'hui? Par parti pris. On achète un volume, non pas sur le nom littéraire de l'auteur, mais sur son renom politique et social. Un lecteur exige d'abord que son écrivain pense comme lui. Il y a peut-être eu un temps, — je n'en suis pas sûr, — où l'écrivain était un guide, sinon un mage, un chef. Il avait son influence. Ce sont peut-être les « philosophes » qui ont fait la Révolution française. Mais aujourd'hui, quel est donc l'écrivain qui puisse prétendre à agir sur le mouvement des idées? A qui seulement reconnaître quelque autorité? Bien loin de recevoir d'eux l'impulsion, c'est l'acheteur qui fait la commande à ses fournisseurs. Il y a des puissants, des habiles, des régents d'Académie. Il n'y a plus de maîtres. L'esprit public est trop informé, trop averti; il est surtout trop mobile, trop sollicité. Parce qu'on ne sait plus croire en lui, ou simplement parce qu'il n'existe pas, le « grand homme » nous fait défaut. Les personnalités se multiplient et s'effacent. L'artiste, comme le médecin, l'avocat, est soumis au régime de la clientèle. Il n'écrit plus pour les « lettrés », mais pour sa classe sociale, pour son parti. Ce trait que j'indique va s'accuser très vite dans la littérature. Il est déjà la clef des quelques cas que je veux examiner comme spécimens du succès dans le roman contemporain, à côté des vagues aspirations d'une sensibilité désordonnée, et de quelques rares attitudes intellectuelles.

———

CHAPITRE PREMIER

LA BOURGEOISIE BIEN PENSANTE
ET LE ROMAN CONSERVATEUR

I. — LA RELIGION DE RENÉ BAZIN

René Bazin[1] a été reçu à l'Académie française le
28 avril 1904 : l'événement fut sensationnel. Il avait
prononcé l'éloge d'Ernest Legouvé, M. Ferdinand
Brunetière avait prononcé le sien ; de telles rencontres sont rares dans la vie d'un homme. Et il est
certain que René Bazin a dû être satisfait du discours
retentissant où il s'est trouvé défini comme une manière
de naturaliste attendri et pitoyable, sorte de Flaubert
qui aurait du cœur. Il a pourtant mêlé à la joie bien
naturelle de s'entendre adresser de telles louanges, une
nuance de regret et une réserve très expresse : l'éloge
magnifique n'était allé qu'aux œuvres de sa maturité,
exceptant de ce même enthousiasme les premières productions qui avaient séduit Ludovic Halévy, Georges
Patinot des *Débats*, la *Revue des Deux Mondes*, et qui
étaient *Stéphanette*, *Ma tante Giron*, *Les Noellet*, *La
sarcelle bleue*, auxquelles enfin « il manquait, dans tous
les sens, pour ainsi parler, un certain degré de profondeur et de force ». C'est M. Brunetière qui a dit cela.

---

1. Principaux ouvrages : *Une tache d'encre* (ouvrage couronné par
l'Académie française), *Les Noellet*. *A l'aventure* (croquis italiens). *Ma
tante Giron ; la Sarcelle bleue* (14e édition), *Sicile* (ouvrage couronné
par l'Académie française), *Madame Corentini*, *les Italiens d'aujourd'hui*,
Terre d'Espagne. *En province*, *De toute son âme* (26e édition), *La terre
qui meurt*, *Croquis de France et d'Orient*, *Les Oberlé* (65e édition).
Donatienne (28e édition), *Pages choisies*. *Récits de la plaine et de la
montagne* (13e édition), *Le guide de l'Empereur*, *L'Isolée*.

Or, tout en applaudissant à ce jugement de M. Brunetière, je dois rendre hommage au sentiment de René Bazin : il est de ceux qui ne perdent jamais l'estime d'eux-mêmes; il reste fidèle, aux alentours de la cinquantaine, à sa jeunesse; il persiste à apprécier ses débuts. Ce n'est point de sa part, si vous voulez, vanité littéraire : c'est attendrissement paternel. Prédestiné à faire son chemin par la peinture de toutes les vertus chrétiennes, il a concentré les ardeurs de sa sensibilité sur ses propres ouvrages. Il n'a eu d'autre passion que l'amour de ce qu'il avait fait. L'ayant rencontré un jour, je commis une impertinence : je lui demandai quel était, parmi ses romans, son préféré.

— En vérité, monsieur, me répondit-il avec la vivacité d'un brave homme, tous mes livres ont été faits également avec mon cœur, « de toute mon âme », comme dit mon adorable petite héroïne Henriette Madiot, et comme avait déjà dit Platon. Je ne peux pas choisir.

Chacun en a sa part et tous l'ont tout entier.

Et de peur que la critique distraite ne rende pas une justice égale à chacune de ses productions, René Bazin rappelle lui-même les plus oubliées. Il en marque l'importance; il vous avertit que sa pensée a été continue.

— Avez-vous lu *Le guide de l'Empereur?*... Cela prépare *Les Oberlé!*

Fallut-il donc tant d'années et de soins pour préparer les *Oberlé?*... En vérité, René Bazin est un personnage délicieux. Il a des façons d'ecclésiastique et des allures d'officier de cavalerie. Ses yeux bleus sont brillants et placides. Il ne s'y reflète qu'une pensée facile et nulle sensualité. Sa personnalité discrète, pleine de nuances, distinguée, comme on l'a tant dit, échappe. C'est un homme qui ne compte pas.

Pourtant ses principaux romans ont eu bien au delà de vingt-cinq éditions. René Bazin, qui vient d'Angers, s'installe à Paris. L'Académie impose des obligations coûteuses. Il n'a point reculé devant elles. Son succès lui en avait donné les moyens. Si la littérature ne lui doit pas grand'chose, il doit beaucoup à la littérature. René Bazin est bien ce que nous pouvons appeler un cas. Négligeons donc René Bazin lui-même et considérons une ou deux de ses plus belles victoires de librairie, comme *De toute son âme*, *Donatienne*, *Les Oberlé*. Plus de psychologie ne nous apprendrait rien de mieux, puisqu'aussi bien l'intérêt n'est pas de surprendre le secret d'une bonne âme, mais d'une bonne clientèle.

.*.

C'est avec la publication de *De toute son âme* dans la *Revue des Deux Mondes* que commença de se répandre la renommée de René Bazin.

C'était un beau début. J'entends celui du roman qui, en effet, ne laisse pas de débuter comme il faut. C'est à Nantes, une fin de journée. Nous assistons à la sortie des usines et des ateliers, « à l'heure saisissante où le travail lâche son armée par la ville ». Dans cette foule passe, en charrette anglaise, et au rebours de ses pareils qui n'aiment point se mêler à ces populations, un jeune homme, le fils du patron, « le fils de Lemarié! » Il cherche quelqu'un, un autre jeune homme, un ouvrier de vingt ans, Antoine Madiot.

— Antoine, est-ce que votre oncle va mieux?

— Non, ça ne va guère! — Et puis tout ça, c'est de la comédie. Lui faudrait sa pension, monsieur Lemarié!

Cependant continue, autour de la charrette, « ce long défilé d'êtres inconnus, tous pareils, qui se succédaient à intervalles réguliers, comme les anneaux d'une chaîne. Et il souffrait, dans le fond de son âme, qui n'était pas mauvais; dans son amour-propre aussi, de sentir contre lui et si près de lui tant de haine immé-ritée... Il était resté droit sur son coussin de drap, aussi froid d'apparence... »

N'est-ce pas? c'est peut-être un roman social qui débute ainsi?

Mais non, ce ne sont là ni le sujet ni les personnages importants. Et tout de suite nous voilà chez Mme Clémence, modiste, pour y faire connaissance d'Henriette Madiot, qui est proprement l'idéal de René Bazin, et qu'il a très bien connue, affirme-t-il, dans la réalité. Cet idéal est une « clef », de Nantes ou d'Angers.

Or, pour René Bazin, la perfection humaine est religieuse : il fera entrer Henriette Madiot dans un couvent : comment va-t-elle donc passer de l'atelier au couvent? tel est, cette fois-ci, le sujet du livre. S'il n'est plus tout à fait social, il restera sans doute psychologique.

Et ainsi tous les lecteurs de Bretagne ou du Maine, officiers et vieilles dames, notaires romanesques et jeunes femmes dévotes, sont ravis d'avoir vu une peinture de mœurs, d'assister à une analyse de caractère, et de se trouver décidément en présence de la plus touchante histoire.

Car Henriette Madiot est une fille naturelle. Elle ne le sait pas. Mais elle ne s'en trouve pas moins, par sa naissance, dans une situation sociale un peu fausse. Elle vit avec son oncle, Éloi Madiot, vieil ouvrier, vieux héros, qui a consacré sa vie à sauver l'honneur de la famille, et Henriette ignore qu'Antoine Madiot, son frère, seul est l'enfant de la maison, le fils du père et de la mère Madiot. Elle, Henriette, elle est une Lemarié, une fille du patron. Elle a de la richesse dans le sang, elle n'est pas du vrai peuple. N'est-ce pas un peu pour cela qu'elle est une si bonne modiste, qu'elle a tant d'art, d'imagination, d'élégance et de distinction dans l'esprit? Elle devient si aisément « première » chez Mme Clémence; n'est-ce pas aussi cette aristocratie secrète qui explique ou symbolise ses indécisions amoureuses, son impuissance à faire ce qu'ont fait toutes ses pareilles? Elle a un courtisan, un ami, presqu'un frère, Étienne Loutrel, un merveilleux gars de pêcheur qui, le matin, passe dans une barque sous sa fenêtre de jeune fille. Il l'aime d'un amour ancien, fruste et sain. Mais elle ne sait que répondre à cet amour, et elle écrit sur ses cahiers, première forme de la prière et du recueillement : « Lorsque je rencontre des jeunes gens du vrai monde, je n'ignore pas qu'ils ne peuvent pas m'épouser, et plusieurs de cette sorte ne m'ont pas laissé de doute sur le cas qu'ils font de nous ; mais quelque chose me plaît dans leurs manières et dans leurs paroles, que je voudrais trouver dans celui que j'aimerai ». Oui, une « part d'impossible » est entrée dans sa vie. Elle ne se fera pas sa place sentimentale au soleil de Nantes. Elle repousse avec une pitié tendre Étienne, qui décidément n'est pas de sa race, et lorsque les événements lui auront révélé le mystère dont elle est née, cette vérité surprendra son esprit, mais n'étonnera pas son instinct. Ce sera sa vocation, devenue sensible.

Telle est Henriette Madiot, cette « adorable Henriette Madiot ». Combien elle ressemble à René Bazin ! A la lettre, l'auteur et l'héroïne sont père et fille. Comme elle aime les pauvres, il aime ses lecteurs : il fait sa littérature comme elle faisait l'aumône. Il est persuadé qu'il est utile aux hommes et que, dès qu'il écrit, la destinée parle en lui et lui assigne une mission. Il est partout présent dans ses personnages et ne peint que ceux qu'il aime. Il est, comme dirait tel professeur de littérature, entièrement subjectif, ce qui signifie que la sensibilité prédomine chez lui, qu'il ne peut se détacher de son œuvre non plus que de luimême, voir la vie telle qu'elle est, et encore qu'il est le contraire d'un « naturaliste » ou même d'un romancier. Ses sujets sont une chose et lui en est une autre.

Je me garderais bien de faire une allusion quelconque aux croyances catholiques de René Bazin, si précisément, par le rôle qu'elles jouent dans son esthétique, et dans la faveur de sa clientèle, elles ne ressortissaient directement à la critique ou à l'histoire littéraire.

On a dit et l'on croit que René Bazin est un optimiste. Il faut s'entendre. Il est optimiste de croyance, non d'instinct, d'aspiration, non de tempérament. Il est sentimental et non sensuel, attendri et non ému. Il est consolé, nullement joyeux. Il croit que la vie est bonne, non pas en elle-même, mais au delà d'elle-même, et tout ce qu'il y point de beauté ou de vertu ou de bonheur, c'est par anticipation. Il n'aime point la réalité, même il n'y comprend pas grand'chose, et s'il s'y trouvait réduit, il y désespérerait. Qu'est-ce donc en effet qui pourrait l'y rattacher? L'amour? Il ne connaît dans l'amour que la passion désastreuse à laquelle échappe Henriette pour en avoir vu mourir une amie, ou l'idylle des fiançailles, la première tendresse des tout jeunes gens, *La Sarcelle bleue*. Et l'existence elle-même, quel sens a-t-elle, à moins que l'on n'y fasse de tout son cœur la distinction du « bien et du mal », que l'on ne se propose d'encourager au bien en détournant du mal tous les regards des hommes et des femmes? Psychologue, René Bazin? Ou seulement observateur? Jamais de sa vie! Croyant et catholique? Uniquement. Il est l'écrivain qui a donné de notre ardente et complexe réalité moderne la peinture la plus prudente, la plus simpliste, la plus expurgée, la plus appropriée, par conséquent, à toute une classe sociale qui, si proche de la mort, ferme les yeux à la vie. — Il a inventé une sorte de romanesque dévot.

.·.

Voyez *Donatienne* : René Bazin, reprenant à son insu, je crois bien, l'idée de quelqu'un qu'il ne doit guère aimer, Michelet, se propose dans cet ouvrage d'éveiller chez les maîtres de la nourrice le sentiment de leur responsabilité : leçon morale.

Nous voyons donc Donatienne chez elle, avec son homme, tous deux de race ancienne, au pays d'Iffiniac,

à la Closerie du Ros Grignon; c'est la misère bretonne,
la vie dure, les trois enfants, dont le dernier-né; la
vache est là, dans la maison. Arrive une lettre du
médecin, qui offre une place de nourrice à Paris; c'est
l'aisance pour tous et aussi, pour Donatienne, l'espérance et la nouveauté, Paris, les riches et leur richesse.
Tout cela commence encore très bien. Donatienne est
au premier plan; nous nous attendons à la suivre dans sa
place, nous sommes curieux de ce qu'elle y deviendra.
Nous allons assister, sans doute, au « déracinement »
d'une petite Bretonne et, comme nous avons tous
un faible régionaliste, nous sommes pleins d'anxiété.
Par quelles nuances d'ahurissement, de chagrin, de
désespoir, puis enfin et à la longue de séduction, de
dissolution morale, d'oubli ou de misère, va-t-elle passer? Comment va s'empreindre sur cette pauvre jeune
femme dépaysée la tare professionnelle de la « nourrice mouillée » ?

Seulement peindre cela, c'eût été peindre le « mal »,
et le mal n'est pas intéressant, parce qu'il n'est pas
sympathique ni édifiant. René Bazin tourne donc court
et abandonne Donatienne à la gare de Paris, aux
mains d'une vieille femme de chambre qui la conduit
chez ses maîtres inconnus, cependant qu'elle prend les
Champs-Élysées pour « une forêt! »... C'était captivant.
C'eût été dangereux, et voici au contraire, une peinture de tout repos, et pitoyable.

Jean Louarn, le mari, le père, est resté au pays, au
pays misérable, tout seul avec les petits et la bonne.
Quelle solitude et quelle angoisse! Il ne travaille que
pour s'appauvrir; il demande de l'argent à Donatienne,
qui n'envoie rien, pas même des nouvelles. Il est saisi,
vendu, et, le cœur amer jusqu'au désespoir, avec ses
trois gosses, il s'en va sur la route, tragique chemineau,
vers « la Vendée », qui est le grand chemin par lequel
tout Breton, pour s'exiler de Bretagne, s'en va. Et alors
c'est un tableau à fendre tous les cœurs : marche
errante, froid glacé, pluie, vent, maladie du nourris-

son sur la route, anéantissement du père, charité d'un
ouvrier, frère de rencontre, main tendue du peuple au
peuple, et ainsi, tout le long de cette nomade affliction,
nous baignons dans les émotions les plus émouvantes :
le père !... les petits !... la grande compassion des pauvres d'esprit ! — O sublimité évangélique.

Et Donatienne ?... Attendez huit ans ! Vous allez la
retrouver à Levallois-Perret. Elle est avec un vieux
cocher alcoolique et tient un débit de vins qu'elle fait
prospérer par sa politesse. Mais son passé ?... D'abord
son passé est passé, et ce qui est passé est toujours
moins laid que ce qui est présent. D'ailleurs ce passé
n'est nullement laid : Donatienne a été malheureuse
surtout ; son nourrisson, paraît-il, est mort ; un valet de
chambre l'a séduite, a intercepté les lettres et les
dépêches de Bretagne ; elle n'a pas su le malheur de
son mari ; elle a été femme de chambre, puis elle est
tombée malade, a été à l'hôpital. Bref, elle est toute
innocente maintenant ; cette mère, qui a quitté ses
petits, n'est plus aujourd'hui qu'une mère, et quelle
mère ! Et voilà que nous nous attendrissons derechef
et que les larmes, les douces larmes de la pitié nous
baignent les yeux. La mère déserteuse, toute bourrelée
de remords, n'aura pas moins de notre cœur que n'en
avait eu le père abandonné. Qu'elle retourne donc bien
vite au pays d'Iffiniac ! Nous l'avons vue partir, nous la
voyons revenir ; mais ce qu'elle a fait du départ au
retour, comme c'était le vice, nous n'en saurons rien.

On voit par ces exemples précis que le talent de René
Bazin n'a été pour rien dans sa fortune littéraire. Je
ne pouvais donc mieux choisir que les plus connues de
ses œuvres pour noter comment, vers l'an 1900, une
conviction religieuse est toujours capable de façonner
une mentalité spéciale chez un écrivain, de grouper
autour d'une œuvre un public particulier. Encore une
fois, je ne fais point grief à René Bazin d'être croyant. Je
constate que sa croyance a modifié sa vision des choses ;

il a jeté sur la vie contemporaine un regard si bénin et
si aisé à reconnaître que tous ses amis l'ont aussitôt
reconnu pour le leur et, de ce seul fait, sont devenus
ses admirateurs et ses clients.

.·.

En faut-il tant pour être un académicien honorable ?
Respectueux de toutes les traditions, René Bazin s'est
montré particulièrement révérencieux à l'égard de la
langue française, telle qu'on la parle sur les bords
harmonieux de la Loire. Il est conservateur jusqu'au
bout de sa plume. Il a un style uni, appliqué ; on n'y
relèverait pas ombre de mauvais goût, d'ingéniosité,
de fantaisie, ni de quoique ce soit de malséant, ou
d'attachant, qui choque ou qui séduise. Style bien
pensé, style de vieille demoiselle.

Il n'est même pas impossible que l'auteur des *Récits
de la Plaine et de la Montagne*, de *Sicile*, de *Terres
d'Espagne*, de *Croquis de France et d'Orient*, ne soit,
au fond, un artiste, auquel on aurait mieux rendu
justice, s'il s'était en effet contenté de voir du pays et
de peindre des paysages.

Seulement l'existence, même provinciale et pieuse,
est chère. Et puis l'on a des amis, de nobles amis, et
des convictions ! Le moyen de ne pas complaire aux
uns pour défendre les autres ? René Bazin est un brave
professeur à qui l'on aura joué le plus méchant tour
en le persuadant par la célébrité qu'il avait mission
de défendre la foi, avec les vertus qui en découlent
comme principes de la société. Il est le type ingénu de
l'écrivain de classe, ayant fait une carrière honorable
d'une sincère docilité, soit qu'il défende la patrie et le
patriotisme comme il l'avait entrepris avec tant d'éclat
dans *les Oberlé*, soit qu'il proteste au nom des congréga-
tions comme il vient de le tenter avec son dernier
roman, *l'Isolée*. Cette fois-ci, nous sommes dans
une école de sœurs qui va être fermée. Parmi

elles se trouve une âme fragile, troublée, et qui était venue là parce qu'elle sentait sa faiblesse. Dès qu'elle est « isolée », que voulez-vous qu'elle devienne ? De chute en chute elle roule à la mort, à une mort chrétienne, pourtant, une mort telle qu'elle condamne un gouvernement scélérat, mais tourne encore à la gloire du bien. Même dans l'indignation, l'optimisme providentiel de René Bazin ne se dément pas. Jamais pourtant, dans une intrigue aussi rude, il n'avait encore poussé à un point si dangereux son naïf parti pris d'actualité et d'action. Déjà quelques-uns de ses amis ont murmuré que cette œuvre n'égalait pas ses aînées, et il est à craindre que, quelque jour, on ne reproche à René Bazin, au moins tout bas, d'être plus catholique que le pape.

II. — La politique de Paul Bourget [1].

Aux environs de 1889, Paul Bourget avait vu venir à lui les jeunes gens. Nulle part, comme dans la confession de Robert Greslou [2], l'adolescence pensive n'avait trouvé la vivante et précise image de son désordre intellectuel. De même que son héros à Julien Sorel, elle crut que Paul Bourget ressemblait à Stendhal. Elle lui sut le gré aussi d'avoir fréquenté Taine, vrai maître d'alors, et de lire M. Ribot, qui commençait de répandre en France les données nouvelles de la psychologie scientifique. Cette haute magistrature de philosophie et d'analyse convenait à Paul Bourget, à son esprit dénué

1. Paul Bourget, né à Amiens, le 2 septembre 1852 ; élève à Louis-le-Grand, puis à l'École des hautes études ; songe à la philologie grecque, puis se donne à la critique littéraire, à la poésie, au roman ; collabore à la *Revue des Deux Mondes* et à la *Renaissance;* dirige avec André Michel le *Parlement,* publie des articles à la *Nouvelle Revue* et devient célèbre.

Principaux romans : *Cruelle énigme* (1885), *Crime d'amour* (1886), *André Cornelis* (1887), *Mensonges* (1887), *Le Disciple* (1889), *Un cœur de femme* (1890), *La terre promise* (1892), *Cosmopolis* (1893). Ouvrages divers : *Essais de psychologie contemporaine* (1883-1885), deux séries, *Études et portraits* (1888), 2 volumes, *Sensations d'Italie* (1891). Édition : Lemerre, 17 volumes in-18. De plus, 2 vol. petit in-12 *de Poésies.*

2. *Le Disciple.*

d'ironie, à son caractère exempt de passion, à son style impérial, à tout son grand air de logique et de force. Combien de fiévreux rhétoriciens se répétaient à eux-mêmes, comme des vers, les froides notations de cet observateur si lucide !

L'approche de ma première communion marque la naissance de cette sensation du confessionnal, si mélangée d'éléments contradictoires... J'étais un enfant imaginatif et nerveux, il y avait donc pour moi, dans le décor du sacrement, dans le silence froid de l'église, dans cette odeur de caveau et d'encens qui la remplissait, dans le balbutiement de ma propre voix disant « mon père », dans le chuchotement de la voix du prêtre répondant « mon fils », par derrière le grillage, une poésie de mystère que je percevais sans la comprendre encore[1]...

Mais ce philosophe aimait les salons, qu'il peignit d'abord pour y faire figure. S'étant tout de suite spécialisé, ayant décidé d'appliquer sa psychologie au grand monde, d'être le naturaliste de l'élégance, l'analyste du high-life, il commença par le juger, puis il le subit, il en prit les goûts, les façons, les habitudes, enfin les traditions et les préjugés. Une certaine vanité le détourna de son premier orgueil et, ayant fini par confondre la France avec son milieu, le voilà au premier rang de ceux qui ont entrepris la défense de la société.

Ainsi, après Dumas, après Paul et Victor Margueritte, après *les Tenailles* et *le Dédale*, il a pu paraître à Paul Bourget qu'il ferait plaisir à tout le monde en concluant que, dans le triste désordre de nos mœurs, nous ne savions plus aujourd'hui à quoi nous en tenir sur le mariage. A côté du mariage religieux et indissoluble, ne voyez-vous pas en usage le mariage civil et le divorce ? Il y a même l'union libre. Cela fait trop d'espèces ! Il était donc nécessaire que, pour en suivre les effets dans un même drame et pour nous en dire enfin son avis, Paul Bourget figurât par des personnages chacune de ces trois conceptions.

1. *Le Disciple.*

Mme Gabrielle Darras, ex-Mme de Chambault, est
divorcée, remariée, et, comme de juste, remariée à la
mairie seulement ; ayant perdu momentanément sa foi
chrétienne, elle a pu se contenter d'abord de la cérémonie laïque ; mais voici que, retrouvant cette foi de
son enfance avec la première communion de sa petite
fille, elle aspire derechef au sacrement. Son second
mari, l'ingénieur Darras, est anticlérical, mais respectueux des lois de l'État, et il tient aussi énergiquement
pour le mariage civil que sa femme, quand l'idée lui
en est revenue, pour le mariage religieux. Enfin,
Lucien de Chambault, fils du premier mari,
élevé par le second, est anticlérical comme son
beau-père, mais plus jeune, et par suite impatient de
toute contrainte, même laïque. S'étant épris d'une
étudiante en médecine, autrefois mise à mal par un
socialiste, il tient pour l'amour libre. Ainsi, un personnage central formant moyen-terme entre deux extrêmes,
ayant à sa droite un groupe pieux, et à sa gauche un
groupe émancipé, — voilà pour l'ordonnance des personnes-
nages et des caractères ; puis un conflit individuel entre
les époux à propos du prêtre, un conflit entre les deux
époux réunis contre les deux amants ensemble à propos
du maire, — voilà pour l'intrigue et le mouvement
de l'action ; enfin planant sur tout cela, symbolisée
dans la personne d'un moine proscrit, le père Euvrard,
cette idée fondamentale que la cause unique des événements matériels et des désordres moraux dans cette
famille a été le remariage de Mme Darras, et que tous,
à commencer par elle, subissent simplement les conséquences nécessaires et indéfinies de la faute qui lui
a fait violer la loi de l'Église, — voilà pour la composition.

Il n'y a donc pas à louer ici une construction que
tout le monde admire. Car la maîtrise artistique de
Paul Bourget touche, aujourd'hui, au merveilleux, et
c'est à craindre qu'il ne s'arrête jamais de faire des
progrès ! *Un Divorce* est un ouvrage d'architecture qui

étonne même après *l'Étape*. Les figures des personnages s'y groupent comme des statues et les péripéties s'y superposent comme des étages. C'est une manière qui se perd.

Je discerne un intérêt plus général et plus haut. dépassant l'œuvre elle-même, à rechercher pourquoi aussi tous ceux qui ont lu ce plaidoyer social de Paul Bourget n'ont pu se défendre, après leur premier éblouissement, d'une gêne secrète. Certes, le droit à la thèse est imprescriptible pour l'écrivain. Il est juge de ce qu'il veut démontrer; nous ne sommes juges que de sa démonstration. Qu'il aille où il veut par les chemins de la vie ! Je ne prétends l'obliger qu'à l'humaine vérité de l'observation; et si je me risque à insister sur une œuvre comme celle-ci, c'est parce que dans toute la littérature, je n'en trouve pas de plus consciente ni de plus concertée, ni qui réponde mieux à mon dessein, puisque chez Paul Bourget, par l'effet d'un parti pris, la connaissance de la vie intérieure, autrefois si précise et si sûre, semble devenir, d'œuvre en œuvre, plus hasardeuse et plus tâtonnante.

⁂

En septembre 1899, écrivant une nouvelle préface pour son œuvre maîtresse, les *Essais de Psychologie*, Paul Bourget constatait lui-même « la position d'analyste sans doctrine où il s'était placé volontairement au cours de ces études ». Et il ajoutait avec une juste emphase : « La psychologie est à l'éthique ce que l'anatomie est à la thérapeutique. » Mais il en était bientôt venu à ne voir dans cette heureuse attitude, qui fit sa réputation, qu'un analogue du doute méthodique de Descartes (en quoi, d'ailleurs, il s'est plaisamment trompé, car il n'y a aucune ressemblance entre une science qui constate des faits et qui, comme telle, connaît ces faits avec certitude, et une forme quelconque du doute, surtout s'il s'agit de celui de Descartes, qui, dans l'es-

père, n'en fut jamais un. Enfin !.) De cette enquête
Paul Bourget a donc jugé utile de tirer finalement une
conclusion, « à savoir que, pour les individus, comme
pour la société le christianisme est à l'heure présente
la condition unique et nécessaire de santé ou de guérison. » — Soit !

Seulement, qu'est-il arrivé ? Devenu propagandiste,
Paul Bourget, malgré sa haute intelligence et sa sûre
méthode, a dû subir la loi de toute propagande ; il a mis
la charrue avant les bœufs, ou pour parler sa langue,
l'éthique avant la psychologie. S'étant imposé de soutenir une politique, il a ployé la vie à ses principes.
Or, il n'est point de psychologie qui résiste au choc des
partis, et c'est ainsi qu'on a vu dans l'*Étape* ce cour-
tois académicien accumuler naïvement, — c'est bien
naïvement qu'il faut dire, — tous les vices chez ses
adversaires, toutes les vertus chez ses amis.

Il en éprouva bien vite quelque confusion et il a juré,
mais à temps, qu'on ne l'y reprendrait plus. Dès lors,
il ne semble avoir eu d'autre préoccupation que de
faire belle la part à ses ennemis, et, dans *un Divorce*,
nous le voyons traiter son libre penseur avec une
complaisance non moins ingénue et périlleuse que sa
première injustice. Il s'est jeté d'un excès dans l'autre
et cette fois, c'est par trop de bonne grâce qu'il a péché.

Ah ! ce *combiste* de Darras, est-il assez généreux,
assez tendre, assez paternel ! De quelle douce autorité
il entoure sa femme, de quel dévouement son beau-
fils ! Il a, comme M. Brisson, la religion de la conscience. Il est tolérant jusqu'au scrupule, jusqu'à la faiblesse, jusqu'à l'incohérence : libre penseur résolu, il
laisse élever sa fille, sa vraie fille dans la religion qu'il
réprouve. Pourquoi ? C'est une inconséquence, dites-
vous. — Non pas, c'est une perfection. Il convient que
les libres penseurs de Paul Bourget aient aujourd'hui
toutes les grandeurs d'âmes, et c'est ici, pour de bon,
que la probité immodérée de l'auteur nuit à sa logique.
Il semble qu'il ait perdu de vue sa thèse, par considéra-

tion pour ses adversaires, comme précédemment il les
avait méconnus, par excès de faveur pour ses propres
idées. Et c'est pourquoi, en vérité, il nous sera si pénible
de voir que sa femme veut soudain bouleverser la vie
d'un radical aussi excellent que celui-ci. Quoi donc? Ils
sont mariés depuis douze ans. Ils ont vécu en commu-
nauté de croyances et d'opinions. Ils ont été heureux.
Ils ont eu l'amour et l'estime d'eux-mêmes, et il faudrait que tout cela, soudain, fût anéanti, compté pour
rien, avili! « Nous ne sommes pas mariés ! s'écrie
l'épouse inopinément reconvertie. — Qu'est-ce qui te
prend ? répond justement l'époux, qui n'a pas changé.
Et je ne puis résister au plaisir de citer ces belles paroles d'une impartialité si touchante :

> — N'insiste pas davantage, répondit-il d'une voix plus impa-
> tiente encore, c'est inutile. Si je l'avais épousée jeune fille,
> j'aurais accepté cette condition du mariage à l'église que les
> parents auraient exigée. Je ne l'aurais pas fait sans une grande
> lutte intérieure. A cette époque, je ne croyais pas plus que je
> ne crois à présent, et ces concessions de conscience sont tou-
> jours funestes. C'est par elles que sont nées ces hypocrisies de
> mœurs qui prolongent indéfiniment les pires mensonges sociaux.
> Mais à ce moment-là ce mariage n'eût signifié qu'un préjugé de
> la famille et que ma complaisance. Il n'aurait pas constitué un
> outrage à tout un passé d'honneur et de loyauté. Voilà ce qu'il
> serait aujourd'hui, la condamnation publique et solennelle de
> notre vie commune, le désaveu de notre ménage actuel. Je ne me
> ferai pas, même pour te plaire, le renégat de cette vie dont je
> garde, moi, la fierté, si tu m'empêches d'en garder la joie. Es-tu
> ma maîtresse ? Suis-je ton amant, pour que nous ayons à nous
> marier, après avoir vécu ensemble? Tu es ma femme. Non, je ne
> suis pas ton amant. Je suis ton mari. Jamais, jamais, je ne nous
> infligerai, à toi et à moi, cette flétrissure. Jamais je n'insulterai
> à notre foyer.

Voilà donc un homme que nous ne comprenons pas
toujours, mais que nous admirons sans cesse. Il est le
personnage *sympathique* du roman, et ainsi se trouve
expliquée notre gêne, — celle de l'auteur au fond,
celle du sujet, celle de la thèse, celle, peut-être, de
toute littérature tendancieuse et plaidoyante. Nous

sentons que nous devons prendre parti contre ce Darras,
c'est-à-dire contre nous-mêmes, et nous ne le pouvons
pas. Notre instinct nous tire d'un côté, l'auteur de
l'autre. Le cœur va à gauche et la tête à droite. C'est
intolérable. Pour cette fois, nous nous plaignons de ce
que le marié soit trop beau. Nous nous en voulons
d'être avec lui contre sa femme et contre l'écrivain, et
puisqu'aussi bien l'œuvre exige que Gabrielle Darras
ait raison, c'est donc que Paul Bourget, son auteur, a
de graves torts envers elle.

Il est un groupe de savants qui, dans ces derniers
temps, ont commencé d'étudier scientifiquement la
psychologie religieuse. Or, il n'est point de sensibilité plus complexe, plus confuse, plus difficile à
analyser que celle-ci, dans la formation et le développement de laquelle entrent tant d'éléments naturels et
historiques. La vie religieuse est la forme la plus
large, la plus compréhensive, la plus intense, la plus
continue aussi, de la vie intérieure. Elle modifie toute
la pensée et toute l'activité. Elle est individuelle et
sociale et, pour les écrivains, elle est pleine de prestige et de péril. Les très grands seuls se sont aven-
turés à la peindre. Paul Bourget lui-même, dans sa
pénétrante étude sur Ernest Renan, a bien marqué,
pour l'avoir retrouvée chez ce prétendu sceptique, la
nuance particulière de cette disposition, qui persiste au
delà de la croyance. On en pourrait dire autant d'Anatole France.

Or, dans *le Disciple*, Paul Bourget avait consacré quelques très belles pages à la crise intérieure de Robert
Greslou. Il montrait, dans une âme desséchée par l'analyse, comment se perd la foi. C'était alors justement le
contraire d'aujourd'hui. M⁽ᵐᵉ⁾ Darras a retrouvé la ferveur que Robert Greslou avait laissé s'éteindre en lui.
Mais Paul Bourget lui-même?... Dans les lignes que je
citais plus haut, il affirmait avec force sa conviction
en l'utilité pratique du christianisme. Cette adhésion

au christianisme est-elle chez lui instinctive ou voulue? Tout est là. Est-ce une attitude de sa sensibilité ou de son intelligence? Dans *l'Étape*, il se montrait conservateur et traditionaliste en général. Dans *un Divorce*, il conclut en faveur de l'indissolubilité du mariage, où il découvre une condition de la stabilité dans la famille, et que garantit seule la cérémonie catholique. Je me demande donc si, dans toute son œuvre, on pourrait trouver de quoi conclure que Paul Bourget soit attaché au christianisme, qu'il veut défendre, pour des motifs personnels et profonds, par une pratique intérieure de la vie religieuse, et autrement que pour des raisons sociales de conservation et de fixité. Peut-être, au fond, est-il plus éloigné de l'adoration et de la prière que ne le demeurent, en effet, certains sceptiques, à qui la religion fut d'abord plus familière, plus intérieure. — De là, sans doute, l'étrange psychologie de cette Gabrielle Darras; et si, dans le roman, l'aversion du sociologue pour la loi laïque du divorce est manifeste, il est moins évident que l'artiste ait ardemment sympathisé avec la vie profonde de son héroïne catholique. Une seconde fois, la logique et l'observation se sont heurtées là chez Paul Bourget.

Car enfin, qu'est-ce que la foi? Est-ce une chose qui va et qui vient, qui se perd et qui se retrouve comme un objet égaré? Sans doute, la vie et l'histoire foisonnent de conversions, soudaines ou lentes, et nous sommes en un temps où les plus éclatantes ne nous sont pas épargnées : ce sont alors des révélations. Ce sont des yeux qui s'ouvrent et qui voient ce qu'ils ne voyaient pas.

> Je vois, je sais, je crois, je suis désabusée.

Il y a aussi, dans une âme croyante, des heures d'égarement et des repentirs. Mais, d'une foi qui doit revenir, il reste toujours quelque chose, une inquiétude ou une hostilité, une haine qui n'est qu'une angoisse et, en tout cas, rien n'a pu l'éclipser dans les consciences les plus pieuses que de violent et de paroxysmatique. C'est une crise. Or, Gabrielle Darras n'a pas eu de crise. Elle était mal mariée. Elle veut refaire sa vie avec un autre homme qui l'adore. Elle divorce et se remarie le plus tranquillement du monde. Pendant douze ans, elle continue d'être tranquille, sans une anxiété, sans un remords, sans un souvenir, et c'est cette femme-là qui va se raviser tout d'un coup, et revenir en arrière de si loin!... Quel est donc le catholique averti et conscient qui ne protestera ici contre son infidèle interprète! La vie intérieure des êtres normaux et bien portants — si Gabrielle est une malade, dites-le! — est plus continue et plus profonde. Il était naturel que la foi de Gabrielle s'attiédît et lui parût à elle-même un moment oubliée. Il était humain que cette créature malchanceuse et tourmentée désirât l'amour et une vie nouvelle. Il était même possible que, dans un élan de passion, elle passât outre à sa piété chancelante pour s'en désespérer aussitôt; mais si cette foi doit reparaître avec la violence que nous lui voyons, il n'est pas admissible que Gabrielle, ayant contracté des habitudes sociales qui survivent nécessairement à la pratique religieuse, conservant des attaches et des relations avec tout son milieu, accomplisse justement l'acte le plus audacieux qui soit pour une conscience catholique, le remariage, en affichant aux yeux de tous son incrédulité et son apostasie. A défaut de la foi, les mœurs nous gardent. Et voici que l'excessive habileté du romancier se retourne encore contre l'observateur. Ayant besoin, pour raviver un jour cette ardeur chrétienne, d'une circonstance vraisemblable, vous avez inventé, industrieux architecte, la première communion de la petite fille. Gabrielle, dans son mariage civil, a donc demandé que ses enfants à venir fussent élevés religieusement? Elle, qui se mariait sans le prêtre, continuait d'avoir besoin de lui. Par quel mystère que vous n'expliquez pas, nous forcerez-vous d'admettre chez la même femme un endurcissement aussi scandaleux et une fidélité aussi craintive? Est-ce donc là l'âme chrétienne en bonne politique catholique?

.·.

Après cela, oublierons-nous que nous sommes redevables à Paul Bourget du roman psychologique? Il n'a pu résister à la poussée du roman social, je le veux bien, et il n'a pu se dérober aux devoirs de sa situation. Mais, pourtant, à l'âge qu'il a, avec la place qu'il s'était faite dans la littérature de ce temps, où nulle influence n'aura été plus profonde que la sienne, avec son prestige et son autorité, ne se hâte-t-il point trop de s'écarter de la jeunesse qui, autrefois, était avec lui, et de défier ses jugements, ses sympathies? Sa gloire d'hier est encore toute fraîche, et l'analyste « sans doctrine » des *Essais*, du *Disciple*, l'observateur de *Mensonges* a toujours son rang magnifique à tenir et son grand rôle à jouer. Mais le doctrinaire « sans analyse » des derniers romans?... Que pensent de lui ses amis mêmes?

Quand on mesure d'un regard tout le chemin parcouru de ce passé glorieux à ce pauvre présent, on se demande si Paul Bourget aura fait au catholicisme autant de bien que le catholicisme lui aura fait de mal. Je ne puis croire que la Religion gagne à être défendue aussi naïvement. Je ne puis croire même que le public nouveau de Paul Bourget l'admire aussi sincèrement que celui d'autrefois.

Le style même des derniers romans, tout autant que leurs tendances et leur observation, en atteste l'infériorité. On y sent, dans le ton plus lourd, plus didactique de la dissertation, dans l'embarras de la phrase, l'à-peu près de l'épithète, l'effort de la tournure, la bizarrerie de la syntaxe, non pas la fatigue, mais l'insincérité; il n'y a pas de travail plus factice que celui-là. Paul Bourget avait toujours été un artisan du style :

Il n'en est plus qu'un ouvrier. Il est au compte d'un autre.

Au surplus, l'apparition de ces ouvrages est-elle simplement un signe de la tiédeur des temps. Et les vrais catholiques s'alarment secrètement. Une telle littérature n'est qu'un dérivatif. Les livres qu'on lit, les pièces qu'on applaudit sont de minimes satisfactions qu'on s'accorde à soi-même, les excuses qu'on se donne pour une indifférence profonde. On transforme en matière littéraire ce qui devrait être la vie même. On se console chez son libraire de ne pas agir dans son parti.

Nous avons eu le roman sur la fermeture des Écoles!... A quand le roman sur la séparation des Églises et de l'État? Alors que des transformations aussi menaçantes atteignent un parti, ce parti n'en tire que des anecdotes tendancieuses... Grave symptôme et qui doit réjouir ses adversaires!

III. — LA MORALE DE MARCEL PRÉVOST

Avec le roman catholique, nous avons pénétré assez profondément dans l'esprit de la bourgeoisie française qui achète des livres. Elle est catholique, mais elle est surtout conservatrice. C'est parce qu'elle est conservatrice qu'elle est redevenue catholique, ayant vu dans le catholicisme le plus sûr moyen de conservation sociale. Elle a évolué tout à fait comme Paul Bourget, mais avec moins de candeur. Elle n'avoue pas la peur qui inspire sa piété et ne laisse pas voir que, en se rapprochant des autels, elle songe à défendre ses biens contre les socialistes. Elle sent assez que la charité la dispense de la justice, mais elle ne le dit point. Elle affirme seulement, par ses mœurs et ses sympathies, la nécessité de ne rien changer à ce qui lui convient. Elle tient aux institutions, nullement aux idées.

Pour un auteur né malin, il n'était donc pas très difficile, aux environs de 1890, de surprendre la secrète psychologie de cette bourgeoisie, cliente des libraires. Pour lui plaire, point n'était besoin d'aller jusqu'au catholicisme : le conservatisme suffisait. Bien plus, l'élite de cette bourgeoisie, qui avait été voltairienne, résistait inconsciemment aux nécessités d'une conversion. Elle avait fait avec l'Église un mariage de convenance ; elle n'avait pu y perdre ses anciennes habitudes de pensée ; elle y était demeurée sceptique, résolument, quoique tacitement, rationaliste. A son insu peut-être, elle aspirait seulement à une discipline qui, sans la religion, lui assurât les mêmes sauvegardes sociales. Elle ferait la fortune d'un sermonneur laïque.

Dans le même temps, les jeunes filles plus instruites avaient pris l'habitude de lire. En province, ces lectures constituaient, dès le mariage, leur émancipation. C'est par le choix des livres qu'elles s'affirmaient, une fois femmes, leur indépendance et leur hardiesse. Elles y apportaient, tout à la fois, ce besoin de s'amuser, de s'égayer, même de s'échauffer l'imagination, qui est de leur âge, de leur sexe, et ce souci de tenue, de convenance et de moralité, qui est la dernière condition d'existence de leur classe sociale. Elles cherchaient une sorte de Tartuffe littéraire qui leur assurât, en effet, « du plaisir sans scandale ».

Ces jeunes femmes avaient été élevées dans l'horreur du naturalisme, ayant toujours considéré Zola comme un auteur dont on enferme à clef les volumes. On leur avait enseigné discrètement, mais sûrement, à distinguer la grossièreté de la grivoiserie. Bien armées contre les brutales peintures de la réalité, elles devaient demeurer conquises à toutes les suggestions d'un romanesque scabreux. Par instinct, aussi bien que par éducation, elles répugnaient à ne pas revêtir l'amour de perversité ou de sentiment, de perversité sentimentale. Et le jeune homme, aux maigres fredaines, n'était pas moins désireux de s'instruire, de s'initier par des lectures à la haute vie du plaisir. L'ardeur un peu vaine de son intellectualité, aux temps des examens et des concours, tout le long de ses études, lui faisait entrevoir que ce plaisir n'est point chose si simple, ni si saine. Ayant connu, et pour cause, la nécessité, dans la jeunesse pauvre et philosophique, des liaisons un peu mûres, « automnales », il serait reconnaissant à l'écrivain qui lui justifierait par la littérature cette bonne fortune, dont on n'est jamais sûr, à soi tout seul, que ce ne soit pas une disgrâce. L'étudiant d'il y a dix ans ne cherchait qu'à découvrir la manière d'aimer comme il faut les vieilles dames. Et il ne s'agit jamais pour un écrivain que de démêler, de comprendre les ardeurs de la jeunesse. On a toujours besoin d'un petit manuel d'amour.

Ajoutez à tous ces éléments de dévergondage sentimental cette espèce de fermentation intellectuelle et d'inquiétude morale, que suscitent les grands mouvements d'opinion et surtout le cosmopolitisme littéraire. Il n'est maintenant personne, homme ou femme, des classes aisées, qui ne soit soucieux de posséder des idées générales, un système sur la vie. Les questions d'éducation, la casuistique romanesque, la situation nouvelle de la femme, l'amour libre, le célibat de la jeune fille; ce sont là des problèmes au niveau de toutes les curiosités et de toutes les ignorances. En même temps que cette vulgarisation scientifique, qui est un des traits les plus frappants de notre esprit public actuel, il y avait lieu de tenter une sorte de vulgarisation morale et philosophique.

Quelle admirable clientèle littéraire était donc disponible! Dès qu'on avait eu l'esprit assez délié pour démêler ces tendances, il n'était point malaisé de les satisfaire et de les concilier. Il fallait trouver un terrain d'entente et s'arranger de manière à frapper de grands coups inoffensifs. C'était un problème de psychologie collective intéressant à résoudre, une jolie recette à trouver et de belles recettes à faire, —

et c'était de quoi séduire un grand ingénieur des lettres.

.∴.

Marcel Prévost était déjà l'auteur infiniment estimable et assez estimé du *Scorpion*, de *Chonchette*, de *Mademoiselle Jauffre*, de *Cousine Laura*, lorsque *la Confession d'un amant*, avec la préface d'Alexandre Dumas fils, le rendit célèbre. C'était en 1891, aux temps déjà lointains où toute cette jeunesse indécise s'attardait encore aux complications du dilettantisme. Marcel Prévost la séduisit du coup. Elle trouvait là, en la personne de ce Frédéric, qui ruine sa vie dans l'amour sans amour, sa vivante image. L'année d'après, *l'Automne d'une femme*, insistant dans le même sens, élargissait le cercle du succès, puisque la femme — la triste femme qui joue sa dernière partie — passait, cette fois-ci, au premier plan. Déjà, semble-t-il, il n'y avait plus de lecteurs d'aucune sorte qui pussent échapper à Marcel Prévost. Et ce furent alors les succès définitifs, les titres trouvailles, comme *les Demi-Vierges*, puis la série des *Lettres de femmes*, *le Jardin secret*, *les Vierges fortes*, *la Princesse d'Erminge*, sans compter les articles, les nouvelles, les pièces, tous les menus travaux de divertissement et les livres de sagesse, comme *les Lettres à Françoise*. Cette carrière est éblouissante. Elle n'a point du tout d'histoire et presque point de préfaces... C'est à peine si, pour nous faire accepter *les Demi-Vierges*, — qui visaient au scandale « comme il faut », — Marcel Prévost a écrit quelques lignes exquises dans lesquelles il s'abrite modestement derrière Balzac. « Le reproche d'immoralité, a dit celui-ci, qui n'a jamais failli à l'écrivain courageux, est le dernier qui reste à faire quand on n'a plus rien à dire à un poète. » Eh! eh!... Est-ce donc là l'explication et faut-il conclure ou que Marcel Prévost est Balzac ou que les œuvres de Marcel Prévost présentent, en effet, le perfide attrait de l'immoralité?

En réalité, Balzac n'avait jamais su bien exactement ce qu'il faisait. C'était un forcené de la besogne, un lyrique brasseur d'affaires et un illuminé de la dette. Il improvisait sa vie avec du romanesque, comme il composait ses romans avec de la vie. Marcel Prévost, lui, a reçu une éducation sérieuse. Il a contracté à l'École polytechnique (où il gagna des rangs) et dans l'administration des « Tabacs » des habitudes de pensée précises et positives. Il proclame volontiers qu'il y a ceux qui écrivent des romans et les *romanciers*. Le romancier, lui, est né romancier, et il faut sans doute reconnaître ce don du roman à Marcel Prévost, puisqu'il a commencé d'écrire et de publier des romans à vingt-deux ans et que, depuis, il n'a jamais cessé de réussir. Mais il reste tout de même vrai qu'il n'est pas un improvisateur. C'est un esprit admirablement pondéré, qui équilibre toutes choses comme il faut dans l'existence et dans ses livres, un travailleur régulier, sûr de lui et qui, dans les vastes champs de la fortune et de la célébrité, ne vendange pas avec moins de bonheur que dans ses vignes fameuses. Il sait que la littérature est simple affaire de librairie et il a constaté bien vite que les livres proprement « pervers » ont une clientèle aussi restreinte que fidèle. Il y a à Paris — et non en France — un stock à peu près immuable d'amateurs sans aveu; toutes les dépenses d'une publicité misérable ne parviennent pas à grossir d'un millier les habituels consommateurs de cette littérature très spéciale et infiniment aristocratique.

Marcel Prévost, qu'aurait pu tenter cette voie dangereuse et où il aurait excellé, ne s'y est point trompé. Il a vu tout de suite qu'il fallait chercher ailleurs un succès lucratif, par une combinaison plus adroite et plus souple.

Vous rappelez-vous, dans je ne sais quelle série de

Lettres, cette petite femme en rupture de garnison, qui vient passer une nuit à Paris, chez un clubman de frère qu'elle a? Elle veut faire et voir la fête. « Tu vas souper avec des femmes galantes?... dit-elle à son aimable frère. Emmène-moi. Je n'ai qu'un désir, voir des cocottes. » Elle en voit deux avec qui elle prend un repas; ces cocottes sont mornes; elles sont convenables : on n'a pas idée de cela en province! Elles se tiennent mieux que l'invitée qui s'applique en vain à se dégrafer pour les mettre à l'aise. Cette partie de plaisir est désolante, et la petite militaire rejoint sa garnison, déçue et édifiée.

Quand nous ouvrons un livre de Marcel Prévost, nous sommes tous la petite provinciale qui part pour Paris. Nous nous disons :. « *La Confession d'un amant, L'Automne d'une femme*, la liaison d'un jeune homme avec une femme plus vieille que lui, la passion d'une femme pour un jeune homme plus jeune qu'elle, que voilà donc deux sujets hardis, aguichants et même mélancoliques!... Ce Prévost est extraordinaire. Il n'a peur de rien et débrouille toutes les complications les plus modernes. Seulement dame !... C'est d'un risqué ! Et *les Demi-Vierges*, donc!... Cette fois-ci, cela dépasse tout ce que nous pouvions soupçonner. Comment, il y a des jeunes filles telles que cette Maud, qui savent donner plus qu'elles ne gardent, des amoureux comme ce Suberceaux, qui lisent les livres sans couper les pages; il existe entre des hommes et des femmes des liaisons comme la leur ? C'est incroyable! » Et nous sommes ravis. Ces ouvrages de Marcel Prévost sont bien plus émoustillants que les livres spéciaux, dont le dessein même est de produire cet effet. Ils sont égrillards avec convenance, dans le bon ton. Et que dire des *Lettres*, dont la sincérité, toujours réjouie et bonne enfant, rappelle un peu la manière de Capus? En vérité, nous sommes trop flattés dans nos instincts secrets, trop contents. Un peu de plus, nous rougirions d'un plaisir trop vif pour être de bon aloi. Cette lecture est peut-être malsaine, et, juste au moment où apparaît en nous, par excès d'intérêt, ce scrupule; juste au moment où la jeune lectrice de Saint-Étienne, qui voudrait bien s'amuser sans aller trop loin, commence à se mettre sur le qui-vive, l'auteur la calme d'une *moralité*. « Ces pages, dit l'amant terrible, dont la confession allait faire peur, sont écrites pour moi, sans aucun souci d'art, au seul jaillissement des souvenirs. Si quelqu'un les recueille, il n'y trouvera point d'événements rares ou romanesques. Mais j'espère *qu'elles lui feront connaître, pour atteindre au but de la vie, une voie meilleure que le chemin oblique et dangereux où j'ai marché.* » Ah! très bien! L'auteur lâche son héros! Il nous avait invités à manger le pot-au-feu au cabaret, voilà tout, et quand nous avons traversé le salon de la belle Maud de Rouvre, nous nous prenons le front... « Entre la conception chrétienne du mariage et le type de la demi-vierge, dit l'édifiante Préface, il y a donc antinomie irréductible. Or, l'éducation des jeunes filles tend de plus en plus à développer le type demi-vierge. Il faut donc changer l'éducation de la jeune fille, — cela presse! — ou bien le mariage chrétien périra! »... Diable! Nous ne plaisantons plus, et nous nous pardonnons maintenant de nous être un peu légèrement divertis. L'auteur nous absout à nos propres yeux d'avoir lu son livre, car tous les chemins mènent à Rome et tous les vices à la vertu.

Marcel Prévost est personnellement très agréable à connaître. Son aspect physique, à la fois puissant et réfléchi, révèle son optimisme méthodique. Ses yeux bleus reflètent un monde qui s'harmonise et se met en ordre sous leur regard. On sent qu'il y a, dans cette pensée lucide et bienveillante, une constante attention à la vie. Car si la vie est bonne, — et il n'est pas douteux qu'elle le soit —, elle ne l'est pas d'elle-même ni tout d'un coup : il faut l'administrer, l'organiser, la cultiver, lui faire rendre par notre effort et notre intelligence tout ce qu'elle contient d'heureux, et qui, pourtant, pourrait nous échapper, nous échappe si souvent. Il y a donc un art très sérieux du bonheur, qui est la sagesse, et une pratique de l'existence, qui est la vertu, sans compter celle de la librairie, qui est la fortune. Marcel Prévost entreprend à sa façon, par les fictions ou les observations de ses romans, d'enseigner cet art et cette pratique. Il veut éclairer la vie, proposer des solutions à ses difficultés, aux plus usuelles, qui sont aussi les plus embarrassantes et les plus douloureuses. — C'est un moraliste.

Seulement, c'est un moraliste à gros tirage, et j'imagine que chez Marcel Prévost doit s'éveiller de jour en jour la conscience plus lourde d'une responsabilité sociale. Dans son cabinet défilent des visiteuses, qui viennent le consulter à la fois comme un médecin, un prêtre, un ami. Il reçoit plus de lettres de femmes qu'il n'en a publié. Chacun de ses livres, à raison de trois ou quatre par exemplaire, compte actuellement une moyenne de deux cent mille lecteurs. C'est effrayant. Il est même à croire que si Marcel Prévost avait, comme tant d'autres, le bonheur de n'être point lu, il remplirait ses écrits de doctrines surprenantes. Mais quand on s'adresse à une foule d'hommes, et surtout de femmes, a-t-on le droit de ne pas hésiter devant sa propre pensée ? Marcel Prévost, qui a tout fait pour l'avoir, est accablé par son succès. Il prétend au moins le justifier par sa circonspection et son attention à ne rien renverser.

Dans la seule étude un peu complète que nous ayons sur Marcel Prévost, André Rivoire[1] s'est efforcé de montrer que cette œuvre déjà si considérable et d'apparence si variée présente quelque unité, tournant tout entière autour du mariage. Tantôt Marcel Prévost enseigne qu'il n'y a pas de bonheur, même pour les hommes, dans l'amour, en dehors du mariage (*Confession d'un amant, Automne d'une femme*). Tantôt il dépeint les dangers que font courir à ce mariage les mœurs de la nouvelle jeune fille (*les Demi-Vierges*), et surtout il s'applique à réformer leur éducation en vue de ce mariage (*Lettres*

---

1. *Revue de Paris*, 1ᵉʳ juin 1901.

à Françoise) ; dans le cas même où ce mariage, ayant été sans amour, demeure sans idéal et sans sincérité (*le Jardin secret*), il est pourtant solide encore et nécessaire. « Au fond de ces mensonges, il n'y a pas seulement de l'égoïsme : il y a surtout la miséricorde humaine ; il y a comme une humble charité. C'est le mariage qui est trop parfait pour l'infirmité de nos âmes. »

Cette vue critique était très juste, et elle met parfaitement en lumière ce que je veux montrer ici, le conservatisme social, qui acheva la fortune d'une œuvre aussi bourgeoise que piquante. Marcel Prévost, dont les instinctives sympathies allaient au féminisme, par exemple, finit par conclure contre lui, parce qu'il a peur de ce qui arriverait en France, si toutes ses lectrices se mettaient soudainement à devenir féministes. Il s'impose à lui-même, par l'effet de sa vente, le devoir d'être prudent, non pas pour lui, mais pour les autres. Par scrupule, il s'aliène lui-même. Il veut, sans doute, heureuse toute cette foule qui l'admire et qui le suit, et il ne peut lui proposer comme règles de vie les maximes personnelles de M. Marcel Prévost, homme de lettres qui a réussi. Il incline donc de plus en plus vers les solutions déjà éprouvées. De plus en plus, il va répétant à tous : « Vivez d'accord avec les lois de la société. Il n'est pas de bonheur hors des sentiers battus. » Et ainsi ce n'est pas seulement un moraliste, c'est un moraliste commode, qui peut servir à tous, et qui vient à son heure.

Car il faut tenir compte de cela aussi, sans quoi rien ne s'expliquerait d'un succès tel que le sien. Nous avons d'autant plus besoin d'une consultation morale comme celle que nous trouvons dans les romans de Marcel Prévost, que beaucoup d'autres croyances, sinon toutes, sont ébranlées et mises en cause. Déjà beaucoup de consciences, surtout de consciences féminines, se sont assez écartées de la foi religieuse pour n'y plus trouver de réconfort et d'appui aux heures troubles, et elles ne

sont pas encore assez attachées à la science ni à l'usage
de la raison pour leur demander l'explication d'elles-
mêmes et de leur destinée. Elles ne comprendraient pas
encore, pour la plupart, Anatole France ; elles manquent
d'ironie, comme Saint-Paul, et il y a peu de sous-préfec-
tures où vous trouverez le sourire de la Joconde. Marcel Prévost convient aux émancipées qui tâtonnent.
L'inquiétude morale s'est exaltée de tout ce qu'a perdu
le sentiment religieux. Quand nous ne croyons plus, où
demander du secours, le besoin venu? Comment une
femme, dont la vie se brise, se ressaisira-t-elle en
dehors de la religion, par la seule morale et la seule
vertu?

Tel est précisément le sujet de *la Princesse d'Erminge*,
un des romans les moins bien venus, mais aussi l'un
des plus significatifs du trop fécond romancier.

Arlette, qui était d'une beauté ravissante et d'une
parfaite innocence de cœur, a été mariée à dix-neuf ans,
au prince d'Erminge. Elle avait été désignée à son choix
par la maîtresse même du prince, Mme de Guivre, et la
jeune mariée est tout de suite tombée au milieu d'un
drame intime de jalousie et d'asservissement qui se jouait
depuis quatre ans entre le prince d'Erminge et Mme de
Guivre. Elle fut violentée, puis délaissée, et l'angoisse
de sa solitude s'est bien vite aggravée de désespoir. Un
clubman passe dans sa vie, Rémi de Lasserade, qui
éblouit un instant sa jeunesse et son inexpérience, et qui
la délaisse à son tour. Il n'y a plus autour d'elle d'autre
cœur vivant et fidèle que celui de sa servante, Martine.
Cependant une anxiété plus vive a tressailli dans sa
chair. Elle est enceinte. Que faire?

Pitoyable Arlette! Combien de femmes avant elle avaient erré
dans le même labyrinthe, s'arrêtant aux mêmes hypothèses,
s'agrippant aux mêmes racines d'espoir, frissonnant de la même
peur mortelle, par moments!... Combien avaient trouvé, rejeté,
repris les solutions si peu nombreuses, si étroites, de ce problème : frauder une loi de la nature, afin de sauvegarder son

repos, et les apparences !... Mondaines, bourgeoises, l'angoisse horrible dont Arlette était maintenant étreinte guette, comme une hydre à l'issue du jardin défendu, presque toutes celles qui croient pouvoir dédoubler la vie conjugale, avoir ici l'union des intérêts, ailleurs l'amour. Pitoyable Arlette! Moins condamnable qu'une autre, parce que le mariage l'avait vraiment trahie, elle, et que nul appui moral ne s'était offert pour la réconforter et la soutenir! L'angoisse des maternités adultères l'étreignait à son tour.

Vainement, elle tente l'ordinaire et vile compromission du rapprochement de circonstance, un soir, à la campagne, quand elle sait son mari privé de sa maîtresse. Toute sa dignité se révolte, qui ne peut se satisfaire que par un aveu de la vérité. Entre elle et son mari, la scène est très vive : c'est du théâtre tout fait. Arlette se trouve rejetée hors de sa propre vie, en fuite avec sa servante, emportant la pensée unique de son enfant. Elle l'élèvera modestement, vertueusement, selon une morale qu'elle a conquise à vivre et à souffrir.

Et pour que la signification philosophique de cette histoire n'échappât à personne, le précis conteur l'a incarnée et résumée dans le caractère et les discours de l'un des personnages les plus fermes qu'il ait tracés, Jérôme de Péfaut, cousin d'Arlette, et secrètement amoureux d'elle.

Jérôme est un positiviste. Il a fait des études de médecine, mais il s'est aperçu qu'avec son nom et sa fortune, il lui était impossible de se faire prendre au sérieux comme savant ni comme praticien. Il travaille donc pour lui, pour la culture de son esprit; il est tourmenté par le problème d'une morale scientifique : « fils libre penseur d'une mère pieuse, il ne se dissimule pas le vide périlleux que laisse dans les mœurs l'abolition de la foi. » Il le sent plus intensément et plus cruellement devant les confidences et le désarroi d'Arlette, qui a su toucher son cœur et qu'il connaît si bien.

« Hélas! lui dit-il avec une gravité digne des derniers Comtistes, vous n'êtes pas la seule parmi vos contemporaines, ma pauvre enfant, à qui se fait soudain sentir, en face de la vie, le manque de toute règle morale efficace. »

Heureusement la vie porte en elle-même sa leçon et son expérience. La chute, peut-être, révèle la morale, et c'est ainsi que, guidée par son philosophe, Arlette entrevoit peu à peu le plus solide principe de la conscience, « que toute faute est une dette, mais que toute dette est susceptible de rachat ». La princesse d'Erminge a commis une faute : elle la rachètera en confessant à son mari la vérité, en immolant à son enfant toute sa vie.

> Alors, dit Arlette, cette lumière de responsabilité m'inonda, en même temps que la pensée de la mort possible, acceptée, m'assainissait le cœur... J'ai vu mon passé à cette lumière, dans cette atmosphère assainie : il m'a fait horreur par son égoïsme, sa vilenie. Quand je vous ai consulté, c'était le moyen du rachat que je ne trouvais pas. Vous me l'avez donné; dire la vérité coûte que coûte.

**

∴

Ce que de telles œuvres peuvent apporter de plaisir et de sécurité à l'imagination oisive, à la conscience inquiète de la petite bourgeoisie française de maintenant, est-il besoin de le dire[1]?

Marcel Prévost a fait du lecteur — et de la lectrice — contemporains une psychologie supérieure, décisive. Il sait exactement ce que l'on attend d'un livre, le double besoin qu'on cherche à satisfaire en l'ouvrant : le divertissement, c'est-à-dire l'oubli momentané de soi-même, et la moralité, c'est-à-dire la justification durable de sa vie. Du petit au grand, il n'y a de lecture à nous intéresser que celle dont nous pouvons faire à nous-mêmes quelque application. Telle

---

1. Après *la Princesse d'Erminge*, Marcel Prévost a publié un récit plus simple, plus modeste, plus résolument sentimental et vertueux : *l'Accordeur aveugle*, synthèse de l'amour et de l'art dans l'âme d'un brave musicien de province. La fraîcheur des souvenirs d'enfance qui font le charme de ce petit ouvrage, aussi bien que l'insignifiance de l'anecdote, semblent indiquer que ce n'est point là une nouveauté, mais une œuvre déjà ancienne, dont l'auteur a jugé qu'il pouvait enfin faire emploi sans danger et même profitablement.

provinciale cherchera dans les romans de Marcel Prévost à se faire une idée du genre de vie de la Parisienne. Elle lira avec passion la description d'un essayage chez le grand couturier ou d'un abandon voluptueux dans une garçonnière, tout ce qu'elle rêve de faire. Telle autre cherchera un modèle de réception et d'élégance, cependant qu'une amoureuse y poursuivra la solution de son cas sentimental. Là est l'attrait mystérieux et complexe de Marcel Prévost. Quand on ne va plus à confesse, on lit un roman de lui, et c'est aussi comme si l'on allait au théâtre. On y trouve à peu près toutes les mêmes nuances de plaisir qu'à l'église ou au spectacle. Le mari, l'amant, ni la morale n'ont rien à dire! Tout convient! Et, en vérité, il n'est pas d'autre document aussi savoureux sur la grande clientèle des libraires, — côté des dames, s'il vous plaît, — que cette littérature dévergondée et sermonneuse. Il n'y en a pas qu'il faille prendre plus à cœur ni plus au sérieux, pour un historien et un philosophe. Nulle ne témoigne pareillement de l'hypocrisie, non seulement des mœurs, — toujours il en est ainsi, — mais des esprits, des consciences. Au fond, je ne connais pas d'œuvre plus dénigrante que celle-ci, de vision plus dégradée de la vie. Jamais, autant que dans ces pseudo-confidences de femmes, la femme n'a été déshabillée avec plus de désinvolture, de mépris, de sadisme, jamais on ne lui a prêché aussi continuement qu'elle n'était qu'un organe de plaisir; jamais on ne l'a peinte plus dénuée ni plus vaine[1]. On a même souligné cette infirmité d'une créature uniquement sensible au désir des hommes, par l'illusoire effort de son affranchissement, de son élévation sociale. Jamais enfin, on n'a plus ingénuement réduit l'existence des hommes et des femmes, non pas à l'amour, mais à la pratique, intégrale ou partielle, de la volupté. Seulement on a jeté sur tant de cynisme un peu de cette morale qui, mieux que le latin, brave

1. Ernest-Charles. *La littérature française d'aujourd'hui.*

l'honnêteté! Quelle est donc, dans la France d'aujour-
d'hui, éparse en nos provinces, cette classe d'esprits,
dont les seules lectures nous révèlent, comme leur trait
spécifique, le mensonge ou l'insincérité, le culte des
apparences, l'idolâtrie des convenances, — la contra-
riété profonde des mœurs et des principes? Où donc se
joue cette comédie de la vertu? C'est sans doute une
comédie humaine; n'est-ce pas par excellence la comédie bourgeoise?

CHAPITRE II

LA BOURGEOISIE INDIFFÉRENTE ET LE ROMAN D'AMATEUR

I. — L'INTELLECTUALISME UNIVERSITAIRE : ABEL HERMANT

Dès les humanités, Abel Hermant s'est classé : il appartient à un type bien caractérisé d'écoliers; comme Paul Hervieu, il a fait ses études au lycée Condorcet, « établissement unique, où de jeunes piocheurs, assez fortunés pour la plupart, déjà conscients d'être soustraits aux gênes sociales, mettent une coquetterie à se disputer les premières places et acquièrent pour le moins d'utiles vanités intellectuelles. » Le lycée Condorcet n'a point perdu cette physionomie. Il est encore le lycée préféré de la bourgeoisie parisienne, celui où se préparent les intelligences les plus ornées, les plus indépendantes.

Les *Confessions* d'Abel Hermant sont toutes pleines de ces souvenirs scolaires. Aux alentours de la quarantaine, il demeure ravi de ses premiers succès. Il a été non pas le brillant élève, mais l'élève éblouissant, le sujet fatalement émérite, victime triomphante de la concurrence. Il y avait convenance parfaite entre sa nature et les procédés universitaires, « qui semblent avoir pour objet unique d'exagérer chez tous les jeunes gens cette manière d'être que je qualifie d'héroïsme, qui se traduit par un goût violent de distinction et de primauté... On leur persuade qu'il ne vaut la peine de vivre que pour se distinguer[1] ». Et cette persuasion-là,

1. *Confession d'un enfant d'hier*, p. 110.

Abel Hermant ne l'a jamais perdue. Elle a été le principe de son activité et de sa carrière. Il a continué d'être le premier, de se complaire à l'être et, hier encore, il présidait la Société des Gens de Lettres, consacrait Balzac, Dumas, Zola, etc., dans des discours qui attestaient combien le maître nouveau était digne de l'ancien élève.

Abel Hermant est fortement convaincu de cette loi qui se retrouve souvent formulée dans ses derniers ouvrages, que « tout homme vit en raccourci l'histoire de l'humanité ». C'est la transposition psychologique d'une loi biologique bien connue, selon laquelle le développement de l'individu reproduit toutes les époques et parcourt toutes les phases de l'évolution spécifique. Auguste Comte en avait fait un bel usage et, lorsqu'ils vinrent à la découvrir, elle ne pouvait manquer de séduire et d'impressionner les plus avertis de nos littérateurs, toujours en flirt avec la science. François de Curel en a donné, un peu grossièrement, mais bien clairement, le symbole dans la *Fille sauvage*, et Abel Hermant l'a vérifiée sur lui-même ; il en est un exemple d'autant plus frappant qu'il est plus conscient. La formation de son esprit fut comme une *Légende des siècles*, et si j'insiste sur ce trait, c'est justement parce qu'il est ce qu'il y a de plus caractéristique dans notre éducation universitaire.

Abel Hermant s'est d'abord épris d'antiquité, il a eu « son orgueilleuse civilisation latine », puis il a traversé « une sorte de moyen âge ». Enfin il a découvert la philosophie, celle du XVIIIe siècle ; il a lu Voltaire, Taine, Renan. Et il se trompe sans doute lorsqu'il dit que tous les hommes, lui ressemblant à quelque degré, refont pour leur compte toute la marche humaine du passé. Ceux-là seulement procèdent ainsi, qui ont reçu une éducation critique et à qui fut donnée la culture de la pensée par les livres. C'est la marche exceptionnelle d'une éducation supérieure. Rapprochez Abel Hermant de quelques autres écrivains de sa génération que

je ne veux pas nommer. Vous verrez combien est spécial son tour d'esprit, rare son discernement des idées.
Comme il aime à raisonner, à construire, parfois à sophis-
tiquer! Il est, à la lettre, intelligent, par là même assez
éloigné du public, comme on le voit aux meilleures
scènes de son théâtre. Celui de ses maîtres qui, l'appelant
un jour « petit normalien », décida de sa jeunesse, ne lui
a peut-être pas rendu un si mauvais service, ne l'a pas
écarté de sa destination naturelle. Et c'est dans ce sens,
en vérité, qu'il peut dire de lui-même aujourd'hui :
« Ce qui m'a frappé surtout, c'est la continuité de mon
développement; ma destinée était fixée dès mon premier
jour et je n'ai fait, depuis lors, que réaliser chaque
jour un peu plus la formule que j'impliquais[1]. »

Quel est le professeur qui, de sa première rhétorique
à l'Institut, n'en pourrait dire autant?

Par l'effet de cette culture, universitaire et norma-
lienne, Abel Hermant se trouvait prédisposé à être, non
pas un romancier, mais un *Essayiste*. Il s'est surtout
complu dans l'analyse d'un personnage qui était son
esprit, — et c'est bien de son esprit qu'il faut dire, car
il n'est point de candidat à l'agrégation qui ait jamais
dominé davantage sa sensibilité, ni qui ait été plus
dénué de sensualité.

Abel Hermant n'aime pas l'amour ni l'amoureuse.
La passion, le tempérament, lui paraissent volontiers
« agaçants ». De plus en plus, il s'est attaché à lui-
même; il a conscience de ce mouvement de son esprit
et il l'a voulu. « Il me semble que maintenant je serais
tout à fait incapable de raconter une histoire, » dit-il
volontiers. Il ne prétend plus qu'à dresser « un tableau
de sa vie et un état de sa personne ». Ses personnages,
comme lui-même, ont eu une enfance pensive, une
jeunesse inquiète et philosophique (*Serge, le Disciple
aimé, Amour de tête*). Ils sentent comme une « pléthore
d'intellectualité »; ils éprouvent tous la même mélan-

---

[1] *Confession d'un homme d'aujourd'hui*, p. 3.

colie de solitude supérieure et d'accablement céré-
bral; ils « souffrent de penser trop et trop tôt ». Ils
se complaisent dans une sorte de romanisme amoureux ;
ils sont tout de suite convaincus que « c'est le cœur
qui se met à créer de la légende à propos d'une inconnue ». Et lui-même est surtout curieux de leur complexion intellectuelle, du rapport de leurs facultés
entre elles. C'est pourquoi le roman, où il faut tout
de même un semblant d'intrigue, devait bien vite lui
répugner. Il n'a pas d'imagination. Les rares événements qui constituent l'affabulation de ses livres ne
sont jamais que le « démarquage » de sa propre existence. Il conçoit que toute fiction est de rhétorique
surannée. « La littérature, conclut-il, à moins d'être
professionnelle ou géniale, ne peut être sincère qu'à
la condition de prendre franchement pour étude le
moi. »

Seulement, si l'Université a été le véritable milieu
intellectuel d'Abel Hermant, elle ne pouvait rester
son milieu social. Il n'aura fait qu'y passer, rare
bonheur!

Beaucoup de jeunes gens, en effet, entraient à
l'École de la rue d'Ulm après de dures années d'internat et de surmenage dans les « rhétoriques supérieures ». Venus de provinces lointaines et d'abord
enfermés dans de petits lycées, issus de familles
modestes, ils avaient à peine entrevu Paris dans leurs
dimanches laborieux de Louis-le-Grand ou d'Henri-IV.
Une fois à l'École, ce n'était pas l'internat qu'ils trouvaient, mais la liberté. Leur entrée était une initiation.
Ils ne parvenaient pas seulement à un rare honneur,
mais au confortable, aux belles relations, au bien-être
quasi-élégant. Ils avaient de riches préceptorats et
des fournisseurs distingués. Ils étaient invités comme
danseurs, comme jeunes gens d'avenir. Quelques-uns
restaient fidèles, malgré eux, à leurs mœurs provin-
ciales, rurales. Presque tous s'épanouissaient dans

l'estime d'eux-mêmes et le sentiment de leur élévation. Ce fut le contraire pour Abel Hermant. Issu de la haute bourgeoisie de la fortune, il ne put se résigner à la seule bourgeoisie de l'esprit. L'internat subit, la promiscuité matérielle et morale, l'égalité forcée et à tout instant sentie, tout cela devait choquer sa susceptibilité nerveuse, affinée par la vie de famille, blesser son esprit naturellement aristocratique, exalté par sa préparation même dans le goût de prévaloir. Outre qu'il fut tout de suite offensé par la parcimonie naturelle des manières universitaires, Abel Hermant ne put se faire à l'idée d'habiter la rive gauche, au delà du Panthéon. Il fut tout de suite malheureux et insupportable. L'intelligence, même dans la jeunesse, ne rapproche pas des hommes que leurs mœurs séparent, parce qu'elle ne leur fournit point de discipline. Pour Abel Hermant,— qui fut si souvent imité depuis, — la vérité sur sa jeunesse tapageuse est donc simplement qu'il a senti le premier l'obscur malaise d'une culture générale, qui n'avait plus d'objet et qui rassemblait au hasard, sans autre principe d'union que leur vanité, trop de personnalités disparates. Et comme il eut plus d'orgueil que ses camarades qui en vivaient, il craignit que ces supériorités individuelles de normalien ne fussent des inutilités sociales. Il eut peur que son avenir et sa tâche, s'il persévérait dans cette voie, ne fussent un jour au-dessous de son mérite. Quelle différence faut-il voir entre cette retentissante démission du futur écrivain et le congé timide de tant de professeurs, qui finissent aujourd'hui par abandonner leur chaire, pour courir les aventures du journalisme et de la politique ?

Maintenant, nous tenons sans doute tous les éléments psychologiques et sociaux d'une personnalité tout à la fois si particulière et si significative.

Par son origine de haute bourgeoisie, par ses goûts, par ses habitudes d'existence et ses besoins, Abel Hermant devait se plaire uniquement dans les milieux élevés, de même que Paul Bourget, et il a pu prétendre aussi à pénétrer dans les plus fermés, comme le Faubourg et les Ambassades. Il a des façons de snob et des allures de mondain. Mais, par suite de son éducation intellectuelle, il ne pouvait prendre au sérieux, comme Paul Bourget, de tels milieux. Il leur a fait application des façons de juger et de penser, dont il avait appris l'usage de l'autre côté de l'eau.

D'abord Abel Hermant a des yeux excellents : il voit même « ce qui n'affecte pas le sens de la vue » ; il voit surtout très vite ; il lui suffit d'un après-midi pour démêler toute la psycho-physiologie du boulevard Saint-Germain ; il note fidèlement le détail des personnes et des entours. Volontiers, il collectionnerait les documents comme on collectionne des « notes ». Il est un « exact », comme Maupassant, qu'il reconnaît pour son maître, et auquel il a consacré une pénétrante et même sympathique étude :

« L'école à laquelle j'appartiens se soucie uniquement de noter, de classer les faits et d'en tirer des conclusions scientifiques, sans les envisager au point de vue de la moralité. »

Monsieur Rabosson a été écrit au lendemain même de la rupture avec l'École normale. Rabosson est un camarade et l'on sent dans son portrait toute la fraîcheur d'une rancune personnelle. Il en est de même encore pour le *Cavalier Miserey*. Sans doute la facture en est déjà plus haute, plus libre, d'une signification plus générale et plus psychologique. Miserey, d'abord cavalier modèle, amoureux de ses officiers, puis, glissant à l'ennui militaire, s'encanaillant avec une femme, fricoteur, voleur et déserteur, change tout le long du livre : c'est une *évolution*, celle de l'homme en proie au régiment. Mais, pourtant, l'auteur ne s'est encore intéressé là qu'à son expérience personnelle. Il étudie encore un milieu spécial ; l'ensemble reste d'une observation si précise, qu'elle a en partie cessé d'être applicable aujourd'hui. Abel Hermant lui-même a eu le sentiment de la mobilité de

la vie militaire, lorsqu'il est revenu pour faire une
« période ». Ce n'était plus cela : l'original ne ressemblait plus à sa photographie.

C'est qu'Abel Hermant, pour l'ordinaire, est en effet
plus « exact » que véridique : « Mes décors sont faits
avec des morceaux de réalité, dit-il, et mes types avec
des bribes d'observations raccordées. » Des livres ainsi
composés semblent, lorsqu'ils paraissent, des romans à
clef et, dix ans après, sont des documents. C'est tout
d'abord de la littérature « piquante », volontiers scan-
daleuse, un peu méchante et même vindicative : de là
le succès; et on s'aperçoit dans la suite que ce sont
vraiment des « mémoires »: de là l'intérêt. Ainsi, dans
La Surintendante, Abel Hermant, comme tous les
peintres de mœurs, a fait, il y a une douzaine d'années,
le portrait du jeune homme qu'il avait connu, le petit
bourgeois arriviste. C'est Emile Boucart. Ce Boucart explique fort clairement à une amie d'enfance,
demeurée idéaliste, son idéal à lui, son idéal moderne :
« Se lever tous les matins à neuf heures et demie, dé-
jeuner, aller au ministère à onze heures... » Il a reçu,
pense-t-il, une éducation positive, antisentimentale. Il
n'a jamais été amoureux des petites filles, avec lesquelles
il a joué; le hasard lui a donné le métier qu'il aurait
choisi lui-même, à la réflexion. Il sait de naissance, que
l'imprévu n'arrive jamais. Il est rond de cuir : par
pose et devant le monde, il fait semblant de se bla-
guer; mais, quand il est sincère, il avoue son bonheur.
Il est satisfait. C'est qu'il n'est pas bête et lit de bonnes
feuilles; il apprécie la musique et il avait en lui toute
l'étoffe d'un raté; il n'a pas voulu. La vérité, c'est qu'il
était né pour avoir vingt-cinq mille livres de rentes,
non pas par paresse (le travail, comme le reste, lui est
bien égal!), mais par esprit d'ordre et par besoin de
ponctualité. Il trouve donc au ministère, par la régula-
rité de l'échéance, la seule illusion dont il ait besoin,
celle d'être rentier. Il n'est pas bien séduisant ni joli
garçon; il n'aime pas beaucoup les femmes et il ne dé-

pend pas de lui qu'il soit aimé de quelques-unes. Il n'a pas non plus d'esprit, ni d'indulgence, ni d'inquiétude, ni d'ambition, ni de philosophie, ni de rien du tout; il est résolument et consciemment quelconque... Comme ce type est vivant, et pourtant lointain déjà! Je n'irais pas jusqu'à demander à Abel Hermant, comme le lecteur imaginaire dont il se gausse dans la préface de *La Carrière*, d'écrire dans ses ouvrages, en regard des noms supposés, ceux des originaux qu'il a travestis. Il point d'après nature, comme c'est son droit, mais de si près, comme c'est son goût, qu'il y a toujours quelque chose qui « date » dans sa peinture. Il a fini par s'en féliciter, le public aussi. Le goût de l'un, la curiosité de l'autre allaient dans le même sens. On ne relit guère un roman d'Abel Hermant; on l'achète toujours et on le garde. Peu à peu lui est donc venue l'ambition de « cuisiner une philosophie sociale » pour contribuer à l'histoire des mœurs. Et, en effet, il a fourni jusqu'ici deux des documents les plus curieux que nous possédions à cet égard, une peint·re de milieu, une biographie intellectuelle, *Les mémoires du vicomte de Courpière*, *Les Confessions*.

.·.

. Pour nous conter l'histoire du vicomte de Courpière, Abel Hermant s'y est pris à deux fois : *Souvenirs du vicomte de Courpière*[1], *M. de Courpière marié*. Quand un auteur, dans un ouvrage nouveau, revient ainsi à un personnage ancien, c'est que ce personnage n'a point déplu au public. Le vicomte de Courpière, dès son apparition, a fait son chemin par le monde. Il devait le faire : d'abord il était familier au lecteur. Nous l'avions vu un peu partout, dans le roman et au théâtre, depuis Émile Augier jusqu'à Henri Lavedan. Et il avait pris pour s'exprimer l'aimable ton de certains

1. C'est aussi l'observation du même milieu qui a inspiré la dernière pièce de l'auteur : *La belle Madame Heber*.

mémoires (ceux de Gramont notamment), qui firent toujours fureur en France, et qui en avaient certainement suggéré la première idée à Abel Hermant.

Le vicomte de Courpière est né ; il est pauvre, puisqu'il est né ; il est beau, puisqu'il est né et pauvre. Sa voie est toute tracée. Sa pauvreté lui impose la recherche de l'argent, sa beauté lui en fournit le moyen, et sa naissance la manière. Il sera un parasite dans notre actuelle et bourgeoise société. Il ne pourra être que parasite. Comment le sera-t-il ? Tout l'intérêt de son histoire est là.

C'est que le vicomte de Courpière n'a pas été élevé comme nous autres, petits bourgeois prétentieux, à tout apprendre pour ne rien savoir de positif ni d'applicable, et pour n'être que ce qu'on appelait jadis d'honnêtes gens. Il ne fut jamais un honnête homme dans ce sens-là. Il soigna celles de ses facultés qui pouvaient le servir dans la lutte pour la vie, il ne se soucia point des autres. L'exemple, le conseil des siens l'encourageaient dans cette voie, d'ailleurs il n'en eût fait qu'à sa tête. Il ne perdit jamais de vue qu'il était né et qu'il n'avait rien. Bref, son éducation fut, comme on dit aujourd'hui, professionnelle.

En réalité, les classes sociales qui déclinent, aussi bien que celles qui s'élèvent, subissant plus âprement les nécessités de la lutte, mettent en lumière des individus plus harmonieux et mieux armés. Il ne leur est permis de dissiper aucune force, de négliger aucun élément de résistance. Courpière est un de ces individus privilégiés, chargés de couvrir la défaite, un de ces héros qui font figure à l'arrière-garde. Sa situation et sa bonne mine sont appropriées l'une à l'autre.

Le visage, qui est trop joli, a quelque parenté avec celui du roi de Rome peint par Lawrence... Le front est bombé, sinon comme un front de penseur, du moins comme un front d'enfant... Il paraît frêle, et il est athlétique... N'importe quels vêtements lui vont... Je l'ai toujours vu plaire, et il n'a rien de l'homme sympathique. Il séduit les gens d'autorité...

Donc Courpière séduira. Il ne fera jamais que séduire. C'est le séducteur moderne, mais le séducteur précis, qui plaît pour vivre; d'abord au hasard, dans l'amour, la galanterie toute simple et innombrable; puis, comme tout le monde, mais mieux, dans le mariage, le beau mariage. Pour combien d'hommes, en effet, leur mariage est-il leur chef-d'œuvre! Il a pu paraître un moment qu'il en serait de même pour Courpière. Quand il épouse Mlle Lambercier, il clôt la première phase de sa vie, étape, à vrai dire, tellement importante, qu'on avait pu la prendre pour un dénouement, qui était justement celui du premier volume, où sont écrits ses souvenirs.

Car le mariage, c'est incontestable, a une vertu, et produit toujours, c'est évident, des effets très sensibles. Nul ne résiste à cette épreuve, même M. de Courpière. Dès qu'il est marié, il n'est plus lui-même. D'abord, il est riche. Il ne sait pas l'usage des richesses. Et voici que lui, Courpière, devient une proie. Tout le petit monde de l' « Appareilleuse » s'agite et mène Courpière. Il est *tapé* de la forte somme par cette Mme de Passelieu, avec laquelle il file la parfaite haine. Courpière n'est plus Courpière. Il faut qu'il se ressaisisse, et c'est l'histoire de ce ressaisissement qui nous était due. Elle est complexe et amusante, et on y sent bien la nécessité qui est la loi de ce caractère. Pour Courpière, le mariage avait été profitable et dangereux. Il faut donc qu'il en sorte, mais avec bénéfice. Il avait réussi à épouser Mlle Lambercier magnifiquement, mais illusoirement, à cause du régime dotal. Il y a donc mieux, pour un homme de sa qualité, que le mariage, c'est le divorce réussi, qui rapporte un million. Il y a surtout mieux qu'une femme légitime, c'est une femme que l'on garde après le divorce, parce que le divorce où l'on reste, c'est l'amour, rien que l'amour. Il faut bien que Mlle Lambercier finisse par être pour son mari, elle aussi, la simple maîtresse qui fait vivre. Tel est M. de Courpière, toujours d'accord avec lui-même.

Ces aventures, il faut bien le reconnaître, sont scabreuses, et elles ne sont pas pour le public le moindre attrait de ces deux ouvrages. De tels succès sont dangereux, et il y a moins à féliciter Abel Hermant de les avoir remportés, que de les avoir supportés. L'écueil du naturalisme avait été la grossièreté ; l'écueil pour Abel Hermant aurait pu être le cynisme. Il doit d'y avoir échappé à sa méthode de penser et d'écrire. Son art est de traiter sérieusement son sujet, de procéder, non pas par la description des choses, mais par l'analyse des sentiments. Les gestes de l'amour ne sont désobligeants que si on les considère en eux-mêmes, pour eux-mêmes. Mais chez un écrivain qui s'affiche soucieux de vérité psychologique ou sociale, ils ne sont plus que des gestes quelconques, des événements et des attitudes, qui expriment comme les autres les caractères, ou qui les expriment avec plus de relief et de diversité, plus de naturel aussi. Bien plus, toute classe sociale a sa façon d'entendre l'amour : le chapitre de l'amour n'est pas le moins important de l'histoire des mœurs ; la sociologie, en même temps que la grivoiserie, y peut trouver son compte. L'homme d'amour n'est pas seulement, pour un romancier, un héros préféré ; il est le type nécessaire, représentatif, celui par lequel il faut commencer.

Abel Hermant a évoqué lui-même, à propos de Courpière, Don Juan. Courpière, comme Bel-Ami, comme le héros de *Qui perd gagne*, cet exquis et précieux Fargeolle de M. Capus, est en effet un Don Juan, mais qui se trouve aujourd'hui dans des conditions bien particulières.

Premièrement, Don Juan était « libertin », c'est-à-dire libre penseur : M. de Courpière fut toujours bien pensant. En second lieu, Don Juan était désintéressé : j'ai laissé à entendre que l'ordre actuel de la société, si défavorable à M. de Courpière, ne lui permettait point de maintenir une distinction trop scrupuleuse entre les fantaisies de son cœur et les considérations de son intérêt, ou même de sa subsistance.

Courpière eût été Don Juan, tout bonnement, du

temps de Don Juan. Autres temps, autres amours, autres expédients. Et si, au fond, nous restons malgré nous indulgents à Courpière, c'est que le luxe est cher et qu'il faut vivre. Il subit, avec une élégance qui lui est propre, la nécessité économique qui pèse sur sa race. Il est le parasite insolent d'une bourgeoisie qu'il éblouit encore.

Parfois même ne sommes-nous pas avec lui contre ces Lambercier ou ces Mahulot qu'il exploite? Ceux-là, qui laissent vivre à leurs dépens les Courpière, n'ont-ils pas eux-mêmes vécu à d'autres dépens? A parasites, parasites et demi, et je ne puis fermer cette vive étude de mœurs sans une inquiétude pour cette haute bourgeoisie, proie si docile et si désarmée. Elle a peur du peuple et craint l'avenir. Abel Hermant nous montre comment elle est aussi menacée par les dernières forces du passé. Est-elle donc prise entre deux feux, entre deux convoitises, entre ceux qu'elle a dépossédés et ceux qu'elle dépossède, ceux qui commencent à s'élever et ceux qui achèvent de s'abaisser? Elle ne voit que les affamés de la rue. Qu'elle n'oublie pas ceux qui mangent à sa table!

*
* *

Abel Hermant peut donc faire comprendre une certaine évolution de l'esprit public en France, dans les classes littéraires. Le *naturalisme* avait tenté d'appliquer les procédés scientifiques à l'observation de la nature et de la société. Abel Hermant, tout en restant fidèle à cette inspiration, du dehors s'est tourné vers le dedans: il a intériorisé son observation, il est allé du geste au sentiment, des autres à lui-même, de la peinture à l'analyse : au naturalisme, qui était un réalisme objectif, il a substitué le réalisme psychologique de l'autobiographie, ayant tracé, à côté du type social, que nous venons de voir un type intellectuel, l'*enfant d'hier*, l'*homme d'aujourd'hui*.

L'enfant d'hier a eu de bonne heure le sentiment d'une sorte « d'excommunication » sociale. Il s'est trop développé en lui-même, par dédoublement. Il a été uniquement stimulé par l'émulation, par le succès. Il a peu connu la famille, il ne l'a pas appréciée. Il a à peine entrevu et pressenti, dans la crise de la guerre, la société, la solidarité. Il n'a pas aimé l'amour. Et il n'y a rien de plus attristant, de plus piteux que sa sécheresse à l'enterrement de la jeune femme qui fut sa maîtresse. — L'homme d'aujourd'hui n'est pas fonctionnaire, mais il n'est rien qu'un personnage éminent qui se tient à l'écart des humbles dans une « doctrine éthique inégalitaire ». Il a vécu pour son compte toutes les religions et toutes les morales de l'humanité, mais « par crises successives et chaque fois en y risquant sa raison et sa vie ». Il est curieux du progrès, soucieux de l'avenir, à l'affût de toute nouveauté, mais comme les antiquaires le sont du vieux bibelot, par divertissement, par art, dans le détail et l'accessoire de la vie. Il est un dilettante qui n'a pas voulu l'être. Il n'aime pas les idées dont sa tête est remplie. Il n'est pas pessimiste, car personne de sa génération n'a eu le courage d'aller jusque-là. Mais il a le cœur amer, parce qu'il l'a glacé, glacé par la clairvoyance.

Par le ton où elles sont écrites et les événements biographiques qu'elles rapportent, ces *Confessions* témoignent, de la part de l'auteur, d'une incroyable insensibilité. Il n'entre dans leur sincérité aucune affectation de coquetterie ou de bravade. Ce n'est même plus ce besoin de déconsidération qui tourmentait Benjamin Constant et qui s'exaspère encore chez Maurice Barrès. Cela est froid, méthodique, exact. Abel Hermant ne cherche pas non plus à se donner pour un grand homme, qui a influé fortement sur les destinées de son pays ou sur la marche des affaires publiques. Il ne plaide pas sa cause comme J.-J. Rousseau. En vérité, le genre « confession » vient d'entrer là dans ce que les philosophes appelaient, il y a quelque dix ans, « l'ère positive ».

.·.

Abel Hermant, qui est tout jeune, va-t-il se renouveler? Sa clientèle actuelle, qui doit lui valoir de 25 à 30.000 francs par an en moyenne, va-t-elle s'accroître ou diminuer? Il semble qu'aux environs de 1905 le type intellectuel exprimé par Abel Hermant tend à disparaître. La jeune génération n'y correspond plus du tout. Le réalisme psychologique ne lui plaît pas davantage que le naturalisme. Un peu plus de science et de méthode l'a ramenée à la naïveté. Elle a cessé de se dénigrer et de dénigrer la vie. Elle l'aime et veut l'aimer; une certaine forme d'intellectualisme, proprement universitaire et bourgeois, décline. Abel Hermant a donné les raisons de ce déclin : ça été son rôle, cela restera sa gloire.

II. — L'HUMOUR : TRISTAN BERNARD [1]

Tristan Bernard a été une de mes inquiétudes littéraires. Je n'ai jamais pu le lire sans plaisir; mais je n'étais pas sûr de mon plaisir. Sait-on jamais de quoi l'on s'amuse? Quand on rit, on est désarmé; donc, on se méfie. Et comme Tristan Bernard m'amusait beaucoup, je me suis longtemps et beaucoup méfié. J'étais séduit, mais anxieux.

Aujourd'hui, je suis fixé. Ayant mis à part le vaudevilliste, j'ai médité le plus gravement du monde sur le romancier. J'ai lu de suite son œuvre entière, déjà considérable, en y comprenant toutefois des comédies comme *Le Captif*, et *Daisy*. J'ai relu plusieurs fois et annoté les *Mémoires d'un jeune homme rangé, Un Mari pacifique, Amants et Voleurs*; j'ai fait usage de la méthode comparative en rapprochant ce que Tristan Bernard avait écrit tout seul de ce qu'il avait produit avec Pierre Veber, comme *Vous m'en direz tant!*; en

---

1. *Mémoires d'un jeune homme rangé, Un Mari pacifique, Les Contes de Pantruche et d'ailleurs, Amants et Voleurs.*

tenant compte aussi de ce que Pierre Veber avait composé de mieux sans Tristan Bernard, comme *Amour... Amour...* Et j'ai décidé de le placer très haut, non seulement parmi les « auteurs gais », mais parmi les écrivains proprement dits, ceux qu'il faut prendre au sérieux.

Car Tristan Bernard est d'abord et avant tout un très bon écrivain. Sa langue est simple, souple, alerte, précise, très nette, infiniment nuancée, et l'on ne saurait croire combien il est habile à diversifier les tournures, le mouvement, la cadence et comme la sonorité de ses petites phrases. Il a surtout un mérite excessivement rare, l'unité et la continuité du ton. Quand il fait parler des voleurs, tout de suite, en deux ou trois phrases, il leur donne une *note*, un accent, et c'est ainsi qu'il exécute le tour de force de ces *Nouvelles en dialogue*, sans aucune indication de personnages ou de décor. Au théâtre, les acteurs ont chacun leur voix. Dans les dialogues de Tristan Bernard, les interlocuteurs ont chacun la leur aussi, semble-t-il. On pourrait supprimer les signes typographiques du tiret et de l'alinéa, un lecteur attentif *entendrait* les changements de personnages. En vérité, il n'y a personne de sa génération pour qui la langue usuelle, la franche langue courante et vivante, offre plus de ressources. Et si nous ajoutons que de tels écrits ont d'abord et pour la plupart paru dans des quotidiens, que par leur forme rapide, leur brièveté journalistique, ils sont particulièrement bien adaptés à la faculté d'attention dont dispose un lecteur moyen, nous pouvons considérer Tristan Bernard comme la réalisation la plus heureuse, la plus brillante et la plus sympathique d'un genre d'écrivain, à qui le succès a souri soudain, et qui est bien l'un des spécimens littéraires les plus curieux de ce temps, *l'humoriste*.

Car l'humoriste est un homme tout neuf, encore un peu spécial, déjà célèbre et qui mène grand train. Il a marché très vite dans toutes les directions. Indifféremment, tour à tour ou tout ensemble, il est dessinateur, poète, romancier, auteur dramatique, très souvent journaliste et toujours chroniqueur. Il travaille au jour le jour, à la petite semaine et à la grosse paye. S'il dessine, — le dessin, qui est plus nouveau, se payant mieux, — il a pour atelier un hôtel, dans le quartier du bois, rue de la Faisanderie ou rue Spontini; s'il ne fait qu'écrire, il se résigne à un bel appartement, dans quelque région plus centrale, du côté de l'Europe, à moins qu'il ne préfère s'en tenir à un pied-à-terre, et demeurer à la campagne, où il est conseiller municipal.

L'humoriste, à l'ordinaire, n'est pas un fils de famille; il est le fils de ses petites œuvres. Il n'a pas de fortune, il gagne son argent, qui lui vient du *Courrier français*, de *La vie parisienne*, du *Figaro*, du *Gaulois*, même du *Temps*, de toutes les maisons qui, pour soutenir leur réputation de drôlerie ou pour résister à leur renom d'ennui, payent chèrement la caricature ou le calembour. Dans le monde, il est aussi recherché que dans la presse. parce qu'il remplit de mots tous les vides de la conversation. Au théâtre, par le vaudeville et la comédie vaudevillesque, il règne en maître. Il a presque le monopole des colonnes Morris, sur le boulevard, et du *Chat-Noir* où il lit ses premiers *à peu près;* il a, en quelque vingt ans, conquis Paris.

Ce n'est pas que soit nouvelle en France la gaieté, — la vieille gaieté gauloise.

De tout temps, nous avons aimé la moquerie. De tout temps même nous avons raillé ce qui nous touche le plus. Déjà Rutebœuf se gaussait mélancoliquement de la femme qu'il était obligé d'épouser :

> Elle était pauvre et besogneuse
>> Quand je la pris.
>> Et le mariage à ce prix
> Qu'or je suis pauvre et besogneux
>> Aussi comme elle.
>> Elle n'est ni gente ni belle.
> A cinquante ans dans son écuelle.
>> Est maigre et sèche:
> Je n'ai pas peur qu'elle me triche.

C'est la bonne tradition, cela, par Villon, par Marot, qui s'égaie de ne pouvoir nourrir ni Mme Marotton ni les petits Marotteaux, par la *Menippée*, première forme de la satire politique, par Scarron et Boileau, par Voltaire enfin, Paul-Louis Courrier, Renan et Anatole France. Le Français a le « don du sourire », sous toutes ses formes, parfois du ricanement. La blague, chez nous, c'est nerveux. C'est un tic. La satire et la parodie sont également nationales. On parodiait Corneille comme on travestissait Virgile, et Boileau ridiculisait les mauvais poètes bien autrement que les *Revues* d'aujourd'hui ne bernent les autorités. Le procédé de Scarron ne différait en rien de celui du *Chat-Noir*, avec Maurice Donnay, ni des Variétés, avec Meilhac et Halévy. Pourtant n'y a-t-il pas des espèces bien diverses de blague? En gros, sans doute, l'attitude d'esprit est toujours la même : c'est l'irrespect à l'égard de ce qui est respectable, le rappetissement de ce qui est grand, plus rarement l'agrandissement de ce qui est petit. Peut-être y a-t-il pourtant une manière propre aux frondeurs d'aujourd'hui, qui leur est venue d'un aspect nouveau de la vie. Les satiristes et les parodistes furent surtout des ironistes. Aujourd'hui les auteurs gais sont plutôt humoristes. Ils sont plus proches de Dickens que de Voltaire. Ironie et humour? Il faut s'expliquer, car on ne saurait se résoudre à parler légèrement d'un sujet aussi grave que le talent de Tristan Bernard et de ses pareils.

Dans *le Rire* de M. Bergson [1], je trouve une définition bien précise de ces deux termes si souvent pris l'un pour l'autre : tous deux signifient une même opposition, celle du réel à l'idéal, de ce qui est à ce qui devrait être. Tous deux sont des espèces d'un même genre. Seulement la transposition pourra se faire ici dans les deux directions inverses. «Tantôt on énoncera ce qui devrait être en feignant de croire que c'est précisément

1. Bergson : *Le Rire.* (Paris, F. Alcan, éditeur.)

ce qui est : en cela consiste *l'ironie*. Tantôt au contraire on décrira minutieusement et méticuleusement ce qui est, en affectant de croire que c'est bien ainsi que les choses devraient être : ainsi procède souvent l'humour. L'humour, ainsi défini, est l'inverse de l'ironie. Elles sont l'une et l'autre des formes de la satire, mais l'ironie est de nature oratoire, tandis que l'humour a un air scientifique. On accentue l'ironie en se laissant soulever de plus en plus haut par l'idée du bien qui devrait être. On accentue l'humour, au contraire, en descendant de plus en plus bas à l'intérieur du mal qui est, pour en noter les particularités avec une plus froide indifférence... L'humoriste est un moraliste qui se déguise en savant, quelque chose comme un anatomiste qui ne ferait de la dissection que pour nous dégoûter... »

Je ne sais si l'ironie et l'humour peuvent supporter une opposition aussi symétrique que celle qui est marquée ici par M. Bergson; sans doute sont-elles simplement des espèces voisines d'un genre qui en comporte un assez grand nombre, et qui exigerait une étude particulière. Ce qui me paraît surtout distinctif de l'humour, par rapport soit à l'ironie, soit à toute autre forme de moquerie, c'est l'état de sensibilité qu'elle suppose. L'ironiste fait semblant de rire et de s'amuser, mais il souffre en réalité, il s'indigne et poursuit à son insu un but pratique, qui est le châtiment ou la vengeance, et qui est toujours un remède au mal présent. Il est un révolté ou un croyant, qui garde encore l'espoir secret, comme le chirurgien en présence du mourant, que son intervention réussira. C'est l'arme de Socrate contre les Sophistes, celle de Pascal contre les Jésuites, celle de Voltaire contre tout le monde, c'est le fouet de la satire dont le moraliste flagelle les mœurs. Elle correspond à une sensibilité encore tumultueuse, véhémente, passionnelle, et dont l'expression peut s'élever, en effet, par le mouvement et par le ton, jusqu'à l'éloquence. Il y a même un ricanement tragique. Don Juan fait de l'ironie avec la statue du Commandeur, Méphistophélès ne manque pas d'esprit et le héros cornélien, Nicomède, est un ironiste.

L'humoriste, lui, n'a dans le cœur aucune arrière-tristesse. Il est plus que consolé ou résigné, il n'a jamais été ni triste, ni indigné. Son intelligence lui représente sans doute que ce qu'il voit est un mal, mais sa sensibilité n'est nullement offensée de ce mal. Rien ne le choque ni ne l'alarme; il ne prétend à rien modifier par son intervention. Il n'est pas un anatomiste qui dissèque pour nous dégoûter, mais qui dissèque pour regarder et qui se dit simplement : « Ce n'est pas du tout ce que j'aurais cru! » Et c'est justement cette surprise qui l'égaie, ce pittoresque qui l'enchante. Il ne fait pas de gestes, ne prend pas d'attitudes, sourit seulement toujours du même sourire, qui signifie : « Voilà ce qui se passe, comment trouvez-vous cela? » Il est surtout anglais, c'est-à-dire flegmatique, froid, indifférent : c'est Swift. Ajouterai-je qu'il n'est pas étonnant qu'il puisse être sémite? Suivant les occasions et les dispositions affectives, on peut être ironiste ou humoriste, comme Voltaire, Heine, et ce mélange est à peu près constant chez Anatole France, dont le tour de cœur est si mystérieux. L'humour peut aussi devenir tragique, mais très rarement, parce qu'elle suppose alors que le détachement soit poussé si loin qu'il exprime le plus haut degré du désespoir. C'est le sourire d'une figure glacée; il y a sans doute de l'humour dans Hamlet.

Au fond, de l'ironie à l'humour, il n'y aurait donc qu'une différence de *réalisme*. De là la drôlerie de l'humour.

Car, pour être drôle, il faut toujours être réaliste, et l'on est toujours d'autant plus drôle que l'on est plus réaliste. Dès que vous intervenez, vous, auteur, dans la peinture d'un personnage, l'intérêt se déplace et dévie; il va du personnage à l'auteur. Votre impression s'interpose entre la mienne et l'objet. Il suffit que vous me parliez, pour faire du sentiment ou de l'ironie, c'est-à-dire deux fois du sentiment, l'ironie n'étant que la forme la plus aiguë et la plus véhémente du ressentiment. L'auteur comique est toujours objectif; l'auteur sérieux est presque toujours subjectif, et voilà pourquoi il est tout de même plus facile de *chiquer* du tragique que du comique. Il suffira toujours qu'un auteur nous dise avec adresse qu'il est ému, pour que nous en éprouvions quelque émotion à notre tour. Il aura beau nous répéter sur tous les tons qu'il s'amuse de tout son cœur, il nous agacera seulement. On joue les larmes, non le rire. Je pleure de ce qu'on me dit. Je ris de ce que je vois. Dans *Madame Bovary*, Flaubert n'est réaliste qu'à demi : il y reste du lyrisme. Il l'est davantage dans *Bouvard et Pécuchet*. Tristan Bernard, lui, l'est tout à fait, lorsqu'il nous décrit les premières difficultés que rencontre un honnête jeune homme à embrasser comme il faut sa fiancée :

Il ne l'embrassait plus que sur les lèvres. Parfois, cependant, comme il avait le souffle court, et comme, ainsi que beaucoup de jeunes gens, il ne savait pas respirer en embrassant les dames, il relevait la tête dans un transport d'extase et posait ensuite les lèvres sur le cou de sa bien-aimée, très doucement, pour reprendre haleine.

Supposez que l'auteur se fût un instant troublé lui-même à la pensée du baiser de ces deux jeune gens. Aurait-il observé ce qu'il vient de nous dire? Cet homme est absolument indifférent au geste qu'il décrit. Il le regarde comme une autre chose, comme tout. Il y applique le simple bon sens, alors que, pour l'ordinaire, ce n'est point le bon sens que l'on applique à la tendresse. Tristan Bernard est un amateur qui considère par plaisir, c'est-à-dire de manière à *s'en ficher* complètement, les situations réputées les plus troublantes, ou les plus graves, ou les plus solennelles. Il est certain que l'auteur qui, décrivant un mari trompé, prendra parti pour ou contre ce mari, et fera réflexion que pareille chose lui pourrait advenir à lui-même, ne sera pas en état de découvrir chez le mari d'aujourd'hui, le « mari pacifique », tout ce qu'y découvre Tristan Bernard, à qui, en vérité, rien n'est plus égal que la mésaventure de ce pauvre Daniel, son héros préféré.

Depuis que son infortune conjugale était bien établie, sa vanité n'en sentait plus la blessure. Il ne lui semblait pas qu'il fût un mari trompé comme les autres ; les circonstances étaient spéciales... Il n'était pas un barbare, un homme des cavernes. Il appartenait à une époque et à un pays civilisés, où tous les différends peuvent se traiter à l'amiable.

Il est non moins certain que si vous commencez par ressentir, à l'égard de certaine espèce assez discréditée d'amant, du mépris — ou de l'admiration —, et si vous avez peur des voleurs, vous ne pourrez en parler comme il convient, et, dans ce cas, je pourrai sans doute m'intéresser à votre mépris des uns et à votre peur des autres, mais je ne parviendrai jamais à m'attacher par votre intermédiaire à ces personnages, qui, pourtant, me seraient aussi sympathiques que vous-même, si vous saviez me les montrer tels qu'ils sont, non pas tels que vous êtes. Tristan Bernard, lui, n'a pas de préjugés ni de préférences, et il a bien vu que ces gens-là ont leur grandeur, leur moralité, leur politesse, leur héroïsme, leurs bonnes manières. Est-ce qu' « Edmond » n'est pas un délicat ?

Depuis — Dis donc, Godeau ?
— Qu'est-ce qu'il y a, Edmond ?
— Je ne veux pas dire ça devant ton ami. Mais il vaudrait mieux que je n'aille pas avec vous.
— Veux-tu te taire ?... Et tu fais bien de ne pas parler de ça devant Bouquet. Il n'est déjà pas trop confiant en toi... C'est-il donc que tu as peur ?
— Pas précisément.
— Je ne veux pas que t'aies peur, entends-tu ? Et je veux que tu te mettes avec nous, même si t'aurais peur les deux trois premières fois.
— C'est que je vais vous gêner. Je n'ai pas le cœur solide. J'ai souvent des syncopes. Je m'évanouis enfin.

Celui-ci emprunte trente francs à une femme pour les prêter d'un beau geste à un ami. Celui-là est bien élevé et n'aime pas à *travailler* avec des malotrus qui ne savent pas se tenir — ni se retenir — sur les tapis des beaux salons. — « De quoi qu'on a l'air ? » Et *Piston*, le magnifique petit Piston ? Il meurt comme un héros, mieux qu'un héros, pour ne pas trahir des assassins — des Anglais, s'il vous plait — qu'il avait accepté de veiller pour quatre francs. Il avait treize ans, comme Joseph Bara, expirant à Cholet, sous les baïonnettes vendéennes.

Mais le tambour, lui, y allait pour la gloire. C'était en plein temps de guerre ; il était chauffé à blanc. Il se disait : « On me crève, mais je vais être bath en crevant. Tandis que mon vieux petit Piston s'est fait coucher pour ces quatre francs : c'était compris dans son ouvrage. Il était mort pour ces deux cochons de rosbifs qu'il ne connaissait pas, mais avec qui il s'était engagé, et qui s'avaient fiés en lui.

Telle est la méthode de Tristan Bernard, qui n'est chez un tel fantaisiste, bien entendu, qu'un don de nature. Et il ne faudrait pas le transformer en une sorte de Balzac qui se placerait devant la réalité pour la photographier. Tout son détachement sentimental sur lequel je viens d'insister est purement instinctif et la vérité sur son observation, c'est qu'elle est toujours une sorte de fantaisie autobiographique et personnelle. Tristan Bernard n'a pas écrit *Edmond*, parce qu'il l'a connu, mais parce que, ayant connu des assassins, il s'est dit : « Voyons, qu'est-ce que je ferais, moi, Bernard, si j'avais à commettre mon premier assassinat ! » Il ne cesse de se supposer lui-même dans les conjonctures que lui suggère la vie, et, de cette façon, son flegme paraît d'autant plus piquant, qu'on sent davantage que le personnage aussi impartialement décrit, c'est pourtant lui-même, toujours lui-même, évoluant dans des situations de plus en plus diverses et s'imaginant dans la peau de personnages de plus en plus inattendus.

D'abord il s'en tient à des types ordinaires, le jeune homme bien élevé, respectueux de ses parents, veule et timoré, fiancé, mari, plus que mari, avec tous les personnages usuels qui composent ce milieu de petite bourgeoisie vaguement affairée, naïvement égoïste et pauvrement jouisseuse, M. et Mme Henry, M. et Mme Voraud, les oncles, les tantes et la petite sœur sociale de Daniel qui sera sa femme, Berthe, la jeune fille *dérangée*. De ces figures moyennes, dans une simple histoire, l'humanité générale, qui était la personnalité de Tristan Bernard, apparaissait aisément. Mais voici que Tristan Bernard étend ses relations : il se familiarise avec des types spéciaux, le soldat, l'entraîneur, le cycliste, l'assassin. Là il est plus plaisant encore, mais moins commode, de dégager de ces personnages, qui sont peu connus et dont les aventures sont naturellement extraordinaires, ce qu'ils ont d'humain et de semblable à Tristan Bernard. Seulement l'écrivain est plus sûr aussi de son art. Il est même à ce point maître de lui et de ses procédés, qu'il disparaît parfois totalement de son ouvrage. J'entends uniquement et à la lettre, comme écrivain, techniquement. Il n'y a plus même de narration dans les récits de ce conteur. C'est comme si le grand rêve de Flaubert était réalisé par quelques petites nouvelles de Tristan Bernard. Là l'auteur n'intervient même plus pour présenter ses personnages ni dire leur nom. Comme il n'a plus le souci de décrire leur visage, leur costume, le lieu où ils se trouvent, et qu'il n'est pas obligé de les quitter de l'œil pour noter sur son papier leurs gestes, il les observe bien mieux eux-mêmes et plus exactement. Cela suffit; Tristan Bernard n'avait jamais tenu une bien grande place dans son œuvre. Il a fini par n'en plus avoir du tout. Il arrive si souvent que l'auteur éclipse son personnage que c'est bien le moins, pour une fois, que les personnages aient éclipsé l'auteur. Il n'y a pas à aller plus loin dans le réalisme. C'est l'*objectivité* parfaite, n'est-ce pas? Tristan Bernard n'existe plus, tant il est lui-même!

Au surplus, ne croyez pas que Tristan Bernard soit un homme terrible ni qu'il s'en aille par le monde avec un air de s'en moquer. Dans sa personne, dans ses manières, dans son langage, il n'y a nulle ironie. Peu d'hommes donnent même à ce point une impression de sincérité. Si vous le rencontrez, vous avez autant de chance de lui en imposer que lui à vous. Il est si simple, si bon enfant, j'allais dire si ingénu! Son œil rit de malice, mais sa bouche sourit de bonté, dans sa barbe fameuse. Il a les amis les plus dévoués. S'il est gai, c'est qu'il est content. Il ne plaisante pas avec ce qui l'amuse, et prend d'abord très à cœur tout ce qui le divertit. Seulement, il est volontiers raisonnable. Il y a du Spinoza au fond de tout israélite cultivé. Par nature, par instinct, Tristan Bernard aperçoit surtout le bon côté des choses et les prend aussitôt par là, sans s'offenser nullement de la nécessité qui les règle.

Un de ses amis nous l'a présenté comme un grand dormeur. Il s'abandonne partout, n'importe quand et n'importe où, sur un fauteuil, un tabouret de piano, dès qu'il a une minute à gagner. C'est sa façon, à lui, de travailler, de comprendre, de pardonner, de mettre au point la vie, qui s'apaise tout de suite. Un bon somme arrange tout. Il est très rare que l'humeur de Tristan Bernard soit amère. Sa *gaieté* n'est jamais offensive. Il y a en elle quelque chose de lointain et de consolé, d'oriental. Tristan Bernard, dès qu'il se réveille, se frotte les yeux et les mains. Il n'a plus qu'à écrire, et d'écrire l'amuse infiniment. Il n'aura d'autre plaisir aussi vif que de dire ce qu'il a écrit. Un « auteur gai » est tout de même un auteur, et si d'aventure Tristan Bernard pouvait prendre quelque chose au sérieux, dans la vie, ce serait encore ce qu'il fait. Il y a des limites à tout, même à l'humour !

.•.

Après quoi, n'est-il pas évident que l'humour convient particulièrement à une époque comme la nôtre ? Qui de nous conserve encore l'illusion que l'on corrige les

mœurs en les raillant? La diversité des causes, qui sol-
licitent et épuisent notre sensibilité, nous prédispose à
nous en égayer seulement. La vie n'est-elle pas trop
complexe, pour que nous accordions à aucun de ses
aspects une importance particulière? Tout ce qui ne
nous touche pas nous est égal, et c'est tout au plus si
nous en pouvons goûter le pittoresque. Nos classes
sociales sont si mobiles et si mêlées, que le comique y
éclate en rencontres imprévues à chaque mot, à chaque
geste, à chaque silhouette. Ceux qui ne sourient pas à
de tels spectacles nous paraissent des esprits grossiers,
ennuyeux. Et c'est le plus gravement du monde que
nous mettons notre sagesse dans cette légèreté. La
science elle-même, qu'il faut bien retrouver partout, par
ses méthodes et ses résultats, nous y convie pareillement. Elle est toujours bonne fille et inspirait aussi
gracieusement Alphonse Allais que Sully Prudhomme.
Tout le confort moderne est aussi bien source de drôlerie que de bien-être. Dans le téléphone, on entend l'*Anglais tel qu'on le parle*. Dans l'omnibus, on trouve
La correspondance cassée[1]. Dans l'ascenseur, on songe au
peuple qui n'en a pas, et qui loge si haut, et l'on se
demande pourquoi ce sont les logements les plus élevés
qui coûtent le moins cher de location, alors qu'il coûtent le plus cher de construction[2]. Ainsi s'animent et
prennent un sens tous les humbles appareils qui
n'avaient pas dit leur mot, qui avaient à en dire un,
parce que toute chose a sa poésie. Est-il même possible
de prendre son billet de chemin de fer, sans écouter *les
chansons des trains et des gares*[3]? Et c'est surtout avec
les dessinateurs qu'il serait intéressant de pousser à
fond cette étude, puisque les Caran d'Ache, les Forain,
les Steinlein, les Guillaume, les Willette, les Léandre,
ont non seulement exprimé une attitude toute nouvelle
de la sensibilité contemporaine, mais qu'ils en ont créé

1. Courteline.
2. Alphonse Allais.
3. Franc-Nohain.

de toutes pièces la réalisation technique. Je l'indique seulement comme confirmation du succès littéraire de l'humour.

Ainsi, romancier, vaudevilliste, poète, dessinateur, l'humoriste est bien l'artiste le plus « modern-style » que nous possédions aujourd'hui. De notre vie multiple, rapide et bigarrée, rien ne lui échappe. Et comme il ne met pas de prétention à la peindre, comme il ne fait point de façons et comme il a enfin le sourire le plus obligeant, le geste le plus facile, comme il est une manière de journaliste qui aurait de l'esprit et un semblant de philosophie, celle qu'on aime après le dîner, il n'est rien de plus nécessaire que son succès qui pourrait durer, parce qu'il est un signe des temps intellectuels.

CHAPITRE III

LA BOURGEOISIE ANARCHISTE ET LE ROMAN NIHILISTE

La littérature française n'a jamais été une littérature populaire. Successivement enrichie et développée par la culture antique, au xvi° siècle, par l'idéal cartésien et monarchique au xvii°, par la pratique des sciences et d'une philosophie encyclopédique au xviii°, par le sentimentalisme des femmes à peu près dans toutes les époques, elle n'a guère traduit autre chose que les aspirations, les tendances de la classe dirigeante, qui seule fut toujours de loisir, ornée, et se complaisait dans sa propre image. Louis XIV écoutant Bossuet, Camille Desmoulins annotant Rousseau, Émile ComLes préfacé par Anatole France, tel est chez nous l'unique et perpétuel symbole, où se résument les rapports historiques de public et d'auteur.

Or la forme littéraire où se délecta particulièrement la bourgeoisie, la dernière venue à la suprématie, fut, en outre du théâtre qu'elle modifia seulement, le roman, qu'elle créa à peu près de toutes pièces. (Le premier succès dans le vrai genre fut celui de Rousseau, avec la *Nouvelle Héloïse*.) La destinée de l'un semble exactement parallèle à celle de l'autre. Ils s'élèvent ou s'abaissent ensemble, et la décadence de l'un signifie bien la déchéance de l'autre. Est-ce le roman qui a démoralisé la bourgeoisie, sa cliente? Est-ce la bourgeoisie démoralisée qui a retenu du roman ce qui lui convenait et qui, en l'achetant, l'a déterminé? Seule importe la connexité de ces deux faits, le déclin du roman, la ruine bourgeoise.

Est-il possible, selon notre méthode, et par l'observation de quelques cas littéraires saillants, de pénétrer plus avant dans la psychologie du lecteur français, de démêler les causes profondes de ce désordre intérieur, qui a fait, dans le roman, à toutes les expressions du nihilisme, une fortune si décourageante ?

I. — L'EXOTISME DE PIERRE LOTI

A la fin d'un de ses derniers livres et comme pour s'en excuser, Loti [1] disait : « On n'attend de moi, je le sais, que l'illusion du voyage, le reflet des mille choses sur lesquelles j'ai promené mes yeux. »

C'est cela, en effet.

Seulement, Pierre Loti a eu bien des manières de « promener ses yeux sur les choses ». Atteint de bonne heure par l'idée fixe du néant, il a d'abord tenté de s'en distraire par la diversité de l'amour, par l'infinie variété des femmes et des décors : ce fut la première période, celle des romans attendris et lointains qui lui valurent un si vif succès. Il se bornait alors au simple récit de ses campagnes, dont il fixait les impressions dans un style merveilleux, par une peinture « extraordinairement juste et vibrante ». C'était le moment du *Mariage de Loti*, du *Roman d'un spahi*, de *Mon Frère Yves*, de *Pêcheurs d'Islande*. C'était le Sénégal, la pleine mer, le Tonkin, la Bretagne et la mer, puis encore la mer, la mer boréale, la mer tropicale, l'infini de l'étendue. C'était aussi le moment sur lequel M. Gustave Lanson portait ce jugement définitif : « Loti est un des grands peintres de notre littérature ; il se place à côté de Chateaubriand par la fine ou forte justesse des tons

---

1. Pierre Loti (Julien Viaud, né à Rochefort en 1850) publia à trente ans *Le Mariage de Loti* d'où il prend son pseudonyme : puis le *Roman d'un spahi* (1881), *Mon Frère Yves* (1883), *Pêcheurs d'Islande* (1886), *Le Désert et Jérusalem* (1895), impressions de voyages. Editeur : Calmann-Lévy, 14 vol. in-18. A consulter, Loti : *Le Roman d'un enfant* (1890), *Discours de réception* à l'Académie française, document autobiographique si curieux pour le psychologue. Derniers ouvrages : *Vers Ispahan ; la Troisième jeunesse de Mme Prune*.

dont il fixe les plus mobiles, les plus étranges aspects de la nature. »

Puis, avec l'âge, il a été pris d'une sorte d'anxiété religieuse ; il s'est mis à visiter les vieux pays du monde, à scruter les ruines « millénaires », à interroger, dans leurs temples détruits, les anciens dieux de la terre. Il voulait échapper, non seulement à la satiété de la vie, qui était vaine, mais à la crainte de la mort, qui était menaçante et mystérieuse. Ce fut une période que l'on appellerait justement *philosophique*, celle des « pèlerinages » et des songeries. Rappelez-vous le début un peu ambitieux de *Jérusalem* :

Vraiment mon livre ne pourra être lu et supporté que par ceux qui se meurent d'avoir possédé et perdu l'espérance unique, par ceux qui, à jamais incroyants comme moi, viennent encore au Saint-Sépulcre avec un cœur plein de prière, les yeux pleins de larmes, et qui, pour un peu, s'y traîneraient à deux genoux !

Et encore celui de *l'Inde (sans les Anglais)* :

Avec quelle inquiétude de ne rien trouver je m'en vais là, dans cette Inde, berceau de la pensée humaine et de la prière, *non plus, comme jadis, pour y faire escale frivole*, mais, cette fois, pour y demander la paix aux dépositaires de la sagesse aryenne, les supplier qu'ils me donnent, à défaut de l'ineffable espoir chrétien qui s'est évanoui, au moins leur croyance, plus sévère, en une prolongation indéfinie des âmes.

Et voici qu'enfin, pour s'être enfoncé plus avant encore dans le néant intérieur, Loti en est venu à ne plus aimer que l'aspect même des choses, sans attendre d'elles ni l'amour illusoire[1] ni la vérité impossible. Il regarde pour voir, simplement. Ce n'est même plus Chateaubriand ; c'est Fromentin, c'est le lyrisme pictural, une mélopée de couleurs[1].

Qui veut venir avec moi voir à Ispahan la saison des roses, prenne son parti de cheminer lentement à mes côtés, par étapes, ainsi qu'au moyen âge.

Qui veut venir avec moi voir à Ispahan la saison des roses,

1. *Vers Ispahan.*

consente au danger des chevauchées par les sentiers mauvais où les bêtes tombent, et à la promiscuité des caravansérails où l'on dort entassés dans une niche de terre battue, parmi les mouches et la vermine.

... Qui veut me suivre, se résigne à beaucoup de jours passés dans les solitudes, dans la monotonie et les mirages.

(*Vers Ispahan*, — œuvre entre toutes significative de cette dernière manière par sa nudité sensuelle, — c'est la Perse, rien que la Perse, traversée de part en part, sur une route de quatre cents lieues!

Tout là-bas, tout là-haut, éblouissante et morte, brûlée par le soleil et glacée par le vent « des altitudes extrêmes », avec ses steppes et ses oasis, elle se dresse sur le monde comme une muraille géante que l'on aperçoit à la fois de tous les points de la terre et de tous les siècles du temps. Elle a été « le berceau des humanités », elle n'est plus qu'une solitude immense et rase dont les villes mêmes, ensevelies sous les fleurs, accusent la désolation :

Je me dis à moi-même : « Je suis à Chira », et il y a un charme à répéter cela ; — un charme et aussi une petite angoisse, car enfin cette ville, en même temps qu'elle reste un débris intact des vieux âges, elle est bien aussi au nombre des groupements humains les moins accessibles et les plus séparés; on y éprouve encore cet effroi du dépaysement suprême qui devait être familier aux voyageurs de jadis. Comment s'en aller d'ici, par où fuir si l'on était pris d'une soudaine nostalgie .. Comment s'en aller ? A travers les contrées solitaires du Nord, pour rejoindre Téhéran et la mer Caspienne après vingt ou trente jours de caravane? Ou bien reprendre le chemin par où l'on est venu, redescendre échelon par échelon les effroyables escaliers de l'Iran, se replonger au fond de tous les gouffres où l'on ne peut cheminer que la nuit, dans la chaleur toujours croissante, jusqu'à l'étuve d'en bas qui est le golfe Persique, et puis retraverser les sables brûlants pour atteindre Bender Bouchir, la ville d'exil et de fièvre, d'où quelque paquebot vous ramènerait aux Indes ? Les deux routes sont pénibles et longues. Vraiment on se sent perdu dans cette Chiraz, qui est perchée plus haut que les cimes de nos Pyrénées, — et qu'enveloppe à cette heure une nuit limpide, mais une nuit tellement silencieuse et froide...

De telles évocations sont impressionnantes, et il faut

en louer avec enthousiasme la grande valeur émotive, puisqu'elles procurent à un public, qui en raffole, le repos et l'oubli. C'est comme l'immense élégie de l'espace, le romantisme terrestre.

Mais il ne faudrait pas méconnaître que leur séduction est d'autant plus vive qu'elle est plus décevante et plus vaine. Sur ces hauteurs enchantées et terribles où s'égare Loti, point d'autre humanité que les guides, les meneurs de mules, quelques silhouettes de gardeurs de troupeaux, quelques femmes voilées. Alors, dans l'infini de cette étendue « que rien ne jalonne », s'exaltent en effet et s'alanguissent toutes les nostalgies, toutes les lassitudes, tous les égoïsmes d'une humanité élémentaire, veillissante ou enfantine. Le voyageur est là, escaladant, regardant et frémissant, ébloui de tous ses yeux, mais triste de tout son cœur et plus seul que jamais.)

Nous venons d'en redescendre maintenant, après y avoir fait une chevauchée de quatre cents lieues, à travers tant de montagnes, de ravins, de fondrières ; *elle va s'éloigner dans le lointain terrestre* et dans le passé des souvenirs. De tout ce que nous y avons vu d'étrange pour nos yeux, ceci nous restera le plus longtemps : une ville en ruine qui est là-haut, dans une oasis de fleurs blanches ; une ville de terre et d'émail bleu, qui tombe en poussière sous ses platanes de trois cents ans; des palais de mosaïques et d'exquises faïences qui s'émiettent sans retour au bruit endormeur d'innombrables petits ruisseaux clairs, au chant continuel des muezzins et des oiseaux ; entre de hautes murailles émaillées, certain vieux jardin empli d'églantines et de roses, qui a des portes d'argent ciselé, de pâle vermeil ; — enfin tout cet Ispahan de lumière et de mort, baigné dans l'atmosphère diaphane des sommets...

(Cet exotisme-là est bien différent du cosmopolitisme : le cosmopolitisme en effet est un élan vers la vie plus intense et multipliée : le cosmopolite veut étreindre toute l'humanité. L'exotisme est la poursuite infinie d'une retraite impossible, loin des hommes. Il est à l'égard de l'existence une fin de non-recevoir. Il est égoïste et désespéré. Pierre Loti, c'est encore Chateaubriand sur un bateau, René en uniforme d'officier de marine. Il a moins d'ampleur et de philosophie que son maître; il a plus de sensualité et de sincérité. Chateaubriand était un littéraire, attristé par l'action. Pierre Loti est un vivant attristé par la vie. Il ne souffre que de ne pas jouir : il a la vision directe et l'amour impossible de l'univers, où s'exaspèrent les sens de l'homme. Nul n'a rendu comme lui, par le seul voyage, l'éternel écoulement des choses et de nous-mêmes. Il est notre grand poète de la solitude et de la nostalgie.

« Mon esprit sent passer en lui le tourbillon vital qui lui est prêté momentanément. Il n'est que sujet pensant, il ne retient que la forme des choses... Les formes dansent la ronde du Sabbat dans le chaos de ma pensée trop ouverte et trop hospitalière. [1] »

Et lorsque le moment sera venu de faire le bilan de ce temps, on s'apercevra qu'il n'y a pas eu dans toute notre littérature d'influence plus dissolvante que celle de ce peintre unique, parce qu'il n'a jamais connu que l'intense et cruelle poésie de la sensation, source de toute tristesse et de tout désespoir, — peut-être aussi de toute beauté [2].

1. Le dernier volume de Pierre Loti *La Troisième jeunesse de Mme Prune*, a le charme exquis d'un souvenir et mesure le chemin parcouru : ce qu'il évoque aujourd'hui, c'est en effet le Japon de jadis, celui de Mme Chrysanthème, cette même Nagasaki où Loti avait déjà vécu il y a quinze ans, et qu'il nous décrit avec le même charme, pourtant si nouveau.

Au temps de son premier voyage, en effet, les mousmés avaient séduit l'ardeur de sa jeunesse. Aujourd'hui, assagi par l'âge, ce n'est plus une vie aventureuse qu'il vient tenter là ; la mièvrerie, comme l'enfantillage de cette nature, de ces mœurs, amusent toujours par leur pittoresque la curiosité de ses yeux, sans émouvoir ni fixer la tendresse de son cœur, et il lui faut « l'exotisme extrême et le charme unique de ce pays » pour atténuer le ridicule de toutes choses. Il avait aimé Mme Chrysanthème, sa petite épouse d'autrefois, et il avait cru la regretter toujours. Mais il sent bien aujourd'hui qu'il oubliera Inamoto. A peine la distingue-t-il de sa montagne, « tant sa gentille personnalité est pour lui amalgamée aux ambiances ».

2. Je ne prétends point qu'il ne puisse exister d'autres form' d'exotisme et que l'exotisme ne puisse pas même, en substituant à la nature les hommes et leurs mœurs, revêtir un caractère documentaire et social. Je vois des essais en ce genre. Mais le public ne les a pas suivis. Les suivra-t-il jamais ? Peut-on, même en voyage, s'intéresser à autre

II. — L'idéologie de Maurice Barrès

C'est une justice qu'il faut rendre d'abord à Maurice Barrès : il n'est pas un écrivain de grand public et les tirages de ses meilleurs volumes (*Le Jardin de Bérénice, Leurs figures, Du sang, de la volupté et de la mort*) ne comptent point parmi les plus impressionnants. Ce n'est pas de ses livres qu'il attendit la richesse, et il faut le féliciter vivement de l'orgueil ingénu qui l'a fait se complaire si longtemps dans l'isolement d'une pensée aussi séduisante que mystérieuse. Nul n'est demeuré comme lui, — pas même ce Jules Tellier qu'il a honoré d'une amitié et d'un hommage funèbre si significatifs,— convaincu que l'artiste possède une qualité d'âme exceptionnelle, et qu'il est digne, par les délicatesses extraordinaires de sa sensibilité, de jouer parmi les hommes ce rôle de guide, de modèle qu'avaient rêvé pour lui les premiers mages du romantisme. Il est le seul de ce temps-ci qui nous ait tenus pareillement à distance : cela agace, mais cela impose. Si ses airs de prince et ses manières somptueuses ont pu écarter de lui la foule, ils lui ont ardemment attaché la jeunesse.

Pour ceux de ma génération, en effet, parler de Maurice Barrès, c'est vraiment revivre toute son adolescence, c'est raviver l'enivrement des plus ardentes lectures, évoquer les discussions passionnées sur les mérites d'un style inimitable, que nous nous appliquions tous à imiter; sur la noblesse d'un idéal absolument personnel, que nous nous efforcions communément de réaliser.

Nous devinions chez Maurice Barrès une telle volonté de solitude, un tel effort d'orgueil et d'aristocratie, une telle maîtrise de délicatesse et de dédain ! Nous le sentions si éloigné de toutes choses, des hommes, de la

chose que soi-même, faire autre chose que de se fuir... Si oui, on est un savant, rien de plus. (Cf. notamment les curieux romans des jeunes frères Marius-Ary. LEBLOND : *La Sarabande, les Sortilèges*).

vie, de la réalité, et si proche de nous, de nous seuls, à l'exclusion des autres auxquels il échappait, et surtout si proche des philosophies et spéculations dont on se grise à vingt ans, quand on est enfiévré d'attente, énervé d'étude ! Nous usions entre nous du vocabulaire barrésiste, nous appelant mutuellement *barbares*, *adversaires*, et décorant du titre bien classique d'*objet* « les vierges folles » de nos relations. C'est qu'à notre enthousiasme se mêlait une grande vanité. Nous étions persuadés que Maurice Barrès n'était compréhensible que pour nous, et nous nous flattions de le trouver clair. Nous admirions dans ses livres le langage même que nous employons dans nos travaux scolaires, de même que nous démêlions dans le jeu flottant de sa précision verbale l'image des contrariétés de notre âge, des tendances opposées qui s'agitaient en nous en attendant le choix de la vie

Car il ne faut pas oublier cela : l'effort intellectuel qu'impose aux jeunes gens la préparation des concours, l'impuissance où ils se trouvent de satisfaire leur instinct, parce qu'ils travaillent, et de s'apaiser, parce que leur sang est vif, réalise précisément en eux cette ardeur et cette sécheresse, dont a vécu toute une littérature pendant un siècle. « Je suis éteint sans être calmé »! C'est l'aveu d'Obermann, qui ne peut plus sentir que ce qui est extraordinaire, dont le cœur « désire tout, veut tout, contient tout ». C'est le cri de Baudelaire, qui veut plonger « au fond de l'inconnu pour trouver du nouveau ». C'est la longue lamentation des Benjamin Constant, des Amiel, de tous ceux ceux qui ont indéfiniment poursuivi leur *moi*, sans le dégager jamais, Flaubert et Chateaubriand ; ardente mélopée qui traîne le long de ce temps, et qui sera toujours si sensible au cœur du jeune homme timide, également désireux et incapable de conquérir l'univers.

A cette romantique tradition de l'ennui, Maurice Barrès, qui nous la rendait légère, plus française, presque latine, joignait l'esprit de domination ; il entreprenait de nous fournir des stimulants, des remèdes, une discipline. Notre frère en présomption, il était aussi notre maître en dilettantisme. Il faisait directement appel à ce qui nous flattait et nous tourmentait le plus en nous-mêmes, notre intelligence, qu'il humiliait si souvent par un ressouvenir de Pascal, pour l'exalter davantage. Il nous enseignait l'usage de la clairvoyance, il nous promettait l'émotion par l'idée, et cela même, qui nous intriguait, ne nous étonnait point, car cette culture intellectuelle du moi, dans la littérature française, n'était pas moins traditionnelle que sa désolation et sa sécheresse sentimentales. Mᵐᵉ de Staël était déjà convaincue que « quand la philosophie fait des progrès, tout marche avec elle : les sentiments se développent avec les idées ». Elle trouvait Voltaire plus ému que Racine, parce qu'il était plus intelligent! « Ma faculté essentielle, disait aussi Amiel, est l'intelligence des diversités infinies de la vie.... La pensée remplace l'opium. » Nous avions vu Sainte-Beuve, ce mystique désolé de ne jamais plaire aux femmes, se consoler de ne plus croire à Dieu ni à l'amour, par le jeu de sa critique. Chateaubriand nous avait initiés à la poésie des ruines, de toutes les ruines. Nous étions depuis longtemps disposés à un goût très vif pour ce pessimisme. Et c'est à fondre tant d'éléments épars que Maurice Barrès apportait une telle grâce qu'il nous enivra. Nous décidâmes qu'il serait notre chef, notre « directeur » unique dans l'art de nous fortifier. Nous le jugeâmes infiniment grand.

A vrai dire, Maurice Barrès ne méritait point un tel culte, mais plus de sympathie. Nous le prenions au sérieux, quand il gambadait. Lui-même n'était qu'un jeune homme, plus heureusement doué, mais qui moins que nous, peut-être, savait où il allait, parce qu'il désirait la gloire, et que déjà il la possédait presque. Quand il vint à évoluer, il nous surprit.

Et il lui est arrivé cette chose singulière, qu'il changea autant de public que d'éditeurs : ceux qui avaient été ravis d'admiration par l'ardente dialectique du *Culte du moi*, s'alarmèrent devant l'épopée commençante de *l'Energie nationale*. Ils ne firent pas à la thèse du doctrinaire roman des *Déracinés* le même accueil qu'à l'ironique idylle du *Jardin de Bérénice*. En revanche, ceux qu'avait déconcertés la fiévreuse scolastique de Philippe et de Simon, entendirent volontiers *L'Appel au soldat*.

« J'ai scandalisé ! », s'écrie Maurice Barrès aujourd'hui avec complaisance et mélancolie. Et, dans une fière préface qu'il a écrite pour la réédition de son *Homme libre*, il proclame qu'il fut dédaigneux, mais il constate lui-même qu'il a subsisté entre le public et lui un long malentendu. Car d'une analyse qui cherchait à conclure, on n'avait retenu que l'analyse présente sans deviner la conclusion future, et Maurice Barrès, en fin de compte, n'a pas moins inquiété par l'apparente indifférence de son premier nihilisme que par l'actuelle énergie de ses affirmations. Comment avait-il passé de l'une à l'autre ?

..

On sait que Maurice Barrès s'est exercé au moins à deux reprises différentes dans le genre nouveau qu'il intitula « la critique pittoresque ». Il nous dépeignit Renan chez lui et Taine en voyage, compulsant des archives sur le lac de Côme. Était-ce jeu innocent ? Peut-être, mais on ne le prit point ainsi. Maurice Barrès fut donc redevable à Renan du bruit que firent *Huit jours chez Monsieur Renan*. C'était un grand service que lui rendit le Maître, et qui ressembla pourtant à un vilain tour. Maurice Barrès fut connu, mais il fut connu comme renanien. Dès qu'il y eut un barrésisme, on assimila le barrésisme au renanisme, rapportant nécessairement l'un et l'autre à un principe unique, le scepticisme, et à un procédé littéraire exclusif, l'ironie. N'avaient-ils pas l'un et l'autre le « don du sourire » ?

L'essentiel est de se convaincre qu'il n'y a que des manières de voir, que chacune d'elles contredit l'autre, et que nous pouvons, avec un peu d'habileté, les avoir toutes sur un même objet. Ainsi nous amoindrissons nos mortifications à penser qu'elles sont causées par rien du tout, et nous arrivons à souffrir très peu.

Ce sourire lui fit tort : on le crut sincère, quand il souriait. Maurice Barrès pass... pour détaché, et l'on n'admit point dans la suite qu'il pût prendre parti et hausser le ton. Jules Lemaître s'étonna de le voir député, même boulangiste; le malaise s'aggrava et Maurice Barrès s'est acquis, comme nul autre, la réputation de se contredire. D'aucuns prétendent que ce n'est point contradiction qui conviendrait, et l'on n'excuse son esprit que pour accuser son caractère. On fait volontiers abstraction, en tout cas de ses doctrines, même de sa personne, qui n'a pas encore trouvé son rôle public à tenir. Son influence n'égale point sa célébrité. On le prend simplement pour notre meilleur écrivain, comme on finit par ne plus voir en Sainte-Beuve, « que le plus intelligent des hommes ». Maurice Barrès apparaît mutilé par son talent; il le sent; il en souffre abominablement, l'ayant témoigné à maintes reprises et, en vérité, dans cette époque de notoriété administrative, rien n'est plus curieux que cette gloire douloureuse, ce grand succès équivoque.

Car il n'est personne, au fond, dont Maurice Barrès soit plus éloigné que de Renan. Il n'y a rien, non plus, dont il soit plus distant que du scepticisme. Un temps, il a pu prendre les airs d'un humoriste, par dédain des autres, par estime de soi. Mais il est tout justement le contraire, par nature, d'un amateur ou d'un résigné, et il n'est que faire d'une psychologie bien pénétrante pour démêler, dans sa complexion intellectuelle et sensible, les raisons profondes du mysticisme idéologique, du sentimentalisme raisonnant, dont il faut lui rapporter le périlleux honneur.

Car Maurice Barrès a écrit cet aveu merveilleux : « La beauté du dehors jamais ne m'émut vraiment. Les plus beaux spectacles ne me sont que des tableaux psychologiques. » Toujours il interpose entre l'univers et lui la flottante grisaille de sa fiévreuse rumination. Il pense comme on rêve, il raisonne comme on sent. Il a une sensibilité réfléchie, et comme de seconde main, intellectualisée et, pour ainsi dire, abstraite. Il n'a point l'intuition des choses ni des êtres ; c'est de nature, non par doctrine ou idéalisme, qu'il ne peut sortir de son *moi* pour sympathiser avec la réalité. Son aspect, sa parole un peu lente et si belle, la noblesse et le dédain de sa manière, toute cette allure de souveraine distinction donne bien l'impression d'une froideur qui s'échauffe, d'un feu qui couve, d'une exaltation qui se cherche. Quand les yeux s'enflamment, la bouche se crispe ; l'enthousiasme n'aboutit pas, le désir n'est point satisfait. C'est l'état de ces malades qui, en toute circonstance, n'éprouvent jamais qu'une seule émotion, l'angoisse de n'en pas ressentir d'autre. Leur vibration est d'autant plus intense qu'elle est plus monotone. Maurice Barrès frissonne toujours, mais d'un même frisson, à peine nuancé du reflet de ses idées. De lui, en vérité, on pourrait également soutenir qu'il est infiniment intelligent, — autant que Voltaire, Renan, Anatole France, — et qu'il faut prendre à la lettre le mépris qu'il affiche parfois de l'intelligence et des concepts. On dira alors qu'il est infiniment intelligent, parce qu'il a comme personne le don de l'essentiel, le goût de l'idée, la vision lucide, l'attention clairvoyante, la volonté spéculative. On dira qu'il réussit à ne pas l'être, parce qu'il lui est pénible d'abstraire autre chose que le détail, de spéculer sur autre chose que lui-même, de raisonner autrement que par instinct ou par parti pris, enfin et surtout parce qu'il est contraire à sa nature de chercher la cohérence, de s'élever de la grâce à la force, et d'imposer un ensemble par la majesté de l'ordonnance : de là son effort didactique, scolastique, pour mettre en forme ses systèmes avec leur thèse, leur antithèse et leur synthèse. Il a l'air de s'égayer à ces « examens », de jouer avec ces procédés. En réalité, ils lui sont nécessaires, non seulement pour nous en faire accroire, mais pour s'y reconnaître lui-même dans son désordre ; de là aussi et surtout son excellence dans ces petites dissertations où il note ses réflexions de voyage, ses impressions, son art exceptionnel à réussir l'anecdote psychologique et picturale. On pourrait aussi soutenir avec une égale vérité que Maurice Barrès est infiniment sensible, délicat, raffiné, et qu'il n'a qu'une sensibilité un peu superficielle, éprise de rares sensations, incapable de jamais s'épanouir en sentiment ou de s'échauffer en passion. On dira alors qu'il est sensible, parce qu'il semble jouir et fait jouir comme personne de tous les ornements du monde, les paysages, les tableaux, les sons, les rythmes, les mots, le luxe et la somptuosité, parce qu'il n'a d'autre goût, d'autre besoin que celui de l'enthousiasme et de l'émotion brûlante ; que nul plus que lui n'a connu les amertumes, les angoisses, les déceptions, les exaltations d'un orgueil forcené, d'une ambition déçue, et qu'il est sans doute, à l'heure actuelle, l'âme la plus triste et la plus troublée qui ait jamais souri. Mais on verra aussi qu'il n'eut d'excellence en aucun art, ni dans la musique, ni dans la peinture, ni dans l'usage de l'existence, et qu'il fut en fin de compte une âme trop repliée sur elle-même et appliquée, au point d'avoir surtout éprouvé les nuances du désabusement méprisant, les froissements de la vanité, les perversités sentimentales, les languides et ironiques mélancolies d'Aigues-Mortes... Hélas ! « la conscience de la conscience est le terme de l'analyse ; mais l'analyse poussée jusqu'au bout se dévore elle-même comme le serpent égyptien », avait observé Amiel, et, au terme de la sienne, il avait laissé échapper cet aveu d'impuissance : « Fais en toi la part du mystère, ne te laboure pas tout entier du soc de l'examen. »

Telles sont les principales contrariétés psychologiques qui font Maurice Barrès si troublant, et dans ces violents contrastes, la volupté douloureuse, la clairvoyance émue, l'exaltation méthodique, l'effort passionné « pour sentir le plus possible en analysant le plus possible », ne reconnaissez-vous point finalement la morne sensualité de l'extase religieuse, du désespoir qui ploye et qui s'agenouille ?

Au fond, l'humanité n'a jamais adoré qu'elle-même. Toute religion divinise l'homme, selon l'imagination des temps et des races, et la supériorité du christianisme fut d'avoir satisfait cet instinct mieux qu'aucune autre religion, en prenant précisément comme son principe la croyance à un Dieu fait homme. Il n'y a jamais eu d'autre culte que le « culte du moi », d'autre piété que d'exalter en soi la « volonté de puissance », et tout rituel religieux n'est que l'ensemble des procédés, la discipline mécanique qui paraît le plus capable d'entretenir ce désirable état d'émotion. La prière est un appel d'enthousiasme.

Ce n'est donc point par littérature, par goût d'archaïsme ou par manière de pastiche, que Maurice Barrès est allé demander aux *Exercices spirituels* de saint Ignace de Loyola le modèle de ses premiers ouvrages, ou que l'*Imitation* lui a paru d'abord le plus beau des livres. Le but du jésuite et du mystique est le même que le sien, car qu'importe le Dieu, pourvu qu'on ait l'adoration ! C'est donc encore avec la même justesse et le même instinct profond de sa destination, que Maurice Barrès, pour qui la peinture fut toujours révélatrice, est tombé en ravissement devant la *Sainte Catherine de Sienne*, extatique et exténuée, peinte par le Sodoma. Maurice Barrès est un pauvre nerveux, d'un type classé, affligé d'une extraordinaire impuissance à aller jusqu'au bout de ses sensations. De Venise à Tolède, par l'amour de Bérénice ou le Boulangisme, en proie à l'orgueil et à la volupté, il poursuit indéfiniment, âme chétive et surmenée, un accomplissement qui lui échappe, les bras plus doux que tous les autres, où il se reposerait. De là ce bohémianisme d'esprit, ce cosmopolitisme de sensibilité qui, par instant, le fait si proche du catholicisme que, en vérité, je me demande s'il n'y réfugiera pas quelque jour son douloureux désordre... L'Église ou le Parlement! Il n'y a guère d'autre alternative pour lui.

Qu'à Saint-Pierre, en effet, d'autres discutent ces froids espaces et cette pompe architecturale, pour moi j'y distingue seulement les confessionnaux qui tapissent cette immense enceinte, et qui parlent toutes les langues. C'est ici le point mathématique où tous les soupirs civilisés se confondent pour former la sensibilité chrétienne... L'âme qui serait faite de tous les péchés, de toutes les inquiétudes et de tous les scrupules qui vinrent ici chercher la paix, serait exactement celle que nous nous représentons sous le nom de sensibilité cosmopolite. Pour moi, jamais je ne franchis ce seuil fameux sans qu'une émotion d'être au point le plus sensible de l'humanité m'inclinât à m'agenouiller. Là seulement, parmi ces directeurs de conscience polyglottes, j'eusse pu trouver quelqu'un qui parlât, entendît ma langue... D'une certaine manière, des gens qui renoncent à tout et des gens qui désirent tout sont bien faits pour s'entendre. Les uns et les autres, en effet, ne se satisfont de rien ; ils ont jusqu'à en souffrir le sens du précaire, le désir de la perfection.

En attendant, Maurice Barrès, emporté par ce désir de la perfection, ne goûtera jamais que le pervers, l'excessif, le compliqué, toutes ces rencontres qu'il combine si laborieusement et dont l'attentive préparation parvient seule encore à l'intéresser. Lorsqu'il est heureux, lorsqu'il ne souffre pas, il est affaissé. Le plaisir dans ce tempérament-là n'est qu'une détente momentanée, une véritable anesthésie déterminée par épuisement, surmenage volontaire, une syncope intérieure. Une telle tension, un tel effort à vivre aboutit fatalement à l'idée de la mort, dont Maurice Barrès a fait un incomparable usage littéraire.

Oui, le perpétuel jeu des contrastes suprêmes, la volupté dans la souffrance, la vie dans la mort, c'est bien là le stimulant désespéré des âmes insuffisantes et inassouvies, ranimant un instant, par ces procédés extrêmes, la pâle douceur de sentir. Quand Maurice Barrès, incertain de lui-même, fixe en passant son bohémianisme sur les collines de son pays, il y goûte une étrange composition qui ranime son cœur cruellé de sécheresse. « Un horizon qui n'a point bougé prend une force divine pour une âme qui s'use. » C'est là seulement, dans ce paysage, près de ces morts, que, tout glacé qu'il soit, il peut se persuader qu'il n'est point comme eux et respire encore :

Je m'enfonce dans ce paysage, je m'oblige à le comprendre, à le sentir ; c'est pour mieux posséder mon âme. Ici je goûte mon plaisir et j'accomplirai mon devoir. C'est ici l'un de mes postes où nul ne peut me suppléer. A travers la grande forêt sombre, un chant vosgien s'élève, mêlé d'Alsace et de Lorraine. Il renseigne la France sur les chances qu'elle a de durer.

Bien que je doive d'heureux rythmes à Venise, à Sienne, à Cordoue, à Tolède, aux vestiges même de Sparte, et que je refuse la mort avant que je me sois soumis aux reines de l'Orient, j'estime peu les brillantes fortunes que me firent et que me feront de trop belles étrangères. Bonheurs rapides, irritants, de surface ! Mais à Saint-Odile, sur la terre de mes morts, je m'engage aux profondeurs. Ici, je cesse d'être un badaud. Quand je ramasse ma raison dans ce cercle auquel je suis prédestiné, je multiplie mes faibles puissances par des puissances collectives, et mon cœur qui s'épanouit devient le point sensible d'une longue nation.

Maurice Barrès, dans le sens le plus précis, physiologique du terme, est bien un mystique. Seulement il est un mystique de complexion surtout intellectuelle, qui a connu Nietzsche, qui a lu Stendhal, qui fut aussi admis dans la familiarité d'un Taine. Il possède Cabanis, il est au courant des rapports du physique et du moral, introduit le « tempérament » dans la psychologie de ses personnages, sait qu'on peut emprunter parfois aux drogues du pharmacien les plus vives émotions, et qu'ainsi il doit y avoir des recettes pour échauffer la vie. Ce que le moine avait fait d'instinct, ne pourrait-on pas le tenter par réflexion, par une suite d'expériences heureusement et intelligemment dirigées ? La célèbre trilogie (*Sous l'œil des Barbares*,

Un Homme libre, le Jardin de Bérénice) était l'exposé de cette recherche, la longue et clairvoyante investigation de soi-même par soi-même. « Faisons des rêves chaque matin, et avec une extrême énergie, mais sachons qu'ils n'aboutiront pas! » Seulement à toute discipline, il faut une autorité, un point d'appui, un principe. Saint Ignace de Loyola avait le couvent, et le moine de l'*Imitation* avait Jésus. Est-ce assez de « Petite Secousse » pour remplacer l'un et l'autre?

Peut-être, si Maurice Barrès avait eu plus de savoir, s'il avait été plus épris de la science et moins voluptueux, il eût pu trouver en elle cette autorité nécessaire; il eût emprunté au jeu de ses conceptions cette discipline de son intelligence qui l'eût exalté. Il eût chanté l'incertitude positive, qui est la plus haute leçon du savoir et la plus stimulante. Il eût été vraiment le Renan de l'heure actuelle. Ce rôle était magnifique à tenir : Maurice Barrès eût écrit non plus l'*Avenir de la science*, mais le *Présent de la science*. Il eût été faire sa prière, non pas sur l'Acropole, mais dans le laboratoire de Mme Curie; il eût canonisé les idées, béatifié M. Poincaré, rare génie dont trois ou quatre personnes seulement peuvent comprendre en Europe les occupations. Seulement une telle entreprise, qui n'eût pas été au-dessus de son esprit, dépassait son caractère et le besoin qu'il a eu toujours de s'imposer vite et fortement. Et ce n'est point dans ce sens magnifique que va se déterminer son mysticisme. — Le public, sans doute, ne l'eût point suivi.

Et puis, il a toujours paru à Maurice Barrès que la gloire littéraire fût fade au prix des jouissances que procure l'exercice du pouvoir, et l'on a bien vu qu'un beau livre n'égale point pour lui une circonscription. Il semble qu'il tienne à la politique par toutes ses fibres, ne fût-ce que par goût littéraire. « La haine emporte tout » et c'est à la haine politique, inspiratrice de *leurs Figures*, que nous devons les plus belles pages d'art, qui, depuis Saint-Simon, aient flagellé des hommes

publics, — vision fausse, le plus souvent, aussi aveugle
que pénétrante, mais passionnée, d'un relief unique,
et qui ne peint pas moins bien le peintre que ses
modèles. L'homme qui a écrit le chapitre intitulé le
Cadavre bafouille, qui a goûté, avec l'âpre jouissance
qui enfièvre tout le volume, les sombres heures et les
pitoyables spectacles de l'épouvante panamiste ; le
raffiné qui a laissé tomber cette simple phrase :

Cette journée vaut par des sentiments simples, l'épouvante et
la pitié, dont nous avons très peu l'emploi dans nos vies très
modérées. C'est un bon document sur la terreur dans les assem-
blées politiques.

Celui-là, dis-je, a été mordu jusqu'aux moelles par le
goût de l'intrigue et du risque. L'action et les spectacles parlementaires lui paraissent les plus énergiques
stimulants de sa sensibilité. Il y porte l'âme de l'Espa-
gnole en mantille à la tauromachie. Sénèque aussi
aimait les jeux du cirque.

Mais quel rôle choisir pour être un grand parlemen-
taire, devenir l'idole des foules ? C'est alors que Maurice
Barrès se souvint qu'il était Lorrain. Son instinct contri-
bua sans doute à lui révéler son déterminisme et l'on
raconte qu'il pâlit au seul nom de Nancy. Tous ceux
de l'Est sont ainsi, et il a fait de la Lorraine, par dévo-
tion, une étude fort appréciée, dit-on, de M. Lavisse.
Mais surtout Maurice Barrès a jugé que le meilleur lieu
pour deviner les aspirations profondes de la grande
patrie, c'était la frontière béante où il avait vu le jour et la
guerre. Il pensa que la France, encore napoléonienne,
et dont la blessure de 1870 lui parut plus sensible parce
qu'il était de là-bas, restait avant tout fidèle à sa tradition patriotique et militaire. Puisqu'il cherchait un
rôle, celui-là était le plus simple et le plus éclatant, le
plus conforme à sa naissance. Le *nationalisme* était le
geste le plus large et le plus émouvant que pût faire
alors un ambitieux enfant des Vosges, et comme Chateaubriand au catholicisme, Maurice Barrès s'y conver-

tit pour occuper les hommes. La politique le poussait
à prendre parti : la Lorraine lui en fournit l'occasion.

.•.

Ainsi, Maurice Barrès passa de l'égotisme au nationalisme, le plus naturellement du monde, par le seul
jeu de ses instincts. Ce fut, à la lettre, une conversion,
un mouvement d'ambition et de sentiment, l'intuition
d'un intérêt supérieur, et d'une vie nouvelle. Cette évolution spontanée une fois opérée, il restait à la justifier
par la réflexion, logiquement ; c'est toujours après l'avoir
prise qu'on explique une attitude.

Dans le cas de Maurice Barrès, la difficulté était considérable, et nous avons noté les résistances du public.
Elle n'était pourtant pas au-dessus d'une intelligence
aussi ingénieuse qu'illogique, aussi simple que désordonnée, aussi inventive qu'inconséquente, et dont tous
les raisonnements ont tant de grâce fantaisiste. Maurice Barrès avait d'abord fait mine d'imiter Renan.
Pourquoi, après cela, n'emprunterait-il pas la méthode
de Taine ? Il l'avait raillé comme Renan, avec la même
sympathie, en proclamant qu'on lui devait « de grands
bénéfices intellectuels ». Il cherchait une philosophie
sociale propre à servir ce qu'il croyait être ses intérêts
de carrière et ses instincts. Après qu'il avait mis tous
ses soins à isoler l'individu, il ne s'agissait pour lui
que de le rattacher à son groupe naturel, à son pays,
à la Lorraine, à la terre de ses morts. — La célèbre
théorie de la « race » n'était-elle pas là toute prête ?

Taine en avait fait une application à l'homme de
génie ; Maurice Barrès n'avait qu'à généraliser cette
application pour en faire la conclusion même de son
analyse du moi, — lequel sans doute ne se suffit pas, à
y regarder de plus près.

Déjà dans l'*Ennemi des lois* apparaît cette inquiétude
sur la nature du moi. André Maltère est curieux des
réformateurs, et il vient aux Saint-Simon, aux Fourier,

avec le vague espoir qu'ils le stimuleront dans la poursuite éperdue de lui-même.

Se sentant à l'étroit dans les bras d'un seul être, il avait voulu entrer en relations avec d'autres hommes, avec tous les hommes. À leur contact, pensait-il, son moi trouverait seulement son aise et son équilibre. Espoir déçu. Aucun des systèmes sociaux qu'il venait d'étudier ne lui offrait sa patrie morale. Il avait toujours le mal du pays, d'un pays que nul réformateur ne savait lui proposer.

En s'approfondissant, le moi trouve en lui le besoin social, voilà tout, et le « culte du moi » préparait ainsi le roman de l'*Energie nationale*. Au fond, tout se raccorde à tout. — Et puis, il ne faut pas prêter trop d'importance à l'unité, qui est une conception factice, toute universitaire. On plaisante d'abord, et on devient sérieux; on veut faire parler de soi, on scandalise, puis on veut guider la France, diriger son temps. On est le petit Maurice, avant d'être le grand Barrès.

Ainsi s'expliquent tout à la fois l'apparition et le succès des *Déracinés*, œuvre à peu près unique en notre littérature, impressionnante et mal venue, encombrée de documents, d'idées, lourde même en son style où ne se retrouvent plus les qualités de Maurice Barrès, la sobriété, l'élégance, la poésie, la simplicité, et où apparaissent tant de défauts imprévus, la banalité, la surcharge, le gros ton didactique et mélodramatique ; composition fragile surtout, démonstration incertaine qui, comme un roman de Paul Bourget, aboutit à peu près à prouver le contraire de la thèse, puisqu'aussi bien, comme l'a remarqué un fin critique, tous les malheurs des sept élèves de Bouteiller, des Lorrains transplantés à Paris, notamment des deux assassins Racadot et Mouchefrin provient, non pas de ce qu'ils ne sont plus sur leur terre, mais de ce qu'ils vivent dans une société mal faite, et qu'ils succombent à des nécessités générales.

Ainsi s'explique surtout que Maurice Barrès qui, entre temps, continua de faire des livres de grand art pour ses amis, lassé de cette thèse trop spéciale encore et découragé de systématiser, se soit enfin décidé à faire plus directement appel au sentiment national, au patriotisme populaire, et à tenter le gros tirage, par le choix même de son éditeur, aussi bien que de son sujet. *Au service de l'Allemagne*, fut un événement de librairie et méritait de l'être. A défaut d'une thèse, on y trouve peut-être un enseignement ; c'est une œuvre simple, nue, dégagée, selon la ligne d'autrefois, capable sans doute, par la beauté, de faire comprendre l'Alsace à la France, et l'Alsace à elle-même.

D'abord le ton de l'ouvrage, par rapport à quelques-uns qui l'avaient précédé, est extraordinairement modéré. L'armée allemande n'est dessinée là que de profil, d'un trait léger, sans grimace. Depuis Descaves et Abel Hermant, il n'est presque point de Français qui ne se soit montré plus sévère et plus réaliste à l'égard de l'armée française que Maurice Barrès à l'égard de l'armée allemande ; surtout depuis *la Petite Garnison, Sedan ou Iéna?* et encore *la Retraite*, il n'est point d'écrivain ni même d'officier allemand, qui n'ait témoigné plus d'animosité à l'égard de l'armée de son pays que ne le fait le Français, le Lorrain Maurice Barrès. Tant il y a sans doute que, pour Maurice Barrès, l'armée allemande est encore plus militaire qu'allemande!... D'ailleurs, le sujet de l'ouvrage n'est pas là, l'auteur le dit expressément, et voici aujourd'hui Maurice Barrès revenu à son ancienne et si heureuse méthode de description psychologique.

Je n'ai pas l'intention de vous donner des peintures pittoresques, non plus qu'une documentation technique sur l'armée allemande. *Ce que vous attendez, n'est-ce pas, c'est une lumière sur les sentiments successifs d'un Alsacien à la caserne allemande. Vous voulez connaître ma dure expérience.* Il suffit que je vous dise en bref les soins monotones où s'écoulent mes journées.

Ainsi se précise et s'élargit la signification de l'ouvrage, signification sensible même aux seuls contours des paysages, qui sont divins.

La pensée historique qui se dégage de ce plateau lorrain s'accorde à cette poésie. Ici, deux civilisations, l'allemande et la française, prennent contact et rivalisent ; les deux génies, germanique et latin, se disputent pied à pied la possession des territoires et des âmes. Par une chance à la fois détestable et bienheureuse, je vis ma courte vie lorraine précisément dans une période où la bataille, sur ce point géographique, est de plus grande conséquence qu'elle ne fut depuis quatorze siècles.

Ainsi surtout s'humanise et s'ennoblit la conclusion, tout à la fois hommage et conseil à l'Alsace allemande, restée française.

M. Ehrmann ne place pas la qualité française de l'Alsace dans le fait qu'un préfet français administre l'Alsace, ni dans le fait qu'un régiment français occupe la caserne de la place d'Austerlitz, ni dans le fait que les manufactures de Mulhouse écoulent leurs produits sur Paris. Ce sont là des faits politiques, militaires, économiques, que l'accident de 1870 a pu modifier, mais cet effroyable accident n'empêche pas M. Ehrmann de sentir en lui-même une délicatesse fière qui est l'honneur à la française, une politesse de mœurs qui est la moralité proprement française, et tout cela si fort mêlé au sang que, s'il se penche sur son cœur, il entend tout au fond : « Mieux vaut ne pas vivre que de vivre une vie où soient contrariées les tendances de son âme. »

Certes, je vois bien qu'on pourrait encore contester à Maurice Barrès l'aisance avec laquelle il relègue ici « les faits politiques, militaires et économiques », et envisage comme absolument indépendante de nos mœurs mêmes la culture « proprement française » ; je vois aussi qu'on pourrait trouver jusque dans son ouvrage de précises réserves à cette croyance, lorsqu'il signale lui-même l'effort de l'Allemagne pour modifier, par les seules conditions de la propriété, cette âme alsacienne qu'il considère comme intangible, et que d'autres prétendent si touchée; je vois encore que M. Ehrmann est un bien proche parent de Philippe et de Simon, qu'il est peu d'hommes aussi capables que lui de sentir l'âme du paysage historique où le place sa naissance, et que ce simple Alsacien n'est guère moins qu'un héros.

Un héros ! non point ce qu'on nomme ainsi dans une médiocre

littérature, mais un homme plein de sa terre et de sa race, qui, par sa libre volonté, au prix de joyeux sacrifices, se range dans sa prédestination... Il tient à distance ses compagnons de caserne et agit envers eux tantôt avec bonté, tantôt avec sécheresse, pour des raisons raisonnées. Est-il au monde une tragédie plus noble et plus éducatrice que ces mouvements d'un instinct qui s'arrête et raisonne les obstacles ?

∴

Au reste, il y a le désespoir et le mécontentement. Le désespéré s'en prend à la vie, à la nature, à la Providence, à l'essence des choses. Le mécontent accuse ses contemporains, les circonstances, lui-même. Il y a plus de douceur et de philosophie dans le désespoir ; plus d'amertume et de fièvre dans le mécontentement. Maurice Barrès est le poète, — peut-être unique, — du Mécontentement. Artiste incomparable, il porte son art comme un cilice.

Hélas ! être un écrivain, quand on convoiterait d'être Napoléon ! Faire de petites analyses lucides et de gros romans confus, au lieu de passer, simplement, dans le prestige des suprématies héréditaires et personnelles, parmi les foules enthousiastes et dévotes ! Au fond, Maurice Barrès écrit comme il voyage, pour tuer l'ennui. A défaut du pouvoir qui lui échappe, il se grise d'idéologie, à défaut de la Chambre, songe à l'Académie. Mais quelle médiocrité de ne manier que des mots, alors qu'on était fait pour manier les hommes, les peuples, les armées, toutes les jeunes femmes prêtes à se donner, tous les jeunes gens prêts à mourir !... Pauvre célébrité, qui n'est pas la gloire !

Et j'aperçois là la raison véritable, émouvante de cet excessif traditionalisme qui chez lui jure avec ses dons. Il hait le progrès, toutes les formes niveleuses de l'égalité, cette plate démocratie qui fait de jour en jour plus étroite la place des grands. Les meilleurs esprits ne sont-ils pas perdus dans la cohue des petites compétences, dans le flot montant de l'inintelligence cultivée ? Voltaire était un souverain ; un peuple venait demander à Rousseau une constitution et l'auteur du *Jardin de Bérénice* ne compte même plus au nombre de nos cinq cents législateurs ! N'est-ce pas bien le signe que les grands premiers rôles, celui du Penseur, de l'Artiste, du Mage, sont finis ? Charles Maurras l'a dit : l'Intelligence est détrônée.

C'est de quoi Maurice Barrès souffre jusqu'à la férocité. Il ne peut admettre que lui n'ait pas tout de même, avant de mourir, son heure. Il sait que la France, telle qu'elle est et telle qu'il est, ne la lui offrira jamais. Quelle espérance lui reste donc dans son âpre bouderie ? Quelque grand désastre sans doute va fondre sur ce pays, et Maurice Barrès, alors, sur les ruines amoncelées, viendra et s'élèvera. Comme il faut à tout prix que lui et ses semblables fassent le salut de la France, que la France se perde d'abord ! Seules des journées épiques de guerre ou de révolution, d'effondrement total, seraient dignes de lui ! C'est le fanatisme du dévouement. Si Torquemada se fût avisé d'être patriote, il l'eût été de cette manière, et le nationalisme, dans son fond, n'est bien qu'une exaspération de l'égotisme. Maurice Barrès est une des plus hautes figures de ce temps. Historien du Boulangisme et de la maussaderie, il a fait le geste du capitaine, resté le dernier sur le bateau qui sombre.

II. — LA NEURASTHÉNIE DES FEMMES DE LETTRES

Beaucoup de critiques ont noté, comme un des traits de l'heure présente, l'envahissement de la librairie par les femmes [1]. Mais ils ont fait cette remarque avec une indignation un peu lourde, comme s'ils méconnaissaient que l'un des caractères essentiels de la littéra-

---

1. Je cite au hasard et sans galanterie : Marcelle Tinayre : *Hellé, La Maison du Péché, Les Aventures de François Barbazanges;* Gérard d'Houville : *L'Inconstante, Esclave;* Myriam Harris : *Petites Epouses, La Conquête de Jérusalem;* Ivan Stranik : *L'Ombre de la maison, Les Nuages;* Claude Ferval · *Vie de château,* etc.

ture française était d'avoir été presque continuellement soumise à l'influence des femmes, toujours inspirée par elles, et même assez souvent écrite directement par elles. Si bien que nous ne leur sommes pas seulement redevables de « l'honnêteté » du xvii° siècle, qui demeure sans doute le caractère le plus sensible du *classicisme*, ni de ce tour de galanterie qui a marqué le xviii° siècle, ni de ce fébrile sentimentalisme qui constitue à peu près uniquement le fond du romantisme, ni enfin de cette ardente frivolité qui nous a spécialisés dans la peinture de l'amour ; il leur faut encore et peut-être principalement rapporter, à elles qui, selon La Bruyère, ont le don de la correspondance et le goût de plaire, les qualités traditionnelles du style français, la petite élégance, le sourire, la robe claire et bien coupée, la coquetterie des mots, tout le marivaudage des moralistes et la brièveté des conteurs, restés causeurs, et cet art du dialogue à qui nous devons un répertoire de théâtre exceptionnel. Je ne nie point cependant qu'il y ait de notre temps quelque nouveauté ni qu'il faille préciser. Cette influence historique des femmes, en effet, ne s'est presque jamais exercée directement, les précieuses mêmes n'écrivaient guère : c'était assez de tenir ruelle et c'est surtout parce qu'elles inspiraient le désir de leur complaire et modifiaient les mœurs des écrivains par leur commerce, qu'elles agirent sur la littérature. Lorsqu'elles écrivaient elles-mêmes, c'étaient des lettres, des souvenirs, un petit roman, c'est-à-dire des souvenirs encore, ou de la philosophie qu'elles tenaient de leurs amis, et tout cela par surcroît, entre deux aventures ; elles faisaient d'abord autre chose et écrivaient ensuite, même lorsqu'elles avaient du génie. Elles portaient dans la littérature quelque chose de la passion ou de la frivolité dont leur existence était animée ou égayée par ailleurs. Elles étaient des amoureuses, tout au moins des mères. Elles étaient toujours des femmes dont il était impossible, dans les salons ou ailleurs, d'oublier qu'elles en fussent. Quand elles se brouillaient, c'était pour des hommes, non pour des livres. Et le dernier témoin de ces derniers temps du règne féminin, Mme Adam, nous confiait hier encore que ses « premières armes politiques et littéraires », sous le second Empire, avaient été galantes. Elle avait plu d'abord, selon son génie et sa beauté.

Aujourd'hui, c'est-à-dire depuis la Révolution, les salons n'existent plus que par la politique ou le désordre. Leurs ornements, leurs attractions sont les ministres et les petites femmes. Dans la dispersion de la vie contemporaine, ils constituent à peine quelques points perceptibles où la débauche de l'esprit apparaît plus intense et plus vaine qu'ailleurs. Leur influence ne compte plus et même dans le cours de leurs étroites intrigues autour d'une croix, d'un fauteuil ou d'un lit, ils se neutralisent le plus souvent les uns les autres et se disqualifient mutuellement. Le don de tenir salon était sans doute pour les femmes un privilège qui, comme tous les autres, s'en est allé avec la démocratie.

De là, pour les femmes, des conditions toutes nouvelles d'existence dans la littérature, qui cessa pour elles d'être un luxe, une royauté, une coquetterie. Comme tout le monde en toutes choses, elles ont dû s'y spécialiser. La femme auteur d'aujourd'hui présente un caractère strictement professionnel. Elle est régulière, faisant sa besogne comme un homme, et du même air administratif, qu'elle soit petite bourgeoise qui gagne sa vie ou grande dame qui ne gagne pas la sienne. Nulle passion dans son cœur attentif, ou du moins nulle passion que celle d'écrire, et tous ses gestes, — hors celui-là, — sont distraits. Les hommes sont ses confrères ou ses rivaux. Pour tenir lieu de l'amour, de l'amitié, même de la galanterie, elle a inventé la camaraderie, par où elle s'applique à utiliser pour sa carrière ses menues sensualités. Socialement, elle n'a plus rien d'exceptionnel, de romanesque ou de démoniaque ni même d'inspiré, ou seulement de déplacé.

Ni enviée, ni admirée, ni déconsidérée, elle est une femme tout à fait comme les autres, exerçant le métier de faire des romans, comme les autres en pratiquent un autre, la grande couture ou le professorat. Elle est classée, elle appartient à une corporation et, dans cette corporation, jeunes filles, jeunes femmes, veuves et divorcées, de seize à soixante ans, combien de milliers sont-elles ? — Voilà, au juste, la nouveauté : l'ouvrière des lettres, la « première » de chez Calmann-Lévy !

Si donc tant de femmes écrivent, c'est que d'écrire rapporte aujourd'hui aux femmes ! Je ne parle pas seulement des femmes qui écrivent comme et mieux que des hommes, telle que cette Marcelle Tinayre qui a tout de suite séduit par une exceptionnelle virilité. Cet écrivain a un talent très vigoureux, simplement. Sa *Maison du Péché* est un très beau livre, qui tranche sur la médiocrité générale, et rien de plus. Ce n'est pas un document.

S'il y a une question ici, c'est de savoir ce que le public contemporain pense des livres de femmes, que les femmes ont faits avec leur féminité. Comment s'est-il laissé séduire ? Par la beauté, par la fougue d'un désir, par l'élan passionné d'une réclame merveilleuse, par politesse, par bonne manière, par galanterie nationale, par habitude ? Autant de petites causes qui n'ont sans doute pas manqué de produire un effet, mais qui ne suffisent pas à expliquer le succès de cette variété inattendue, la femme de lettres.

M·· de Noailles et la sensualité mystique.

Tout est écrit, depuis sept ans qu'il y a M·· de Noailles et qu'elle imprime. Même ceux qui ne l'ont jamais vue se font d'elle une image précise. Ils l'ont admirée dans les revues illustrées où tant de jeunes filles depuis se sont ridiculisées. Grecque par sa mère, comme André Chénier et par là demi-sœur de M. Jean Moréas, Roumaine par son père et par là demi-sœur de Carmen

Sylva, princesse d'un jeune pays, comtesse de la vieille France, silhouette étrange et mince, elle a tous les titres, tous les dons qui frappent l'imagination. Bien qu'élevée à Paris, en plein centre de la haute bourgeoisie, nous savons que, dans un âge très tendre, elle fit à Constantinople un voyage ébloui, qui lui révéla à elle-même tout cet Orient qui était dans son génie, et notre curiosité, ainsi stimulée, s'est efforcée de deviner dans ses livres le secret même de son âme ardente, inquiète, enchantée, douloureuse et qui venait de là-bas ; les journaux nous y ont aidé. Presque quotidiennement, ils nous ont informé de son genre de vie, de ses mœurs, de son travail, de ses succès, de son état de santé, de ses ambitions, de ses amitiés, des ministres qui dînaient chez elle. Les plus beaux noms ont signé en son honneur les plus vives louanges. Quand elle n'est pas un grand poète, elle est une dame du grand monde, et quand, d'aventure, son nom ne figure pas dans les feuilles, aux échos littéraires, c'est qu'il se trouve aux échos de Paris. Elle a enivré son entourage, et son entourage a été tumultueux dans son ivresse. Les peintres eux-mêmes se sont disputés ses attitudes, comme les jeunes poètes ses autographes, les reporters ses confidences. Une telle publicité aurait pu lui nuire, à la longue, dans l'estime publique. Il n'en est rien encore. Il semble qu'elle ait eu le talent de supporter sa hâtive renommée, et le bon public de France, aux instincts toujours nobiliaires, n'a éprouvé que de la surprise et de l'admiration à retrouver si souvent un si grand nom dans les vitrines des libraires, puisqu'aussi bien il est extraordinaire qu'une seule femme ait écrit en quelques années *La Nouvelle Espérance*, *Le Visage émerveillé* et *La Domination* [1].

Dans *La Nouvelle Espérance*, toute la vie palpitait. A chaque page, la composition, le style, se brisaient

---

1. Poésies : *Le Cœur Innombrable ; L'Ombre des Jours*.

sous la poussée de cette fièvre intérieure, comme se craquellent les bourgeons par la montée des sèves. Les mots, les images, les sentiments se heurtaient et se confondaient dans un tumulte de sources, et il y avait dans ce jaillissement je ne sais quoi de chaotique, de hasardeux, qui accrochait l'attention. On ne comprenait pas grand'chose, ni au style, ni aux personnages. Mais on subissait un charme violent, physique, extraordinaire. On demeurait déconcerté par un tel jeu d'épithètes et de sentiments inouïs, par une telle ardeur et une telle quantité d'inassouvissement.

Mais, comment ferait-elle ? Comment pourrait-elle, maintenant, près de cet homme, marcher le soir avec les autres, Henri, Pierre et Marie, sur les routes assombries, parler doucement, simplement, garder contre elle ses bras désolés, tandis que de son corps rigide et de son souffle inégal monterait dans l'air la forme silencieuse des cris et des lamentations ?

A quelles ombres, dans l'ombre, à quelles ombres apaisantes et caressantes tendrait-elle ses mains aiguës d'amour, son âme étirée, allongée de douleur ?

Force du rêve, tristesse exaltée comme la lune d'été, comment la raison prévaudrait-elle contre vous, et quel espoir vous opposer autre que celui d'une vieillesse hâtive, d'une imagination enfin lasse, d'un sang faible et ralenti.

On devinait bien qu'il y avait là des notations spéciales, comme un renouvellement, fait à un autre point de vue, des situations et des opérations les plus banales, que les hommes avaient épuisées, mais où une femme, placée de l'autre côté, pouvait encore apercevoir d'heureuses nuances.

Il n'était presque pas plus grande qu'elle, et comme il avait un peu courbé la tête, leurs visages se rencontrèrent entièrement...

Dès lors, le long de son âme et de tout son être, entre elle et lui, descendait un rideau d'ombre lourde qui la faisait rigide et fermée. Elle ne luttait pas. Elle ne voulait ni ne voulait pas ; elle était une âme qui ne répondait point. Tous ses regards étaient au dedans d'elle.

Elle percevait, ne pouvant plus choisir sa destinée, que ce qui finissait là, contre cet homme, c'était la pureté exacte et involontaire de sa vie, la droiture physique.

Cela ne l'obsédait pas ; elle l'éprouvait seulement ; c'était une pensée née ou transparence d'une autre. Elle ne faisait pas un mouvement. Le contact du visage et du vêtement, l'odeur des cheveux et du tabac lui était une révélation.

Jeune fille, elle n'avait point eu cette stupeur de l'embrassement, cette ignorance de l'homme.

De tels passages n'ont-ils pas, pour le public, l'attrait un peu pervers de la littérature à laquelle il se complaît pour l'ordinaire, avec un je ne sais quoi d'inédit ? C'est le spectacle auquel nous sommes habitués, — mais que nous avons un peu l'impression de voir à l'envers et que nous croyons décrit dans une autre langue. Cela séduit comme une traduction. Outre que les connaisseurs, les lettrés retrouvent là des influences estimables. Ce n'est pas seulement, comme on l'a dit à satiété, la grande mélancolie romantique de la vie pâle (*Mélancolie! Mélancolie! axe admirable du désir! Défaite du rêve à qui aucun secours, hors le baiser, n'est assez proche. Pleur de l'homme devant la nature. Éternel repliement d'Ève et d'Adam!*); c'est encore et surtout l'inspiration de Stendhal, celle de Barrès, le perpétuel effort pour vivre en état de fièvre d'abord, et pour observer, compter, analyser et fixer les pulsations de l'âme dans cette fièvre.

D'ailleurs le principal défaut de cette œuvre étrange lui venait-il seulement d'être un roman ? Le roman a ses lois qui sont celles de la composition littéraire, et qui ne sont pas celles de la réalité ni de l'imagination. Les auteurs dramatiques et les poètes ne peuvent pardonner au roman tout l'effort inutile d'écrire qu'il impose, puisqu'il faut s'y résigner à tant de pages superflues, uniquement pour qu'apparaissent en leur jour les pages aimées. Il offense la paresse des uns et gêne la liberté des autres.

Volontiers, je me représente ainsi Mme de Noailles, rédigeant *La Nouvelle Espérance*. D'abord, d'un seul jet, par une suite d'élans et d'inspirations, toute la trame intérieure, toute la vie de son personnage : c'est

le travail vrai de la création, le travail dans le sens
naturel et instinctif du mot, — le don de soi-même.
Mais, de tout cela, qui est la nature, il faut faire un
roman, qui est un livre : il faut trouver des transitions,
satisfaire à des conventions. Il faut cesser d'être un
artiste pour devenir un artisan. — Et c'est de quoi
Mᵐᵉ de Noailles ne se soucie point.

Dans le *Visage émerveillé*, son second volume de
prose, Mᵐᵉ de Noailles a donc supprimé tout ce qui la
gênait, a pu l'écrire en huit jours, le laisser dormir
trois mois, et n'y pas retoucher un mot. Il était parfait,
c'est-à-dire qu'il avait été du premier coup tout ce qu'il
devait être. Il s'était accompli comme un beau vers, de
ce seul jet d'inspiration, qui n'avait été que l'ébauche
de *La Nouvelle Espérance*. A la lettre, cette fois, c'est
un livre de poète, une notation d'instants et d'impressions, le chatoiement d'une âme, — c'est un
journal.

Sœur Sophie est religieuse ; elle est venue au couvent
parce qu'elle aime Dieu, le silence et la mère Abbesse.
Son couvent, qu'on dirait de porcelaine et qui parfois
a l'air d'une belle turquoise, le jardin vertueux, tout
plein d'ordre et de fraîcheur, les compotes, les « histoires » des religieuses et le beau « caractère » de la
Supérieure, tout cela lui plaît et l'attache étrangement.
A peine regrette-t-elle que Dieu soit si lointain, que
Jésus ne lui « parle » pas. Il lui arrive de ne penser à
rien, — elle est heureuse.

Mais elle est jeune ; elle regarde par sa fenêtre « le
printemps si léger, si fin ». Elle découvre qu'elle est
jolie, que « son corps, sous sa robe droite, est doux »
et que « ses jambes ont des mouvements ». Le couvent
n'est pas clos à l'été. Sœur Sophie voit le soleil sur ses
mains. « O soleil, qui entrez dans les yeux des oiseaux,
dans le cœur confit de la pervenche, dans les mille
petites fenêtres du bonheur ! » Sœur Sophie est enfantine et faible. — Elle est seule.

Son visage est « ovale, étroit, pareil à un miroir entouré d'argent ». A ce miroir se réfléchiront tous les reflets du monde, toutes les lumières et toutes les lueurs de la vie lointaine. L'émerveillement de la fraîche recluse sera « le poème de la jeunesse et de la solitude ».

Ne vous étonnez pas, après cela, de trouver dans le couvent un homme. Cela se pratiquait ainsi en Portugal, au temps fameux où les jeunes officiers du comte de Schomberg, comme le marquis de Chamilly, rendaient librement visite aux nonnes de Lisbonne. Julien Violette n'est pas un officier, lui. Il est un reflet sur un miroir, un baiser sur un visage. Il est la vie la plus ardente, la clarté qui concentre toutes les autres, le reflet des reflets. « Vivre ! Éveiller de la volupté ! Ne bouger ses pieds, ses mains, son regard, n'avoir d'haleine, de voix, de sourire qu'à la manière d'une fleur qui déverse un parfum... Ah ! savoir que notre cœur profond, que les nuées de nos pensées, notre indolence et les rêves de nos sommeils, ils les veulent conquérir... » Voilà ce qu'est Julien ; il visite une religieuse comme les petits chacals de la tentation rôdent autour de Paphnuce, chez Anatole France. Julien aussi n'est qu'un rayon, un éblouissement. Il entre dans la cellule de la petite nonne, mais la petite nonne ne sortira pas de sa cellule avec lui. Il a été le désir, « le cher désir ». Il ne sera pas la vie. — Sœur Sophie reste au couvent.

Ainsi, dans ses romans comme dans ses vers Mᵐᵉ de Noailles peint le désir, le seul désir, plus troublant et plus trouble que l'amour, parce qu'il est une fièvre multiple, indéfinie, plus vaste que l'amour. Qu'est-ce que Sapho elle-même auprès de ces amoureuses ? Il semble que leurs nerfs, trop délicats, trop tendus, sont liés à toutes choses de l'univers vivant ; tout leur être les déchire ; tout leur organisme palpite et bat. La nuit, « même en dormant, elles ont un cœur amolli qui s'abandonne ; elles ont les mains ouvertes ; »

elles vont, dans la vie, « la tête renversée ». Elles se
pâment aux bains du soleil. Elles frissonnent de l'été,
des fleurs, de l'odeur de la terre, du goût des saisons,
du crépuscule de mars, de septembre, de tous les souf-
fles et de toutes les nuances, de tout ce que les sens
peuvent percevoir du monde. C'est l'éternel feu de l'instinct, la flamme des lucioles, qui brûle en elles. Voyez
Bittò, la petite danseuse aux crotales, cheminant par
ce chaud midi. Elle sent, sous sa jeune et étroite poitrine, bondir son cœur.

> Son cœur était léger comme une sauterelle.

Quand un pâtre s'approche, elle s'assied, s'abandonne. Est-ce qu'elle l'aime? — Pourquoi serait-elle
si triste de l'avoir aimé?

> Bittô, je vous dirai votre grande méprise :
>
> Le rude et lourd baiser dont parlent les chansons
> Ne guérit pas le mal dont vous étiez atteinte ;
> Votre langueur venait de la verte saison,
> Du parfum des mûriers et des chauds térébinthes.
>
> Pensant vous délasser d'un tourment inconnu
> Qui vous venait des champs, des feuilles, de la terre,
> Vous avez sans prudence attaché vos bras nus
> Au cou du chevrier dont l'étreinte est amère.

Toutes ses sœurs frissonnantes, pareillement, « trai-
tent la nature comme un amant mystérieux pour qui
elles mettent de belles robes ». Après qu'elles sont venues
à leur amant de chair, elles lui écrivent au moment
où elles meurent de lui : « Mon ami, vous m'avez vue
rire, peiner et m'exalter parce que j'ai aimé toutes
les choses du monde d'une passion exténuante, mais
ma raison demeurait hagarde, effrayée. »

Et elles lui déclarent sans ambages : « Ce n'est
pas vous que j'aime ; j'aime aimer comme je vous
aime. Je ne compte sur vous pour rien, dans la vie,
mon bien-aimé. Je n'attends de vous que mon amour
pour vous... » Comment de telles créatures pourraient-

elles jamais goûter quelque repos, quelque fraîcheur d'apaisement? « Le soleil et les soirs violets, et des bouts de nuit où semblent s'égoutter encore les lunes qui furent sur Agrigente et sur Corinthe, ne leur font-ils pas un mal affreux? » Aux heures de clairvoyance, elles perçoivent que « l'amour est plus triste que la passion, qu'il ne peut pas se satisfaire, qu'il est placé dans une région du rêve, où les images et les sanglots se répondent; qu'il est un navire en détresse dans la nuit, dont les signaux, les fusées, les sourdes cassures ne seront point de la côte entendus... » Et par l'excès de leur passion, ces passionnées ne peuvent vivre. Qu'elles se donnent à un homme, et elles meurent, elles meurent d'épuisement moral, l'âme exténuée, jouant avec l'aiguille à morphine dont elles se piquent elles-mêmes, au premier coup de minuit (c'est le dénouement de la *Nouvelle Espérance*); qu'elles restent vierges et inviolées, et elles meurent, elles meurent d'inassouvissement, ployant sous leur ardeur, comme une fleur touchée par un rayon trop vif (c'est la fin de *la Domination*). Toujours, c'est l'univers sensuel, leur trop lourd et trop vaste univers, qui les brise!

Au fond, c'est ainsi que les grands romantiques avaient dispersé l'amour dans la nature; ils l'y avaient fondu; ils l'avaient épandu, sur toute la surface du monde, en images, en analogies, jusqu'à l'extrême procédé baudelairien, qui fut le jeu des « correspondances ».

> Je t'adore à l'égal de la voûte nocturne,
> O vase de tristesse, ô grande taciturne!
>
> . . . .
>
> Et mon esprit subtil que le roulis caresse,
> Dans cet océan noir où l'autre est enfermé,
> Saura vous retrouver, ô féconde paresse,
> Infinis bercements du loisir embaumé.

Et ils ont trouvé là l'une des principales sources de leur lyrisme. Seulement, c'était un amour, un lyrisme masculins. La femme fuyait comme une ombre dans le reflet des choses. Elle était la voyageuse de la « maison roulante ».

> Marche à travers les champs une fleur à la main,
>
> . . . .
>
> Pleurant, comme Diane au bord de ses fontaines,
> Ton amour taciturne et toujours menacé.

Cette fois-ci, c'est l'homme, l'amant qui se dissipent et flottent comme des nuées dans la vie de la nature. Nous sommes remis comme il faut à notre place dans un univers féminin. Pour la première fois, nous devenons de simples symboles, des signes, des occasions de rêve et de chagrin, des stimulants nerveux, une odeur de tabac, une heure d'attente, des mains fortes. Qu'est-ce que Julien Violotte, Philippe Forbier, le chevrier qui passe? Wotan disait à Brunehilde : « Tu représentais mon désir sous sa forme visible ». Il faut retourner les termes, voilà tout. L'amoureuse d'aujourd'hui dit à son amant : « Tu représentes ma passion sous son apparence la plus accessible ». Et Mme de Noailles nous a rendu sensible un changement profond de la littérature contemporaine, — le changement de sexe.

Telle est cette panthéistique et meurtrière fièvre de volupté dont une jeune étrangère s'est faite chez nous l'interprète enflammée. Au naturel désespoir que nous avait légué le romantisme, elle a ajouté toute la frivolité, tout le désordre du cœur des femmes. Si la mélancolie messied à la virilité, elle est la grâce même, la pâle beauté de créatures « qui n'ont pas de conscience ». « Les femmes, mon ami, écrit celle-ci qui va se suicider, n'ont pas de conscience; elles ont une épouvantable volonté de n'être pas plus malheureuses qu'elles ne peuvent. » Vue profonde et émouvante! Une femme qui pleure sous son cœur est pitoyable; un homme qui a « le mal du siècle » est piteux. Mme de Noailles a attendri, et comme excusé le nihilisme, simplement parce qu'elle a point le sien, le plus gracieux et le plus affolé qu'on ait encore connu [1].

Jacque Vontade et le don juanisme féminin.

La Lueur sur la cime!... Livre étrange, éblouissant, inquiétant, qui a failli, lui aussi, tomber dans la publicité, et qui finalement fera le plaisir de quelques rares esprits, atteindra peut-être la gloire, la vraie, celle des lectures pensives et des lentes causeries; — livre imprévu et fort.

Livre inépuisable aussi, infiniment riche et dense, trop riche sans doute et trop plein de vie, encombré d'idéal et d'idées, craquant d'humanité et pliant sur lui-même comme un arbre accablé de fruits; roman réfléchi et passionné, exalté et sage, brûlant d'enthousiasme et de méditation; — roman de femme, à coup sûr, ingénieux et naïf.

Œuvre surtout significative et précieuse pour la critique. Car le cas de Jacque Vontade n'est pas moins net que celui de Mme de Noailles, et voici que de la sensualité des femmes, nous passons à leur intellectualité, de leur poésie à leur philosophie. Jacque Vontade a aimé, adoré, épuisé toutes les idées : il semble qu'elle ait voulu absorber dans son cœur toute la pensée comme

---

1. Si je me plaçais au point de vue de la critique de jugement, et non de la recherche des causes positives de succès, je devrais faire au dernier roman de Mme de Noailles, *La Domination*, une place plus considérable qu'une simple allusion. La forme m'en paraît plus accomplie, plus riche, plus définitive. Mais, pour mon travail, j'y trouve moins de nouveauté, puisque l'auteur, essayant de constituer chez un homme la psychologie d'un orgueilleux, c'est-à-dire reprenant précisément l'étude telle quelle du nihilisme romantique, y m ntre seulement une incomparable maîtrise dans l'art d'appliquer les procédés de Stendhal à l'analyse de son héros, qui ne laisse pas de faire songer à Maurice Barrès. Je ne crois pas que ce type d'homme, admirablement dessiné, minutieusement décomposé, coloré d'ardentes couleurs, qui épuise successivement l'amour, l'action, la gloire, qui en arrive à ne concevoir la domination que sous la forme d'un amour platonique dont meurt une vierge d'abord et lui ensuite, soit à l'heure actuelle bien général, bien représentatif. Il suppose une sensibilité, une disposition d'esprit si exceptionnelles qu'elles lui donnent un peu l'air d'une clef, d'une clef d'or ! Il est plutôt d'hier, ou de demain, que d'aujourd'hui.

Mme de Noailles a voulu serrer dans ses bras l'univers. Elle est l'expression touchante d'une aspiration hasardeuse vers n'importe quel idéal. Elle représente un immense besoin de se dévouer, comme l'autre jeune femme de s'enivrer.

Avenue Wagram, se trouve un petit hôtel où se réunit chaque dimanche tout ce qui compte de plus aimable, parmi les hommes et les femmes de lettres du moment présent. L'hôtesse de ce petit hôtel est une amie adorable, qui semble n'avoir jamais eu *de goût plus* vif que celui-là, la culture de l'amitié. Rien ne l'intéresse que la vie des autres, à laquelle elle mêle si spontanément un cœur inépuisable et une souveraine délicatesse d'esprit. Par des intimités aussi choisies, par sa situation dans le haut journalisme [1], nulle n'a été pareillement à même de connaître et de subir toutes les influences qui se sont exercées sur la littérature contemporaine, — et puisqu'il y a des reflets dans toute lueur, voici d'abord, dans celle qui se lève sur cette cime, les pâles clartés du Nord et de l'Allemagne.

C'est le bonheur qui produit la bonté ; ceux qui demeurent bons dans la souffrance sont des saints, et ce n'est pas pour la sainteté que sont bâties nos carcasses avides et impatientes. *Les cœurs et les consciences ne s'améliorent pas avec des conseils, ni même des exemples : il leur faut de la joie.*

. . . .

On a tort, par exemple, d'attribuer la responsabilité des guerres à ceux qui les déclarent. Les pauvres taupes de ma sorte (c'est un savant qui parle) qui dans leur laboratoire découvrent l'application d'une substance ou d'une force pèsent plus lourd souvent en de telles questions que les politiques au sourcil compétent. Le monsieur qui déclare la guerre n'est que *la trompette dans laquelle souffle la lointaine volonté des causes invisibles.*

. . . .

Apercevez-vous ce qu'est ma morale, à moi, madame ? Elle consiste à proportionner le risque à l'importance du but : c'est la morale de l'énergie des conquérants.

. . . .

D'une saccade, l'esprit captif de Jacqueline échappa. Une autre

_____
1. Le *Figaro.*

image se dressait : Siegfried tranchant l'enclume au fil de son épée divine. Les éclats cuivrés de la volonté ardente et libérée la traversèrent de leur âpre joie, et, de nouveau, mais avec une force de révolte, toute la jeunesse du monde gonfla ses muscles et magnifia son espoir.

Bien plus, il y a, dans le roman, un Norvégien, l'anarchiste Erick Nansen, qui est comme le symbole de toute l'âme révoltée du Nord, de son mysticisme inquiet et meurtrier. Sa belle figure est un état civil, et Mme Barozzi, sœur en rébellion de l'anarchiste, est aussi une sorte « d'oiseau de passage », égarée comme lui dans les régions trop sensuelles et trop fiévreuses, Bayreuth, Paris, où l'amour est le plus fort, — plus fort que le nihilisme.

En vérité, Ibsen, Tolstoï, Nietzsche, n'ont pas écrit en vain et n'ont pas inutilement familiarisé l'esprit français avec leurs aspirations. Jacque Vontade les a connus, cultivés, aimés ; il a retenu d'eux ce qu'une âme latine en pouvait assimiler d'utile et de noble, et il fallait insister sur cette influence qui, dans *La Lueur sur la cime*, ne s'affirme pas seulement par des sentences ou des maximes comme celles que je citais plus haut, dans des caractères ou des types comme ceux de l'anarchiste et de son amie, mais est partout répandue comme un rayonnement, et crée à cette œuvre, dans le roman contemporain, une physionomie si particulière et si neuve.

On n'a sans doute pas oublié le brillant paradoxe de M. Jules Lemaître sur « les Littératures du Nord », non plus que les polémiques qui s'ensuivirent dans la critique internationale. Cette opinion n'allait à rien moins qu'à nier toute l'originalité des écrivains étrangers dont le public se montrait particulièrement engoué, au théâtre ou dans le roman, les Scandinaves et les Russes, et à soutenir que la brume septentrionale n'était qu'un obscurcissement de la clarté latine. C'était toute une génération française, nécessairement oubliée ou méconnue par les suivantes, qui nous reve-

nait du dehors, un peu changée par le voyage, ayant vu
du pays, et telle enfin qu'il fallait de bons yeux de critique pour la reconnaître tout d'abord sous le déguise-
ment des décors, des mœurs, des langues et d'un certain tour de mysticisme, propre aux régions sans soleil.

En outre de cette « âme de vérité » qui se trouve
dans toutes les opinions humaines, il y avait sans doute
dans la boutade du critique beaucoup de nationalisme
déjà. Sans reprendre la question épuisée et d'ailleurs à
peu près dénuée d'intérêt aujourd'hui, puisque rien
n'est plus vague et plus insaisissable que les influences
littéraires, je trouve pourtant un document assez
curieux, et qui n'est pas sans précision. dans ce puissant
ouvrage, si harmonieusement composite.

Ce qui a fait, au commencement du dernier siècle,
la pauvreté de la tristesse française, c'est son caractère
de solitude, d'indifférence, c'est le perpétuel oubli
des autres. Uniquement absorbés par leurs peines
de cœur, les grands lyriques ignorèrent les hommes.
Ou du moins ils ne les connurent que pour s'y meur-
trir, mesurant aussitôt, par les souffrances de la vie
sociale, tout ce qui distingue de la foule un poète.
Ainsi repliés dans leur orgueil, ils ne goûtèrent de
douceur que dans l'isolement, parmi la nature, dans
les forêts et les vallées, et même encore obsédés de
l'idée, pour quelques-uns, que la nature elle-même
n'est pas une amie, étant indifférente parce qu'elle est
éternelle. Ils ne pouvaient recevoir de leurs semblables
aucune consolation ; ils ne pouvaient leur en procurer
davantage ; et c'est tout au plus si leur cœur d'artiste
osait demeurer sensible, non pas à la douleur, mais à
sa beauté.

> J'aime la majesté des souffrances humaines !

Et c'est pourquoi notre littérature aura tout de même
dû quelque chose à la littérature des peuples du Nord.
Moins sensibles à la majesté, ils l'ont été davantage à

la souffrance humaine. Chez eux, l'individu, tout à la fois moins orgueilleux et plus malheureux, n'a pu s'élever jamais, faute de culture et de loisir, au périlleux raffinement de l'amour pour l'amour, du désespoir pour le désespoir, de l'art pour l'art. Il n'a pu parvenir à se détacher assez de son milieu naturel ni monter, comme Vigny, sur le Sinaï solitaire. Lorsqu'il a tenté de se révolter, avec l'Ibsénisme, c'était pour conquérir des libertés très réelles ; lorsqu'il a songé au suicide, avec Tolstoï, c'était pour retrouver aussitôt le devoir chrétien d'aimer le prochain, et lorsqu'il a voulu, avec Nietzsche, s'exalter jusqu'à la folie, il n'a pas perdu de vue les esclaves, nécessaires à son avènement ! Les nécessités de l'action l'ont toujours préservé des excès du rêve. — Et c'est ainsi qu'un peu de tendresse sociale, en vérité, par les lettres de là-bas, aura rafraîchi chez nous la sécheresse de l'individualisme.

Quelle adresse littéraire fallait-il donc pour harmoniser dans une forme originale et personnelle tant d'éléments divers !... Jacque Vontade a le don du dialogue. Ses personnages presque toujours s'expliquent eux-mêmes. Les grandes scènes sont rarement coupées de descriptions et de commentaires. Elles ont le mouvement, le relief du théâtre. Et nous concevons pourquoi l'auteur a toujours réussi dans le cours d'une tentative aussi large que celle-ci, c'est qu'il n'a jamais eu d'autre guide que la vie elle-même. On ne saurait se figurer à quelle profondeur pénètre dans l'âme humaine le regard averti de Jacque Vontade. Et je ne m'étonnerais point que cette femme pensive fût aussi au courant des travaux des psychologues, qui étudient scientifiquement les mouvements de notre cœur, qu'elle le fût des pièces d'Ibsen, des romans de Tolstoï, de la morale de Nietzsche, de la musique de Wagner. Elle a, par instants, des aperçus surprenants :

Comment peut-on, six mois durant, oublier toutes les choses, puis oublier ces six mois-là de telle sorte qu'en les regardant de loin, un soir de grand débat intérieur, on n'y reconnaisse plus sa propre image ? Ce travail de la vie qui fait de nous mille êtres successifs, différents, incompréhensibles l'un pour l'autre, la stupéfiait. Rien de ce temps-là ne subsistait plus. Quel jour, à propos de quoi, l'enchantement s'était-il rompu ?

Et, si je suis sensible à tout ce que je viens de dire, c'est pourtant bien ce dernier don de psychologie que j'estime le plus et sur lequel je voudrais insister en montrant comment il a permis à Jacque Vontade d'étudier un type de femme à peu près nouveau dans la littérature et dans les mœurs, et qui est, encore une fois, comme une transposition masculine.

.·.

Les amoureuses proprement dites deviennent de plus en plus rares dans les romans d'aujourd'hui. Mme Bovary était une amoureuse ; j'entends par là qu'elle demandait à l'amour, et de la manière la plus précise, la satisfaction d'un désir personnel. Les héroïnes de Georges de Porto-Riche sont des amoureuses : à des degrés divers, elles sont toutes des Phèdres et font penser à « Vénus tout entière à sa proie attachée », c'est-à-dire qu'elles sont des femmes attachées à un homme. Gérard d'Houville, dans son dernier roman[1],

1. *Esclave*. Ce jeune écrivain a une spécialité : son intime connaissance du cœur féminin (*L'Inconstante*, *Esclave*). Aujourd'hui il nous en décrit la fidélité comme il nous en dépeignait hier l'inconstance. Car Grace, l'exquise créole aux chemisettes flottantes, est bien la sœur de son aînée. Seulement, c'est une sœur sérieuse et pensive, une sœur blessée. Elle en a pourtant la sensualité délicieuse, éprise de toute la vie, des jardins, « de l'odeur de la nuit mouillée où tant d'aromes suintaient et s'exhalaient de tous les végétaux humides ; » elle en a le goût du plaisir, sinon plus ardent, plus recueilli dans une mémoire passionnée, dans une chair fébrile et suave qui ne sait pas oublier. Elle est faite pour subir et charmer un vainqueur, toujours et malgré elle, comme l'autre était destinée à n'en point connaître. Toutes deux, au fond, pour des raisons opposées, sont esclaves également. La femme est toujours esclave, peut-être, soit qu'elle poursuive, soit qu'elle atteigne l'amour.

Oh ! cette chère et jolie Grace, comme elle est à jamais séduite d'avoir tant souffert ! Elle le croyait oublié, l'amour, et le voilà qui revient plus impérieux qu'autrefois. Elle s'était apaisée, presque, dans la caresse nous présentait encore une exquise créole de ce tempérament. Jacqueline des Moustiers, au contraire, est la femme de tous les hommes et d'aucun ; elle est la séductrice, elle n'est que la séductrice, et elle s'est longtemps prise à son propre charme, égarée dans sa séduction ; à la pension, elle séduisait déjà ses amies qu'elle oubliait, comme on oublie toujours après qu'on a séduit. Si elle désire l'amour, c'est parce qu'il lui paraît que l'amour rend la vie plus belle et plus intense ; mais en réalité elle n'a qu'un besoin : être aimée. Elle est presque aussi incapable de se donner que de ne pas plaire. Vivre, pour elle, c'est attirer à soi le désir, le divin désir qui transfigure et simplifie les hommes qui le ressentent. Elle est la sœur ou la fille de Don Juan ; elle n'est plus sa maîtresse. Elle a fait de la coquetterie un système, comme celui de l'art pour l'art. Célimène était coquette un peu comme M. Jourdain était prosateur. Elle manquait de dilettantisme. La façon de plaire vaut mieux que de plaire. Jacqueline est une raffinée, un *amateur* féminin.

Toujours elle avait eu le goût de plaire, la conviction aussi que c'était une manière de devoir pour les femmes douées de sorte à y réussir... Sans scrupule, pour se distraire, elle avait pratiqué *un don juanisme tout psychique*, car elle n'accueillait pas l'hypothèse d'appartenir à aucun des hommes qu'elle troublait savamment.

Pour Jacqueline, l'amour qu'elle inspire est un moyen d'observer, de deviner les âmes, de voir seulement ce que deviennent les hommes, quand ils sont troublés. Son tempérament lui permet par bonheur cette méthode périlleuse d'investigation.

C'est par les surfaces que les gens d'un même groupe social se ressemblent ; chaque homme en état de passion est différent de

d'un jeune et timide hommage. Elle s'était fiée à son petit cousin, à elle-même. Puis elle s'est défendue, elle a lutté contre la reprise, suprême servitude, et elle a cédé. « Il la reçut sur sa poitrine, enfin vaincue et toute pantelante. Elle cacha son visage sur l'épaule du Dominateur... »

tous les autres. Quelles absurdités et quelles magnificences elle avait aperçues, par seconde, dans des yeux affolés, entendues dans des voix que trop d'émotion détimbrait ! Les âmes les plus stériles et les plus plates contiennent un peu de beauté ou puissance ; c'est l'amour seul qui la dégage. On ne sait les secrets exquis que de ceux qu'on a troublés un moment ; c'est le moyen unique de tirer d'eux la parole merveilleuse, le regard où, soudain réveillée, toute la violence d'une race lointaine s'accumule. C'est dans l'amour, l'héroïque ardeur de l'espère qui veut durer, qu'est toute la saveur de la vie. *Celles-là en savent seules la splendeur multipliée, qui ont été souhaitées dans l'angoisse par un grand nombre d'hommes.*

Jacqueline respira d'un souffle profond l'air aride et chaud ; émue par ces songes, elle fut pleine de la vaste nostalgie de tant de cœurs inconnus qui ne devaient jamais à cause d'elle précipiter leurs battements ; et il lui parut qu'elle avait froid, dans la brûlure de ce jour d'été.

Cette séductrice enfin ne sera-t-elle pas séduite ? Et qui donc parviendra à fixer son cœur nomade ?...

Sera-ce son mari ? Elle l'a cru pendant six mois. Sera-ce l'anarchiste dont l'idéal l'a un moment éblouie ? Elle vient dans sa chambre s'offrir en un jour d'exaspération, mais il l'aime trop, lui, pour céder à son propre désir. Sera-ce Marken, le journaliste nietzschéen, réalisation parfaite d'un type bien connu, incarnation suprême de la « volonté de puissance » ? Elle déjeune un autre jour avec lui en cabinet particulier. Mais elle est de ces femmes qui ne savent plus perdre la tête. Elle se reprend toujours et *veut* se reprendre. C'est son orgueil... Peut-être, beaucoup plus tard, quand le journaliste aura fondé son journal, payé ses dettes, conquis Paris, feront-ils ensemble une alliance singulière de domination et de volonté. Ils se sont connus et compris ; ils sont semblables l'un à l'autre, et de leur égal égoïsme, pareillement souverain, peut-être feront-ils un grand amour ? — C'est la lueur sur la cime.

Au fond, de tous ses ouvrages de femme, celui-ci est le plus consolant[1]. Jacqueleline est intelligente, cultivée,

---

1. Dans le même ordre d'idées, je tiens à signaler aussi le roman

affinée ; elle est aussi séduisante par son esprit que par sa beauté, et il lui faut 400 pages pour prendre un amant !... N'est-ce pas là un changement profond de nos mœurs ? La femme qui s'élève, échappe à l'amour, au vulgaire amour. L'adultère disparaît peu à peu du roman et, sans doute, de la vie. Le choix d'un amant devient de plus en plus grave pour une femme délicate et passionnée ; peu d'hommes valent l'aventure au regard d'une âme ardente, qui préfère s'attarder aux fièvres de l'attente, et si le don juanisme des femmes ne les rend pas encore de plus sages épouses, c'est peut-être, après tout, la faute de leur mari ; en tout cas, il en fait des créatures pensives et qui ne se jettent pas au hasard dans la volupté. Puisse l'idéologie les sauver peu à peu de la morphine !

de Myriam Harris qui a obtenu d'être couronné par d'autres femmes. *La Conquête de Jérusalem* est faite d'autre manière, mais avec un souci non moins grave. C'est comme une étude romanesque de psychologie religieuse, c'est comme la réfraction de l'amour à travers toutes les formes de la croyance, à travers toutes les aspirations qui ont pu troubler le cœur adorant des hommes et dont les vestiges, tous assemblés, devaient attirer à Jérusalem un chrétien inquiet. Là, en effet, il rencontre, dans l'âme dure d'une diaconesse qu'il épouse, l'âpre scrupule protestant, qui tue l'amour. La volupté se refuse à lui jusque dans les temples païens, avec le culte même des déesses. Le seul amour qui s'offre à lui avant la mort et le désespoir, c'est celui d'une lépreuse à laquelle il donne en dernier adieu son anneau et qui, comprenant ce geste, vient à son tour mourir en s'attachant à son cadavre : suprême et vaine union, désastreux symbole.

DEUXIÈME PARTIE

LE THÉATRE

L'art du théâtre est évidemment celui où nous apparaissent dans un grossissement naturel les procédés les plus simples et les plus sûrs par lesquels le public est séduit. Il nous fournit surtout ces procédés avec plus de sincérité que le roman. Ce n'est pas à dire qu'il n'y ait au théâtre que des succès esthétiquement justifiables. Nulle part ne se voient de plus grosses erreurs, j'entends par là que c'est au théâtre que le public se déjuge le plus ingénuement. Il n'y met aucune vergogne et n'attend pas. Mais c'est au théâtre que le public est le plus lui-même. Sans doute la publicité peut attirer son attention sur une pièce ; elle peut faire qu'on vienne, elle ne fera jamais qu'après avoir payé sa place, on ne regrette pas son argent, si l'on s'ennuie. Je ne dis pas non plus que le nom de l'auteur n'ait pas son importance : mais cette importance est toute préalable ; comme les autres influences, elle tombe, dès que le rideau se lève. Il n'y a point de public, — même celui des répétitions générales, — qui tienne compte à un écrivain, au bout de cinq minutes d'ennui, de dix ans de gloire. Dans une salle de spectacle, il n'y a que le spectateur et le spectacle. Je n'oublie point que, dans le spectacle, il y a l'acteur ; et il faut bien constater que l'influence de l'acteur devient prépondérante auprès du public. Les grosses lettres, sur les affiches des théâtres, sont pour les interprètes, non pour les auteurs. Il arrive que l'acteur, à lui tout seul, fasse la recette : *Le Duel* de M. Lavedan, c'est M. le Bargy en abbé. Et l'on sait qu'il y a des héroïsmes d'acteurs dont la spécialité est de sauver les pièces, — C'est la preuve même de ce que nous disons.

La lecture, en effet, bien que soumise à de puissants facteurs sociaux, la presse et l'opinion, reste pourtant, au prix du spectacle, un fait individuel. Le jugement du lecteur garde son importance, sa critique compte. Le théâtre, au contraire, bien que chaque spectateur, en rentrant dans son fiacre, puisse se faire les réflexions qui lui plaisent, reste un phénomène purement collectif. C'est l'applaudissement seul qui est significatif. Et c'est uniquement ce caractère collectif qui, aux yeux des dramaturges, constitue le grand mystère du théâtre. Un romancier, pour le rendement de son œuvre, sait exactement ce qu'il fait, et Marcel Prévost ne se trompe plus. Mais au théâtre, sa psychologie qui a réussi une fois avec *Les Demi-Vierges*, ne lui a pas permis d'éviter *La plus Faible*. Un mauvais roman, — j'entends un roman qui ne plaît pas, — peut être soutenu ; son échec n'est qu'une certaine lourdeur sur le marché, que l'on parvient à combattre par d'autres forces. Une mauvaise pièce, j'entends une pièce qui tombe, ne saurait être relevée par aucun prestige, ni aucune dépense. L'auteur dramatique est à une table de baccarat, où il joue à chaque réplique l'irréparable. Il est un perpétuel débutant qui, à chaque scène, recommence sa pièce, à chaque pièce, sa carrière. Il ignore le crédit et doit payer comptant. Beaucoup d'écrivains deviennent plus inquiets, plus timides au théâtre, avec l'expérience et le succès.

De là une double nécessité qu'impose au théâtre la nature de ces foules dont il dépend si directement.

I. Les foules ne sont sensibles qu'à leurs propres préoccupations, à la question du jour qui est présente dans tous les esprits, à certaines façons de sentir qui sont justement, pour l'instant, celles de tout le monde ; pour les intéresser au spectacle, il ne faut leur parler que de ce qui les intéressait avant d'y venir. Le théâtre est soumis à la loi impérieuse de l'*actualité*, si naïvement formulée par le plus actualiste de nos auteurs dramatiques, M. Alfred Capus. Et comme l'actualité devient de plus en plus hâtive et trépidante, les formules théâtrales sont de plus en plus précaires. Un genre qui avait tant réussi, la *Revue*, est mort de cela. Elle était l'actualité même, l'actualité de quinzaine ; mais aujourd'hui l'actualité marche trop vite pour elle. Il faudrait, comme un journal, qu'elle fût quotidienne. Sans quoi les événements sont oubliés avant de parvenir à la rampe. L'auteur dramatique aura donc d'abord et principalement ce souci de l'actualité. Déjà Dumas l'avait, et c'est une des raisons, mal aperçues, pour lesquelles il a vieilli si vite. Cette obligation, notamment, a engendré la « pièce » d'aujourd'hui, genre demeuré indéfini à cause de sa mobilité, et surtout ce dialogue contemporain, dont le ton change tous les deux ans, et « l'esprit », qui dure un hiver.

II. Si les foules ne sont curieuses que de l'actuel, elles ne sont pourtant émues que de l'humain. Elles ne sont accessibles qu'à des sentiments très simples, nullement intellectualisés, gardant le seul rythme du geste, de l'éloquence, ou du cri. Tous ces bourgeois assemblés, fracs et diamants, sont des cœurs ingénus et, dès qu'ils consentent, parce qu'ils sont réunis, à s'attendrir, versent des larmes d'enfants. Cette magnifique créature de la décadence, au décolletage insolent, et qui a dans sa loge son mari et ses amants, n'appréciera, de neuf à onze, que l'amour éternel. De là un effort constant du dramaturge sérieux pour retrouver dans ses personnages ces éléments éternels, pour saisir l'instinctif, le primitif, le sauvage. Cette tendance inverse de la première, d'autant plus impérieuse que l'autre devient plus urgente, a pour effet de rajeunir et de faire rentrer en faveur, à côté de la pièce amorphe, la forme ancienne de la tragédie, accommodée plus ou moins au goût contemporain.

Si ces considérations sont exactes, nous devons trouver des représentants de ces deux genres bien distincts, la *pièce d'actualité*, la *tragédie bourgeoise*.   .. ...

CHAPITRE PREMIER

LA PIÈCE D'ACTUALITÉ

I. — L'OPTIMISME D'ALFRED CAPUS

J'ai déjà fait allusion au cynisme ingénu avec lequel Alfred Capus a formulé lui-même la théorie de l'actualité théâtrale. Il proclame volontiers dans les journaux, et il montre dans ses dernières pièces, qu'il n'y a d'autre habileté dramatique que de savoir accommoder en plat du jour quelque vieille anecdote du répertoire. Pour qui veut réussir comme l'a voulu Alfred Capus, la première démarche est donc de faire à fond la psychologie du spectateur. La voici au bref et pour l'avenir :

> Il (le spectateur) se contente de juger les faits et les personnages à mesure qu'ils défilent devant lui. Il est un peu dans le cas du voyageur qui, à travers la vitre du wagon, regarde les plaines succéder aux collines et les fleuves aux forêts. Il ne leur prête attention qu'à mesure que ces différents paysages tombent dans le cadre de la portière et il ne cherche jamais à deviner ce qu'il verra tout à l'heure. Il ne sait qu'une chose, c'est qu'au bout de cela, il y a une gare où il descendra, de même que le spectateur sait qu'au bout de toutes les péripéties de la pièce, il y a un dénouement qui lui permettra d'aller se coucher. Et l'un et l'autre sont satisfaits pourvu qu'ils arrivent à bon port au terme du voyage.

C'est-à-dire, — pour parler sans métaphore, — qu'il n'y a pas eu de plus grosse erreur que celle du théâtre soi-disant réaliste, amer ou rosse, et qu'il ne peut exister rien de plus périlleux que le « théâtre d'idées », l'un parce qu'il offense la sensibilité du spectateur, et l'autre parce qu'il surmène son intelligence. L'un désoblige et l'autre ennuie. Tout cela sort du cadre de la portière ; il n'y a pas de terme au voyage, de dénouement heureux. Soyons d'abord et principalement optimistes, puisque le malheur du spectacle dramatique est de se jouer après dîner, à l'heure précise où les hommes éprouvent le plus vivement le besoin de trouver la vie bonne, facile, et simple.

Seulement il y a optimisme et optimisme, et il faut encore quelque délicatesse d'esprit pour choisir, parmi les conceptions les plus heureuses de l'existence, celle qui conviendra le mieux à un spectateur d'aujourd'hui. Il ne croit plus du tout à la fatalité des anciens, le spectateur d'aujourd'hui, et c'est dommage, car il n'y a pas d'apparence qu'on puisse réussir une pièce sans une fatalité quelconque. Il ne croit pas non plus à la Providence, et même il ne croit plus à rien de divin dans la vie. Il ne croit pas davantage à sa propre énergie ; il répugne à se donner du mal, même pour être heureux. Il est nerveux, impressionnable, il est surtout paresseux : sa marque propre, c'est la veulerie. L'optimisme qui lui fera plaisir sera donc celui qui proclamera simplement : la vie est bonne aux veules, c'est-à-dire qu'elle s'arrange d'elle-même, toute seule, et que les événements prennent spontanément la tournure la plus satisfaisante. Au reste, l'auteur dramatique retrouvera là son compte, puisque ce ne sera là, somme toute, qu'une forme boulevardière de l'antique Destinée, indispensable ressort de toute action scénique, et qu'à la volonté des personnages, pour faire avancer l'action, se substituera celle des choses, avec leur petit air de mystère, qui convient fortement au théâtre. Ainsi, la doctrine de la « Veine » satisfera exactement tout le monde, public et auteur.

Je ne suis pas superstitieux... Je crois que tout homme un peu bien doué, pas trop sot, pas trop timide, a dans la vie son heure de veine, un moment où les autres hommes semblent travailler pour lui, où les fruits viennent se mettre à portée de sa main pour qu'il les cueille. Cette heure-là, c'est triste à dire, mais ce n'est ni le travail, ni le courage, ni la patience qui nous la donnent.

Elle sonne à une horloge qu'on ne voit pas et, tant qu'elle n'a pas sonné pour nous, nous avons beau déployer tous les talents et toutes les vertus, il n'y a rien à faire, nous sommes des fétus de paille...

Mais qu'est-ce qui sonne à cette horloge ?... C'est l'heure de quoi ?... Il ne suffit pas de proposer au spectateur bourgeois, qui est venle, mais qui n'est pas « trop sot », une consolation ; il faut encore, pour le consoler utilement, savoir au juste de quoi il souffre et comment il veut être consolé. Or, la vie, c'est la bourse ; la plaie contemporaine, c'est la paie. Le dramaturge avisé, qui aura fait de la veine son ressort dramatique, fera du même coup de l'argent, son sujet : ce sont les embarras d'argent qui, avec de la veine, s'arrangent toujours. Ainsi, avec ses airs tout à la fois de réalisme bien moderne et d'optimisme ingénieux, excusant son réalisme par son optimisme, rajeunissant son optimisme par son réalisme, se sera constituée définitivement la dramaturgie du succès, pour une dizaine d'années, aux alentours de 1900, dans les entours du théâtre des Variétés.

Il faut d'ailleurs rendre à Alfred Capus cette justice qu'il n'a pas improvisé un système aussi simple : ce n'est pas un auteur prodige, et s'il est certain qu'il a eu personnellement toutes les veines, il est plus remarquable encore qu'il les a eues toutes ensemble, c'est-à-dire assez tard.

Ingénieur des mines, il n'a pas trouvé d'emblée celles de l'or. Porté, dès sa jeunesse, vers la littérature, il s'est fait sans hâte et sans trop d'éclat une place dans le journalisme distingué. Peu à peu, il s'exerçait dans le *Figaro* à des dialogues journaliers, en des chroniques pleines d'observation facile et de naturel, et où il prenait conscience de ses dons les plus précieux.

Il suivait là, en effet, et notait la marche même de l'actualité. Chacune de ces saynettes de quelques lignes était une comédie, et entr'ouvrait un aperçu simple et nouveau. En outre, le milieu si spécial de ce journalisme parisien, avec son inconscience et sa fièvre, son sans-gêne inquiet, son scepticisme ingénu, son immoralité bon enfant, l'intéressait et l'instruisait, l'aidait à se former une conception des hommes et une morale bien contemporaines.

Quatre volumes, paraissant successivement, *Qui Perd Gagne*, *Faux Départ*, *Années d'Aventures*, *Monsieur veut rire*, correspondent dans sa carrière à cet heureux moment d'expérience directe. Le succès n'est pas très grand, mais le bénéfice professionnel est considérable.

Dans le théâtre, Capus débute au Vaudeville avec *Brignol et sa fille* que l'Odéon a repris l'année dernière avec éclat, pièce de finance et d'affaires, remarquable entre les pièces de finance et d'affaires par l'innocence de Brignol, le plus honnête des escrocs. Puis il donne *Innocent*, *Petites Folles*, *Mariage bourgeois*. Au Gymnase, la représentation de *Rosine* le met au premier rang de la jeune école dramatique et donne à ses amis littéraires des espérances qu'il dédaignera malheureusement de réaliser dans la suite. Rosine a eu un amant, qui l'a quittée lâchement ; elle essaie de se relever toute seule, sans découragement et sans gloriole, mais elle est jolie ; dans sa petite ville, les hommes la désirent, les femmes la jalousent, et il n'y a pas pour elle d'autres solution possible qu'un second amant. Cette pièce avait des airs de peinture sociale, et l'auteur aujourd'hui la trouverait ambitieuse, toute tendance au théâtre étant dangereuse pour la pièce. Désormais Alfred Capus ne commettra plus l'erreur d'avoir l'air de faire semblant de prendre un parti quelconque. Déjà les *Maris de Léontine* ne sont plus qu'une sorte de vaudeville, qui n'a pas eu moins de bonheur à la reprise qu'à son début, et le prudent auteur achève son doigté par quelques gammes, *Mon Tailleur*, *Tom*.

Il est alors, après ces diverses expériences, en pleine possession de lui-même et de l'art dramatique. Il a dressé l'inventaire de ses ressources personnelles et des préférences du public. Il est le grand joueur qui, avant la partie décisive, a commencé par mettre sagement tous les atouts dans son jeu. Comme Marcel Prévost au roman, il a fait application de son ancienne préparation d'ingénieur à la construction d'une comédie, et il est en mesure de résoudre le problème du succès avec la même précision et la même certitude qu'une question technique. Les théâtres du Boulevard deviennent soudainement son fief et coup sur coup, au Gymnase, aux Variétés, aux Nouveautés, à la Renaissance, nous voyons aller aux nues *La Bourse ou la Vie*, comédie d'esprit, de sentiment et d'argent, *La Veine*, comédie de sentiment et de philosophie, *La Petite Fonctionnaire*, comédie de sentiment et de fantaisie, presqu'une peinture de mœurs, *Les Deux Écoles*, comédie de sentiment où le moraliste montre le bout de l'oreille comme il sied au théâtre et effleure, lui aussi, la question du divorce, *La Châtelaine*, dernier cri de l'optimisme simple, comédie de la bonté, et c'est à peine si *Le Beau Jeune Homme*, pièce indéfinissable, a marqué un fléchissement de cette fortune exceptionnelle, qui s'est aussitôt relevée par l'*Adversaire*, avec la collaboration de M. Emmanuel Arène, et par *M. Piégois*, où se trouve, au second acte, l'une des plus vives scènes d'argent du théâtre contemporain, sans oublier *Notre Jeunesse*, faite sur mesure pour la Comédie-Française.

L'analyse détaillée de ces pièces ne nous fournirait aucun document nouveau ni sur le public ni sur Alfred Capus. Quand il a commencé d'écrire pour le théâtre, Alfred Capus avait passé l'âge où se renouvelle chez un écrivain l'expérience personnelle.

Pour beaucoup de détails et de situations, pour des scènes entières et, en tous cas, pour leur philosophie et leur inspiration, ces pièces retentissantes ont été tirées des premiers romans, et en particulier de *Qui Perd Gagne*, la meilleure, la plus riche et la plus complète de toutes les productions de cet heureux dramaturge, qui avait été d'abord un si souple romancier. C'est bien là, en effet, qu'Alfred Capus a traduit pour la première fois selon son instinct, son goût naturel de simplicité et de laisser-vivre, cette morale souriante dont il a tant de fois depuis monnayé les formules et les traits si sûrs. De même que la photographie composite nous donne la physionomie synthétique d'une famille et d'une race, de même le héros typique d'Alfred Capus (comme Nicomède chez Corneille), c'est Farjeolle. Celui-là n'est pas un façonnier, et il a le don raffiné de l'ingénuité. Bel-Ami épousait successivement Mme Forestier et la forte dot. Farjeolle épouse tout simplement, mais fort sagement, sa blanchisseuse et son passé. Il ne met là ni héroïsme ni bassesse; il ne pense même point à ce passé. Et pourquoi s'embarrasserait-il d'y penser? Emma n'a-t-elle pas toutes les qualités, qui font heureux le présent? — Inconscience, dira-t-on, cynisme, veulerie. Ne peut-on pas dire aussi, gentillesse, jugeotte aimable, tendresse de cœur, bonté ou tout au moins indulgence et facilité à vivre? N'est-ce pas déjà, dans une petite conscience humaine, une très grande chose que la peur de faire souffrir? L'industrieux Capus sent bien que la Veine, qui est l'optimisme pour soi, afin de n'être pas insolente, doit s'accompagner de la bonté, qui est l'optimisme pour les autres. Désirer la fortune, pas pour elle-même, mais pour en jouir, pour être heureux, chercher à l'acquérir par des moyens qui excluent au moins la violence et, après l'avoir acquise, ne pas perdre la tête ni le cœur, une fois heureux, savoir l'être, et, dans ce bonheur, rester pitoyable et serviable, aimer à voir aussi réussir les autres, les aider peut-être, tenir toute sa vie et toute son âme à l'écart des troubles et des passions excessives, être un homme moyen et souriant, et en tout cas être un homme de son temps, assurément ce n'est pas là, si on veut, un idéal, mais ce n'est pas non plus un mauvais caractère, et c'est bien certainement une moralité sympathique et proche de tous.

Certes, les jeunes générations, celles qui se sont ardemment éprises des œuvres sociales ou philosophiques et qui ont été d'enthousiasme à l'idéal artistique de MM. de Curel ou Paul Hervieu, qui se sont complu dans la passion de M. de Porto-Riche ou dans la sentimentalité réfléchie de M. Maurice Donnay, affectent parfois quelque sévérité à l'endroit de *La Veine* et de toute sa filiation. À l'occasion de son dernier demi-succès, *Le Beau jeune homme*, notre critique dramatique, Émile Faguet, comme un peu agacé, a bien semblé vouloir donner sinon une leçon, au moins un avertissement, au trop heureux et trop facile écrivain. Déjà un jeune confrère de *La Revue de Paris*[1] avait publié une étude dans laquelle il montrait avec une habileté insid'euse comme quoi le talent d'Alfred Capus s'était de plus en plus écarté de lui-même pour se rapprocher du public. D'autre part, cet art agréable et simple s'est fortement attaché tous ceux des générations précédentes, qui ont été formés par Meilhac et Halévy et qui, dans les soirées de leur vieillesse, aiment à revivre encore un moment de leur passé. Et ils sont infiniment reconnaissants à un nouveau venu d'être resté si près d'eux! Fasse Dieu qu'ils n'emportent pas dans leur tombe la gloire d'Alfred Capus.

II. — LES TENDANCES DE MAURICE DONNAY

Le « genre Donnay » se reconnaît au bout de deux répliques et quand on a dit : « C'est du Donnay! » on a simplement et grossièrement voulu dire : « c'est une pièce dans laquelle il y a Donnay et rien de plus; de l'esprit le plus drôle et de l'esprit le plus tendre, mais pas de sujet! »

Dans une des comédies de ce fantaisiste écrivain[2], le personnage raisonnable se trouve ainsi défini : « Vous ne

---

1. André Rivoire. *Revue de Paris*, 15 novembre 1902.
2. *Georgette Lemeunier*.

savez pas distinguer le bien du mal. Vous êtes d'une
inconscience!... C'est d'ailleurs ce qui fait qu'on vous
pardonne. Et puis, vous vous en tirez toujours par une
pirouette, un sourire, un mot exquis, un air de flûte.
En parlant de vous, on dit : « Amusant, beaucoup de
charme... Alors c'est effrayant!... » Et tous les amis
de Maurice Donnay sont d'accord là-dessus : rien ne lui
ressemble plus que son théâtre. Il a de cet esprit-là,
du caprice, une petite méchanceté réjouie, un air de
sérieux et de philosophie. Il fait beaucoup de mots
et il apprécie ceux des autres. Le charme, le sourire,
oui, voilà bien ce qui frappe tout de suite dans l'homme
et dans l'œuvre, une grâce cynique. En face d'une difficulté morale, pirouette; en face d'une difficulté scénique, cabriole. Insuffisance de sujet? Air de flûte.
Manque d'action? Mots exquis... C'est effrayant!

Voyez-le à ses débuts[1]. Il est très mêlé à la jeune littérature de la Butte. Il en prend instantanément le tour
d'esprit. Avec *Phryné et Ailleurs*, il réalise du coup la
perfection du genre « Chat-Noir ». *Phryné* est une
pochade sur le vieux modèle de la transposition du
moderne dans l'antique. On y remporte « une Chlamy-
de » au lieu d'une veste, et devant le Tribunal, on voit
Phryné « toute nue comme la vérité ». Et pourtant,
dans cette formule vieillie, il y avait tout l'avenir de
Donnay, sa vive jeunesse. *Phryné* reste délicieuse d'en-
jouement. La note en est charmante et déjà dans
Ailleurs, le ton de l'observation dépasse la simple
« blague ». Ce n'est rien moins qu'une revue de la
lassitude et des causes qui peuvent l'entretenir dans

1. Sa carrière dramatique n'est-elle pas aussi fantaisiste que lui-
même? Elle est la plus féconde de l'École nouvelle, la plus variée, et
elle a eu aussi la fortune la plus curieuse. Depuis *Amants*, il semble avoir
joué, comme on dit au jeu de Baccarat, une intermittence : un coup
gagne, un coup perd! Ainsi, *La Douloureuse*, février 1897, est suivie
de *L'Affranchie*, février 1898, et le froid accueil que *La Bascule* rece-
vait au Gymnase a préparé pour *L'Autre danger* son triomphe au
Théâtre-Français. De même, après le *Retour de Jérusalem* au Gymnase,
l'Escalade au théâtre Guitry. Donnay a une manière toute à lui d'atteindre à la gloire mobile de notre temps.

l'âme du « jeune homme triste ». Ailleurs, c'est nulle part, et ces ombres ont leur mélancolie. C'est que Donnay était né pour les faire parler. Il a l'instinct de l'imagerie et il en conservera toujours quelque chose, le goût de la silhouette, du groupement mondain, de ces fantoches, faiseurs d'esprit, gigolos et gigolettes, qui traversent un acte ou une scène, comme un salon ou un rez-de-chaussée, comme la vie, et qui « font des tableaux ! » Tout ainsi que les petits enfants du premier acte d'*Amants*, Donnay adore les marionnettes et, comme il connaît à fond leur petit bout d'âme, il en mettra partout. Il est le plus exquis peintre « d'ombres » qu'il y ait eu.

C'est qu'il n'aime point la vie forte, dramatique, les personnages trop en relief; il goûte, lui aussi, non pour la flatter, mais pour la peindre, la veulerie contemporaine; il n'y cherche que matière à joli dialogue. *Éducation de Prince* est encore conçue sur le type de la Revue, avec ses tableaux de boulevard, de tripot, de pesage, ses intérieurs de cocottes, ses plages déshabillées. L'observation est agile et piquante, surtout verbale, et, comme le Prince de Styrie, elle ne prétend qu'à une certaine sorte de Parisianisme, — celui de Cereleux, héros de l'ouvrage. Le petit volume de *Chères Madames* ne contient dans ces trois cents pages que des « histoires de couchage », l'éternel cabinet de toilette, le grand lit, les goûts et les dégoûts de cinq heures, les mensonges, les blagues, l'amour rosse. Mais déjà, par instant, le ton se monte; à défaut de morale, on fait du sentiment. Cet amoureux désœuvré, quand il est très las, devient songeur. Il peut lui arriver de regarder en arrière et, en brûlant toutes ses lettres de femmes rangées dans un meuble spécial, il se rend compte qu'elles font de la « cendre » et que son cœur aussi en est plein. Il effleure l'amertume qui est au fond du plaisir. — « Je ne te savais pas si sentimental, » lui dit un autre gigolo de ses amis. — « Je l'ai été surtout, » répond-il avec cette petite lueur de conscience que Donnay se plaira toujours à donner à ses personnages. Maintenant je le suis moins, parce que j'ai vu tellement de mensonges et d'infamies même chez les créatures d'élite, que je me méfie un peu de moi, et *que je m'emballe moins facilement...* »

Ainsi tout en se faisant la main, lui aussi, dans ces genres aisés, qui laissent de la souplesse et avivent le sens de l'actualité, doucement Donnay était allé jusqu'au bout de la sensualité boulevardière, et il a trouvé là, au fond même des cœurs vides, quelque chose de tendre, de douloureux, de craintif. Et ce quelque chose-là, il va en faire son domaine propre... C'est *Amants.*

Et voilà, sans doute, le document le plus précis que nous fournisse le théâtre sur le sentimentalisme de cette époque. Nulle pièce, en son fond comme en sa forme, ne fut plus *actuelle* que celle-ci. Dans le plein du dilettantisme et de l'analyse, elle rendit accessible au grand public les effets de l'intelligence sur le cœur ; elle traduisit pour tous la grâce sèche de l'émotion contenue et du scrupule perverti. L'amour, comme le bonheur et le malheur, est trop simple pour les natures compliquées que nous sommes. Nous avons de la sensualité et de la tendresse, « de quoi faire toutes les bêtises ». Et, « avec cette sacrée manie de nous analyser », nous savons bien que nous sommes ainsi; nous avons peur de nous, peur de souffrir. Dans la liaison qui commence s'évoque la rupture : « Vous envisagez cela avec sérénité, vous? » Le dernier acte de la pièce n'est pas d'une exécution très ferme, mais l'idée en était la plus neuve de tout notre théâtre romanesque. C'était la première fois que l'on mettait en scène « la guérison », l'oubli souriant. — « Quand je pense que pendant des mois je n'ai fait que pleurer et penser à vous, » dit Claudine. — « Que voulez-vous? On est guéri, » répond Véthcuil.

Amants, c'est donc l'aventure passagère d'une tendresse mutuelle entre deux êtres semblables, de même expérience et de même sensibilité tout à la fois affinée et défraîchie, également avertis, sceptiquement naïfs, et soucieux de quelque tenue morale dans leur galanterie. L'amante dit à son amant : « Je te crois incapable d'une mufflerie. » Et ils se rendront chacun ce témoignage : « Nous nous sommes quittés d'une façon loyale. » Il ne faut donc pas s'y tromper, ce n'était pas seulement une comédie de sentiment, — c'était une comédie de sentiment moral. C'était une leçon attendrie et égayée, une leçon édifiante et mélancolique, comme une « petite fleur bleue » qui se serait fanée en faisant de l'esprit. Voilà la note qu'il fallait trouver et dont la trouvaille fit fortune, car tout en parut renouvelé dans *Amants*.

D'abord, le milieu : Où sommes-nous ? Voici une fête d'enfants, un guignol, des Miss et des Fraulein; est-ce la famille? Oui et Non; c'est une famille où nous pénétrons pour la première fois à la scène, celle des femmes entretenues et des maris malheureux, foyer en marge, *demi-famille*. Claudine Rozay a une fille, le comte de Ruyseux est son père, et il existe entre ces trois êtres, dont l'un est marié dans son monde, tous les liens de l'amitié, du respect, du devoir... Puis c'est l'amour, surtout l'attente et le désir de l'amour, et le souvenir et la crainte de cette chose terrible. — « Si j'aimais encore, je serais bien coupable, car je saurais à quoi je m'expose, » dit Claudine Rozay. — « J'ai le cœur vide, mais pas fatigué, » dit Vétheuil. Et alors c'est l'exquise fantaisie de la tendresse aux aguets et de la jalousie pour rire, marivaudage des cœurs indulgents. « Prends-moi comme tu es! »... Claudine a eu quinze personnes à dîner et elle seule n'a pas dîné : sa fillette est souffrante et son amant sans doute fait la cour aux femmes. Nerveuse et lasse, elle se fait déshabiller par le vieux comte de Ruyseux et elle le renvoie gentiment; elle soupe avec Vétheuil et elle le renvoie tendrement!... Et puis c'est tout de même le devoir, non pas l'obligation d'un contrat ou d'un intérêt, — car rien ne les retient, au fond, — mais le vrai devoir de délicatesse et de pitié, la simple bonté, la raison de la vie : Claudine sacrifiera-t-elle à sa dernière passion le vénérable vieux comte, si prédestiné, trompé des deux côtés, par sa femme et par sa maîtresse, et père de Denise? C'est enfin la reprise volontaire, aussi douce que la prise, la séparation héroïque et facile, le revoir, la fin de la comédie, les deux mariages, et c'est aussi, mêlé à tous ces sentiments aimables et modérés, les estompant encore et les attendrissant, le goût de la nature et de la campagne, le décor étoilé, la terrasse de Pallanza, la Farandole du dénouement, la jolie fête des choses qui est à fleur des yeux, comme tout le reste est à fleur de cœur.

Mais *Amants*, c'est une histoire d'amour, ce n'est pas l'amour. Les liaisons se dénouent plus souvent mal que bien, parce que l'amour ne périt pas en même temps chez les deux amants et il se traîne dans le mensonge, il s'avilit à l'habitude et au collage, — « L'habitude ou trente-cinq ans de collage!!! » — Si l'on était sage, l'on proclamerait simplement « le droit de ne plus aimer » et l'on introduirait la loyauté dans l'amour. « Il faudrait persuader les gens qu'en amour, lorsqu'un des deux prononce : « je ne t'aime plus », ça n'est pas pour l'autre une injure personnelle. » On viendrait ainsi au secours de notre fâcheux amour-propre et des âmes moyennes, qui souffrent, « parce que c'est dans les livres ». Mais ce droit de ne plus aimer, allez donc le faire comprendre à une femme! Si c'est elle qui persiste à vous aimer, elle vous tirera de préférence un coup de revolver et, si c'est elle qui a cessé de vous aimer, elle mentira! L'*Affranchie*, — cette pièce exquise et infortunée, — est comme un correctif d'*Amants*, qu'elle suivit à trois ans de distance.

Nous sommes à Venise. Roger et Antonia y sont venus « pour aimer ». Antonia est veuve, riche, indépendante et courtisée. Roger ne l'a pas interrogée sur son passé, parce qu'il ne s'en reconnaît pas le droit. Lui-même n'est pas un viveur, et pourtant son cœur est déjà comme un cimetière. Il est vrai « que le cimetière, dit-il, c'est la mort, c'est l'oubli...! — Non, répond Antonia, ça n'est pas la mort pour vous autres hommes... chacune de vos maîtresses a sa pierre, son inscription et sa petite croix... Tandis que, nous autres femmes, lorsque nous aimons un homme, tout disparaît ; notre vie commence à partir du jour où nous l'avons connu... et quant au reste, il n'y a pas d'inscription, ni de croix dans notre cœur... C'est l'oubli absolu!... — Oui... la fosse commune! » Roger a donc souffert secrètement et Antonia, de ce soir, ne veut plus entre eux deux « de ces silences pendant lesquels on pense trop! » Elle se rapproche de lui, éteint la lampe, solennise la minute, et, devant « la mélancolique splendeur de Venise endormie », elle entreprend de lui conter tout bas son histoire, et, pendant qu'elle parle, le rideau tombe... Dans le recueillement de cette heure divine, Antonia a menti! Pourquoi ? Elle est affranchie, maîtresse d'elle-même et de son cœur. La franchise est toute la dignité des fins d'amour. Si elle n'aime plus, qu'elle le dise!... Mais non! Antonia est aussi tendre; elle reste la maîtresse exquise et si elle trompe son amant avec un de ses amis, c'est pour rien, parce que sa maîtresse avait tiré sur cet homme une balle de revolver, parce que..... Toutes les théories féministes du monde ne feront donc rien à cela, qui est une loi naturelle. Antonia, la plus libre des femmes, n'a pas pu se libérer d'elle-même. Elle a trompé sans raison, par instinct, par habitude. Elle est restée la femme « au cœur de soie changeante », la Dalila de Vigny, esclave invétérée, et quand l'amant libre et tendre fait appel à elle-même,

> Elle ne comprend pas la parole étrangère.

L'insuccès de *L'Affranchie* est notoire et les raisons en sont très précises, presque techniques. Au dénouement, quand ils se sont tout dit, Antonia perd les sens et Roger s'éloigne en murmurant simplement : « Elle est peut-être évanouie!... » C'est une trouvaille! Mais il y a de quoi donner une attaque de nerfs à un dramaturge comme Capus qui n'estime rien tant qu'une belle fin. En second lieu, l'*Affranchie* n'est plus une simple comédie de tendresse touchante et de morale aisée. C'est vraiment une pièce psychologique, — la plus psychologique assurément de ces dernières années, — c'est une pièce *en dedans*, dont le ressort dramatique est la réticence et la duplicité. Roger se contient tout le temps, et on ne sait jamais comment prendre ce que dit Antonia. Malgré toute la grâce des détails, la vérité de l'observation intérieure se tourne constamment contre l'effet scénique. Voyez la prestigieuse fin du premier acte. Antonia commence son histoire; comme nous ne savons à peu près rien de sa vie, nous attendons impatiemment ce récit. Donnay le supprime!... C'est parfait psychologiquement; ce qu'Antonia peut raconter n'a aucune importance. Il va de son caractère et de sa petite mise en scène qu'elle invente, et tout ce qu'il faut indiquer en effet, c'est qu'elle invente. Dramatiquement, le procédé est déplorable. Tout le second acte roule précisément sur ce qui n'a pas été dit. Le spectateur n'y comprend pas grand'chose et se plaint que l'auteur soit trop fin, et la pièce trop vraie.

Maurice Donnay n'a pas persévéré dans cette voie qui était sans doute la sienne. Découragé de la pièce d'analyse, il a songé, comme ses confrères, au grand théâtre, à la pièce d'idées. Il s'est souvenu aussi du succès qu'il avait eu, chemin faisant, comme moraliste dans *Amants*, et il va écrire des pièces presque philosophiques et volontiers sociologiques. Ce n'est pas qu'il doive entièrement renoncer à sa libre manière. Il écrira encore, comme malgré lui, *Georgette Lemeunier*, simple et parfait dialogue, *La Bascule*, et même *L'Escalade* où il y a pourtant un savant, un psychologue amoureux, et rien n'est plus curieux que ce double développement de Maurice Donnay à la fois selon lui-même et selon le public, depuis *Amants* jusqu'au *Retour de Jérusalem*. Ces deux évolutions semblent d'ailleurs absolument séparées. La chronologie de ses pièces ne signifie rien; il a fait représenter *La Bascule* entre *Le Torrent* et *L'autre Danger*. Ce serait une faute de critique de confondre dans l'œuvre de Maurice Donnay deux filiations si marquées et si distinctes, et qui sont à peu près entre elles comme l'instinct et la volonté.

∴

La Douloureuse parut seulement deux ans après *Amants*. A l'accueil que lui fit le public se mêla beaucoup de surprise. On reconnaissait bien là les défauts ordinaires de l'auteur sympathique, un premier acte qui ne prépare en rien la pièce, et un quatrième qui ne la dénoue pas, un second qui, pour une bonne moitié, est un hors-d'œuvre, et un troisième qui enthousiasma. Il y avait aussi la verve du dialogue, le pétillement de la satire, mais avec quelque chose d'appuyé, presque d'amer, des « féroceries » qui se donnaient des airs de peinture sociale. Le Chat-Noir se hérissait. Car nous sommes-là dans un milieu « effrayant », celui de certaines affaires, c'est-à-dire « des affaires incertaines ». Nous coudoyons la chevalerie industrielle et la noblesse alimentaire. Les Barons de la Galette s'embusquent dans leurs cabinets comme les Barons moyenâgeux dans leurs forteresses et ils exercent le pillage à coup de téléphone. Et, lorsque l'un d'entre eux, comme Ardan, au moment d'être cueilli par la police, se fait sauter la cervelle tandis qu'on danse chez lui, la fête continue et chacun soupe à ses petites tables comme si de rien n'était. Les amoureux eux-mêmes, Philippe et Mme Ardan, ont teinté leur tendresse de nuances nouvelles. « J'aime beaucoup cette heure dans un bal, dit Hélène Ardan quelques instants avant que son mari ne se suicide, quand les fleurs sont fanées et les femmes fatiguées. La vie brûle, les odeurs s'exaspèrent, et il plane une sensation vague de décomposition comme dans tous les endroits où la vie est trop intense. » Ils sont touchés de pitié vague et d'humanité. Hélène regarde avec Philippe, à la fenêtre de son hôtel, se lever le matin mauve ou lilas, et elle aperçoit un homme qui va travailler, alors qu'elle n'est pas encore couchée. Que doit-il penser, lui et les autres, en voyant cette fenêtre encore éclairée avec « une femme décolletée et semée de diamants »? C'est l'amour, nuance sociale.

Mais surtout l'idée de la pièce impressionna : le spectateur, qui n'a plus de morale, en cherche une partout, et il trouvait dans *La Douloureuse* une conception de la vie : elle est une continuité. Rien n'y est indifférent ni inutile, parce que rien ne s'y perd et rien ne s'y crée. Les actes et les sentiments humains ne signifient rien par eux-mêmes, car ils ne sont qu'un moment de la durée, qu'un aspect de nous-mêmes. Mme Ardan, au premier temps de son mariage, a déjà eu un amant, et son fils, que tout le monde croit le fils de feu Ardan, est né de cette liaison secrète. Comme tout cela est loin d'elle maintenant et comme elle l'a oublié dans son nouvel amour pour Philippe!... Philippe, de son côté, est un amant au cœur loyal mais aux sens faciles. Presque sans désir, il se laisse aller à tromper Hélène avec sa plus intime amie et son unique confidente, Gotte des Trembles, laquelle sans doute n'a désiré cette aventure que parce qu'elle était une trahison. Ainsi nous sentons et agissons comme à notre insu. Et pourtant nous sommes dominés par ces actes et ces sentiments si rapides! Ils durent en dehors de nous; ils se réalisent dans les événements plus qu'en nous-mêmes, et rien ne peut donner une idée plus pitoyable de notre faiblesse que ces lentes échéances des mensonges, des erreurs, de tout ce qui s'improvise, qui s'oublie et qui persiste. C'est la note humaine à solder aux choses... Philippe a pris en dégoût lui-même et Gotte des Trembles. Il la repousse, elle se révolte.

« C'est cela, vous me sacrifiez à Hélène, que vous ne
connaissez même pas!... Moi, je n'ai eu ni amant ni enfant avant vous! » Et voilà tout ce passé d'Hélène, qu'elle
avait cru mort, qui ressuscite pour son amant. « Pourquoi m'as-tu menti? lui crie-t-il. Tu es une misérable! »
La malheureuse est accablée; elle « paye » en pleurant,
agenouillée aux pieds de son juge. — « Je peux bien
te pardonner, dit Philippe généreusement. Mais il faudrait pouvoir oublier... le souvenir vivant de ta faute...
ton fils... » Et, dans la bouche de Philippe, cette parole
devient à son tour révélatrice pour sa maîtresse. Il n'y
a que Gotte qui ait jamais su ce secret et qui ait pu le
livrer... Hélène comprend tout, se redresse de son
humiliation. — « Toi aussi, tu es un misérable! » Et
c'est maintenant à Philippe de « payer », par le remords
effroyable de ce qu'il a fait.

Tout auteur dramatique véritable a nécessairement
son aperçu sur la vie, son petit système d'idées. Que ce
soit la fatalité d'Eschyle, la volonté de Corneille ou
la passion de Racine, on ne juge cette conception au
théâtre que d'après son aspect dramatique. « La Douloureuse » était une trouvaille comme morale de théâtre.

D'abord cette philosophie implacable et bonne fille
s'accordait à la nature de Donnay : il l'avait indiquée
dans ses œuvres d'instinct. Dans *Amants*, Vetheuil avait
dit : « Nous avons eu un mois de bonheur, il faut
payer! » Et si les deux amants s'étaient heureusement
guéris, c'est que « c'était bien un devoir qui les avait
séparés! » Ils ont encaissé en consolation et en douceur
ce qu'ils avaient déboursé en effort : « Il le faut... Il le
faut... Il le faut...! » — Ensuite cette philosophie convient à l'obscur positivisme qui est maintenant en nous
tous. Elle a un air laïque et familier, comme si elle était
le fond de la vie, le vrai principe, ou du moins le plus
accessible et le plus impératif, de la morale toute nue.
Enfin et surtout, elle est dramatique au premier chef;
elle a l'ampleur et le mystère de l'antique Némésis, elle
évoque le sentiment craintif de la jalousie des choses,

de leur justice concrète et agissante. Elle donne des
« dessous » aux caractères, de l'étendue et comme de
l'au-delà à l'action. Elle condense tout le passé du personnage dans la crise de l'instant, elle est la crise même
de sa conscience totale, l'évocation de toute son existence en un seul geste.

Dès lors, Maurice Donnay, — tout en faisant de temps
à autre l'école buissonnière, — n'avait plus qu'à tenter
le « théâre d'idées » proprement dit. Depuis longtemps,
on se préoccupait autour de lui, et il se préoccupait dans
des coins d'acte, de féminisme. Il en avait mis un peu
partout comme hors-d'œuvre. Mais il avait maintenant
une manière précise d'aborder la question : Est-ce que
ce n'est pas précisément la femme qui a le plus à souffrir
des conséquences de ses actes? Est-ce que ce n'est pas
toujours elle qui règle l'addition de l'amour dans notre
société, sous la contrainte de nos préjugés et de nos
disciplines? *Le Torrent* devient sur ce terrain philosophique la contre-partie de l'*Affranchie*. C'est la peinture
d'une âme libre dans la servitude des choses. Nous avons
eu la pièce *morale* et voici la pièce *sociale*. Donnay a
senti le besoin, en 1899, de dire après tant d'autres, son
avis sur le mariage et les droits de l'amour.

Dans ce genre nouveau qui le fit entrer au théâtre
Français, il transporte ses personnages familiers... Julien
de Versannes est parti du point où les autres étaient
arrivés. Après avoir vécu et épuisé la vie de Paris, il
a eu sa cure de campagne, son émotion de nature qui
l'a complètement transformé. Il a vu dans la terre,
« non seulement la nourrice, mais l'éducatrice ». C'est
l'ancien sceptique, devenu capable de toutes les sottises,
et qui a commencé par se mal marier avec une petite
sœur cadette de l'ancienne « Gigolette ». Il a tout ce qu'il
faut pour être malheureux en ménage et en amour. Il
est très bon!... Valentine Lambert, de son côté, est une
Hélène Ardan qui a moins de chance et plus de vertu.
A mesure qu'il avance en âge, Donnay devient plus

favorable aux femmes. Chez Hélène Ardan persistait, dans la sincérité de l'amour nouveau, le mensonge des amours anciens. Chez Valentine Lambert, la tendresse exalte jusqu'au désir de la mort le besoin de dire la vérité. Réservée par l'égoïsme même de son mari, qui ne veut plus d'enfant, à la passion exclusive de son amant, elle se trouve enceinte.

Que faire? Opter pour la liberté de l'amour et suivre son amant? C'est le cri de l'amour même et le conseil de la sagesse laïque plus ou moins Ibsénienne. Accepter la servilité conjugale et se prostituer à son mari, pour sauvegarder le foyer, maintenir l'unité de la famille? C'est l'avis de la prudence religieuse... Valentine ne peut fuir vers l'amour à cause de ses premiers enfants, et elle ne peut retomber au lit de famille à cause d'elle-même. Elle suit l'élan de sa nature, qui lui suggère une troisième solution et fait l'aveu de la réalité à son mari. Mais ce mari, c'est le « bourgeois ». Il a le culte de la famille dont il est le chef, et il a lui-même oublié les bâtards de sa folle jeunesse. Il se refuse donc à garder sous son toit la mère coupable et l'intrus. Et Valentine va se jeter dans le torrent!... Est-ce une conclusion que ce dénouement tragique? Nous restons aussi perplexes que le Psychologue Ibsénien et que le Curé traditionaliste de la pièce, « ces deux augures qui ne peuvent se regarder sans pleurer ». Nous entendons bien que Valentine a péri victime de la « loi de l'homme », mais nous nous demandons si la loi de la femme eût été plus juste qui consisterait à imposer un enfant d'un autre au père de famille?

Que de chemin parcouru, pourtant, depuis la tendre comédie du brillant début! Les personnages alors étaient si simples et si faciles les situations! Absolument libres de toute contrainte légale et sociale, maîtres d'eux-mêmes, c'était de bonne volonté que se sacrifiaient les amants. Et ici, cet homme marié, cette femme, épouse et mère, envisagent l'idée de briser leur double famille

pour accomplir leur amour, et ce drame de passion ne se
peut dénouer que par un suicide!... Les situations se
sont tendues à un degré extrême et les moyens dramatiques se sont renforcés : Évolution naturelle du talent
de Donnay? Influences subies? Expérience du théâtre?
Dédain de l'observation première?

Toujours est-il que, avec l'*Autre Danger*, Maurice
Donnay a tenté le suprême effort pour tirer de « La
Douloureuse » son maximum d'effet dramatique en faisant payer le plus cher possible à une femme son
amour illégitime.

Cette pièce est si bien — ou si mal — faite, qu'elle a
été aux nues sans avoir été comprise et, à ce seul titre,
elle serait intéressante à étudier. Ce sont les entours
qui ont séduit, — l'autre Donnay, — mais le fond a
échappé, sinon au public, au moins à la critique.

C'est que, dès le début, opère la séduction de ces jolis
décors, spirituels, poétiques, dont Maurice Donnay
connaît si bien l'effet, et qui marquent, à eux seuls,
une nuance nouvelle de romanesque. C'est un jardin
avec des arbres et un « cerisier » au milieu de ce Paris
dont une provinciale a peur, et qu'elle ne peut jamais
revoir sans être troublée. Par ce soir d'étoiles et de duos
tendres, Mme Claire Jadin a retrouvé un ami d'enfance, Freydières. Après treize ans, c'est son cœur qui
se rouvre, sa jeunesse qui s'accomplit. La déclaration
est rétrospective; Freydières la fait, mais c'est Claire
qui la sent surtout.

On voudrait oublier, souvent on ne le pourrait pas, et quand
bien même on ne garderait pas un culte fervent pour une certaine femme, mille images se sont formées a elle dans le cerveau
qu'une musique, un parfum, une couleur du ciel, un arbre, un
mot, les détails extérieurs les plus insignifiants, font réapparaître
avec une netteté singulière. C'est une mémoire spéciale dont
quelques êtres sont doués, une mémoire sentimentale. Ainsi je
ne peux pas entendre un air que vous avez joué, sans être plongé
dans une mélancolie, un regret profonds..... Et alors, vous m'ap-
paraissez dans le salon de la vieille maison de Fougères, le salon
blanc et or..... Et alors je vous vois, je vous vois assise devant

votre piano et, à un ruban près, je pourrais vous décrire quelle
robe vous aviez ce jour-là.

A elle toute seule, Claire se ressaisirait pourtant, avec
« la douceur amère de la fidélité et la poignante satisfaction du devoir rempli ». Mais la fatalité s'en mêle et
son ingénieur de mari va l'installer à Paris. Freydières
sera son amant.

Dès lors, le sujet n'est pas, comme on l'a dit, la situation de *Fort comme la mort*, — ce n'est là qu'une péripétie parmi les autres, — en sorte que la pièce se rédui-
rait à son quatrième acte, avec une manière d'exposition
qui en comporterait trois autres. Donnay ne pouvait partir de trop loin dans le passé, puisqu'il voulait justement exprimer la continuité sentimentale de la vie d'une
femme, en dehors du mariage. Son sujet, c'est un aperçu
nouveau sur l'adultère, qui n'est pas une crise, mais
une *durée*, et qui doit être suivi jusqu'à ses dernières
conséquences et à ses aboutissements les plus lointains.
Toute la vie s'enchaîne aux chaînons mystérieux des
choses, et les périls à redouter ne sont pas ceux que l'on
prévoit, parce qu'ils sont immédiats. Claire a un mari
et une fille. Où sera, — avec le temps qui nous mène,
— le danger ? Le mari n'est que le « collaborateur obscur » des hommes et des événements. Traditionnelle-
ment risible, il est un simple obstacle et il disparaît
bien vite de l'adultère. Mais l'enfant ? Elle est une menace
vivante. A mesure qu'elle grandit et s'éveille, elle se
rapproche de cet amour, qu'elle a d'abord troublé en
attendant d'en être troublée. N'est-ce pas à cause d'elle
que les deux amants se sentent pour la première fois
hostiles et désunis ? Elle complique de plus en plus leur
vie déjà si compliquée; elle est toute leur amertume;
c'est à elle qu'ils sacrifient tout ce qu'il y a de plus beau
dans la vie, la liberté de l'amour.

..... Ah ! Claire, songes-tu parfois aux bonheurs qui nous sont
défendus ?..... Songes-tu que nous ne voyagerons jamais ensemble, seuls, tous les deux, que nul train ne nous emportera vers
des rivages bleus..... Et, jamais non plus, nous ne pourrons vivre

seuls, sous le même toit, dans la maison tranquille, dans l'intimité charmante des longues causeries, parmi les choses familières : nous ne connaîtrons jamais la tendre continuité des heures !

Et ils se résignent, et ils laissent faire à la vie, et « l'autre danger » apparaît, qui n'est pas « tue-la ! ». La jeune fille s'éprend de l'homme qu'elle voit toujours, — ce qui ne serait rien, — et elle apprend toute la vérité, ce qui est l'effondrement.

Cette situation une fois posée, pour la résoudre dramatiquement, Maurice Donnay n'avait qu'à y faire application rigoureuse de sa morale et à y résumer — dans le plus haut effort d'unité où il se soit élevé, — sa pensée entière.

Tout se paye, — ce fut la première idée de Donnay, et, en amour, « c'est toujours la femme qui expie », — ce fut la seconde, celle du *Torrent*. La plus grande souffrance de la mère, le plus cruel déchirement de la maîtresse, tel sera ici le dénouement nécessaire. Il faut que cette femme fasse épouser sa fille à son amant, puisqu'il est nécessaire que l'adultère la broye d'une échéance suprême. « Vous m'assassinez tous les deux ! » Et c'était le moins que pour l'expiation de tout son passé, elle eût pitié de sa fille et disparût à son heure. « Désormais je serai plus que vieille, je me survivrai ! »

.·.

Maurice Donnay, qui a commencé par les curiosités les plus légères et par les peintures les plus frivoles, ne s'est jamais lassé de rechercher ce qu'il pouvait y avoir dans les rapports du cœur de moralité et de bonté. A demi découragé et attristé de ce qu'il avait vu dans sa jeunesse, il s'est interrogé dans son âge mûr sur ce qui devait être, d'abord dans la conscience des Amants, puis dans celle des Pères et Mères ; il ne pouvait manquer de s'interroger quelque jour sur celle des citoyens, — des citoyens amants ; de la comédie de sentiment et de la comédie à tendances, où il avait également réussi, devait naître ce spécimen si curieux de sociologie sentimentale, le *Retour de Jérusalem*, son dernier triomphe.

L'ambition de l'écrivain, dans cette pièce facile, est alors très haute ; il entreprend d'opposer deux races, deux modes ethniques de penser et de sentir, en les dramatisant par l'éternel conflit d'amour. C'est *Amants* qui recommence, mais après l'affaire Dreyfus, entre un aryen et une sémite.

Il n'est pas douteux que ce conflit puisse exister réellement et Maurice Donnay, dans sa pièce et dans sa préface, en a bien marqué les traits essentiels. Michel Aubier, — l'homme-frontière, en qui s'accumulent les contrariétés, les scrupules, qui s'obstine à suivre la morale d'une religion à laquelle il ne croit plus, résume heureusement les éléments de décadence et de dissolution dont périt la bourgeoisie française. Lui, qui a un frère soldat et une sœur religieuse, n'est pas assez antisémite pour ne pas sacrifier d'abord toute sa famille française, ses enfants et sa femme, à sa passion pour sa juive, mais il l'est tout de même assez, la sottise ou le crime une fois accomplis, pour se trouver également incapable ou de maîtriser sa maîtresse ou de la supporter. « Il ne parvient pas à mettre d'accord sa sensibilité et sa logique, son cœur et sa raison, son individualisme et son altruisme, son rêve et la réalité. » C'est un faible. — « Judith, au contraire, n'est jamais vague, indécise. Toute sa supériorité réside dans le parfait accord de ses sentiments et de sa raison. Elle n'est embarrassée d'aucun scrupule qui l'inquiète sans la guider, d'aucune morale ni d'aucune religion, à laquelle elle continue d'obéir sans y croire. » C'est une forte. — Psychologie admirable, en vérité, et qui pose avec une netteté et une vérité singulières deux personnages, deux types, deux moments, deux familles de consciences et d'esprits. Jamais l'art de Maurice Donnay ne s'était encore élevé à cette ampleur et à cette lucidité. Si j'ajoute que l'affabulation de l'œuvre est tout à fait conforme à ces vues psychologiques, qu'elle les met vive-

ment et exactement en action, puisque la pièce commence parce que Judith, qui aime Michel, et qui est
aimée de Michel, le décide à la rejoindre ou s'arrange
de manière à ce qu'il se décide, et qu'elle finit parce
que Judith, qui n'aime plus Michel et n'est plus aimée de
lui, le quitte, on ne comprend pas que cette pièce, dont
encore une fois, pris en eux-mêmes, la psychologie et
les incidents seraient plutôt à l'honneur de l'héroïne,
ait été dirigée par le public uniquement contre elle et
ait pris la tournure d'une manifestation, d'un parti pris
violent. La principale interprète elle-même, qui croyait
à son rôle, aux idées qu'elle y devait exprimer, fut
toute décontenancée par ce déplacement d'effet. Cette
catastrophe, l'auteur l'avait-il prévue ? L'avait-il même,
comme quelques-uns l'en ont accusé, escomptée ? Il
s'en est énergiquement défendu :

Eh bien ! je dis que cette pièce fut écrite dans un sincère
effort d'impartialité et même, quand elle fut terminée, je l'ai lue
à des personnes choisies aux deux pôles de l'opinion ; malgré
cela d'une parfaite probité : il y a d'honnêtes gens partout. Ces
personnes la trouvèrent juste et modérée et que des vérités, bon
nes ou mauvaises à entendre, y étaient dites de part et d'autre.

Supposez un instant Judith simplement ibsénienne,
individualiste, comme on l'est dans le nord ; est-ce
qu'elle ne soulèverait pas les applaudissements, lorsque,
devant l'affaissement de Michel, comme Rébecca West
devant les scrupules de Rosmer, elle s'écrie dans un
magnifique élan :

Rappelle-toi, dans les premiers temps de notre amour, comme
nous étions en parfaite communion d'idées ! Rappelle-toi nos
conversations ardentes, passionnées et si douces, là-bas, à Jérusalem ; alors tu voulais être un homme libre, sans préjugés. Mais
à peine étions-nous rentrés à Paris, que tu as été pris de je ne
sais quelle peur. Comme ces pauvres malades qui ne peuvent
pas traverser les grandes places, et dont une force invincible
cloue les pieds au seuil des espaces, tu n'as pas voulu traverser
à mes côtés, et, la main dans la main, les grandes places de joie
et de lumière.

Pourquoi donc, après tant d'autres qui ont eu raison

devant le public, cette individualiste a-t-elle tort cette fois-ci ? C'est que, pour le public de 1904, il y a l'individualisme qui vient du nord et celui qui vient de l'Orient. Et voilà, assurément, l'un des faits les plus frappants où se puisse constater que ce n'est point l'auteur, mais le public qui fait le succès, en donnant à une œuvre le sens qui lui convient. C'est sur le puissant courant de l'antisémitisme que le *Retour de Jérusalem* a été emporté jusqu'à la trois centième représentation.

C'est que, pour une telle pièce, il y a dans une salle une majorité de spectateurs qui soulignent par des applaudissements frénétiques tout ce qui est contre les Juifs et s'abstiennent d'approuver bruyamment tout ce qui est en leur faveur; tandis que l'autre partie n'accepte ni ce qui est contre eux, ni ce qui est pour eux.

Il n'y a rien à ajouter à ces constatations de l'auteur, qui sont l'historique même de toute « répétition générale » un peu sensationnelle, où des forces diverses, confuses, imprévues, décident du spectacle. — Pourtant si l'on allait au fond de la question, n'apercevrait-on pas, que, tout de même, le public ne s'est pas trompé ? J'entends par là que l'auteur lui-même, je ne dis pas volontairement, mais instinctivement, a cédé, lui aussi, à ce même courant, et que ses tendances profondes, qu'il le sût ou non, — et j'incline à croire qu'il s'en doutait, — se sont trouvées justement d'accord avec celles de son public : d'où le succès. Si l'observation des caractères de Judith et de Michel est, comme je l'ai dit, psychologiquement impartiale, elle est moralement tendancieuse. L'une, en définitive, représente, par delà le sémitisme, le rationalisme, la science, la morale précise et indépendante ; l'autre, incarne le sentimentalisme, la croyance, la tradition, — tout ce qui s'impose sans se justifier. — Et ce n'est pas Maurice Donnay, peintre d'*Amants*, qui, pour complaire aux Juifs, trahira les raisons du cœur. Antisémite, non; anti-scientifique, oui.

Le monde sera peut-être, un jour, mené différemment : les hommes n'obéirant plus à leurs instincts, à leurs sympathies, à leurs sentiments, à une conscience qui n'est au fond que leur inconscient, mais à la logique et à la raison pure. Tout citoyen du monde se guidera avec un excellent traité d'hygiène et un définitif, après bien des essais, traité de morale scientifique, sociale et terrestre. En attendant, il n'apparaît pas que la science suffise à résoudre certains problèmes.

Ainsi s'explique que la patrie soit une « assiette pointe », et que Michel Aubier, contre sa Judith, ait toujours raison d'avoir tort !

Maurice Donnay a été parfois sévèrement jugé à l'étranger[1]. Pour l'aimer, il faut être Parisien. Je lui souhaite qu'il ne faille pas aussi être de notre temps. Il y a, dans la « pièce » d'aujourd'hui, un tel dédain de la morgue philosophique et de la prétention littéraire, un si sincère désir de simplicité, d'abandon, une allure de dialogue si souple et si variée, une telle horreur enfin de la convention, de l'artifice, qu'il faut être très au fait de nos mœurs et de notre théâtre pour en apprécier les plus élégants exemplaires. Or, Maurice Donnay est celui qui lui a donné le tour le plus vif, le plus divers, le plus fantaisiste, le plus compréhensif aussi et le plus intelligent. Il est plus et mieux actualiste qu'Alfred Capus. Ce qu'il a saisi de son époque, c'est le moment psychologique.

Ému et spirituel, sceptique et tendre, enjoué et mélancolique, il n'est ni « rosse » ni « rose». Il est nous-

1. C'est ainsi qu'en Allemagne, l'inexorable critique de toute la littérature qui fleurit de l'autre côté du Rhin, M. Max Nordau, après avoir oublié dans son universelle sévérité Porto-Riche, cet ardent poète de l'amour, et méconnu Paul Hervieu et François de Curel, ces deux songeurs, en est venu à prendre au sérieux chez Maurice Donnay ce qui n'est que l'accessoire et la fantaisie, et à porter sur lui ce jugement ingénu : « Ses pièces apparaissent aujourd'hui brillamment modernes, parce qu'elles portent leur timbre à date. Mais justement les traits qui aujourd'hui plaisent le mieux les rendront demain insupportablement vieillies et ridicules. » Maurice Donnay a répliqué par le personnage du Dr Lurdau dans le *Retour* et par une note du volume.

En revanche, lors de son passage royal à Paris, c'est *L'autre danger* qu'Édouard VII a désiré voir. Mais l'ancien prince de Galles n'est pas, à Paris, un étranger.

mêmes. Il est juste à niveau des sentiments que nous pouvons éprouver, des efforts de volonté que nous sommes capables de faire, des idées générales que nous pouvons concevoir. Ses pièces elles-mêmes, ses mots, tout de lui nous donne l'impression sympathique que nous en ferions autant. Il a choisi dans notre vie fugitive ce qu'il y avait de plus vivant et de plus fugitif. Il restera tout au moins le plus instructif témoin de sa génération, comme il en est l'ami le plus intime. Son originalité est de traduire exquisement et légèrement les tendances confuses d'une humanité superficielle et attendrie. Il est le peintre d'une sorte de « bourgeoisie » amoureuse, d'égoïsme bon enfant, de cette sensibilité sensuelle et timorée qui a eu son heure, pour laquelle il a inventé une morale heureuse, une poésie mélancolique, un esprit souriant.

CHAPITRE II

LA TRAGÉDIE BOURGEOISE

I. — La tragédie sentimentale : Georges de Porto-Riche

Tout le monde s'accorde à dire que le sobre talent de Georges de Porto-Riche participe de l'art classique. Distrait de la gloire par d'autres succès, ce précieux écrivain a eu la fortune de ne livrer de lui-même que son essence et son fond. Il s'est fait du travail une idée mystérieuse, comme d'un événement exceptionnel et chanceux, où nous ne pouvons rien. Il n'a guère consenti à écrire qu'à des heures privilégiées de sa vie, marquées d'un signe sûr, et, plutôt que de se contraindre, il a souvent préféré à l'aléa des « Premières » la certitude d'une « Reprise » triomphale[1], et il semble que le renom de Porto-Riche se soit esquissé par retouches. Par les vers et le théâtre en vers, il a débuté de bonne heure, et peut-être avec trop d'éclat. Déjà célèbre à vingt-trois ans, il a eu, depuis, cinq pièces refusées à la Comédie-Française, et, pour des raisons très diverses, celles qui y sont entrées, n'ont pu s'y maintenir longtemps. Il y a donc un biais par où on pourrait le juger malchanceux. La vérité pourtant, c'est que Porto-Riche a établi sur une douzaine d'actes une des réputations dramatiques les plus solides de ce temps.

[1]. En 1888, *la Chance de Françoise* paraît au Théâtre-Français, elle passe au Gymnase l'année d'après et revient définitivement au Français en 1891 ; les pérégrinations de *L'Infidèle* ne sont pas moins curieuses : de 1890 à 1896, elle est jouée successivement au Théâtre d'Application, au Vaudeville, aux Variétés, à la Renaissance, de nouveau au Vaudeville et finalement aux Mathurins ; *Amoureuse*, 1891, 1895 ; *Le Passé*, 1897, 1902, oscillent d'une rive à l'autre.

*
* *

Porto-Riche eut d'abord l'idée de faire une « adaptation » de Don Juan. Ce jour-là, il avait trouvé sa voie. Il ne cessera plus, dans toutes ses pièces, d'adapter Don Juan, et le *Théâtre d'amour* n'est qu'une reprise, toute moderne, de l'éternel homme à femmes. Seulement, l'actualiser, c'était simplifier le personnage, le dégager de toute philosophie et de tout symbolisme. Trop de poètes et de dramatistes y avaient mis la main : Était-ce un amoureux sensuel ou sentimental? Était-ce simplement un désabusé, un libertin ? Ou au contraire un mystique? On ne s'y reconnaissait plus, dans la complexité de ce type traditionnel. De Don Juan, Porto-Riche va faire Juan tout court, homme nouveau, simple amateur d'amour.

> Je suis l'amateur qui parcourt
> Des livres, des amis, des femmes,
> J'offense d'un regard trop court,
> De fins objets, d'ardentes âmes [1].

[1]. Je viens de relire la seconde édition du *Bonheur manqué*, d'où sont tirés ces vers. Cette réédition du « Carnet d'un amoureux » était indispensable. Dans l'esprit de l'auteur, elle semble surtout destinée à revendiquer ses titres de paternité à l'égard de la jeune école poétique, qui est sur le point d'atteindre à la célébrité, et dont il aime à se croire un peu persécuté et très pillé. Dans l'esprit de tout le monde, cette réédition aura surtout l'intérêt que ces notes de jeunesse, remises à leur point de perfection dans la maturité, sont le commentaire naturel et l'unité sensible de l'œuvre tout entière. *Bonheur manqué*, c'est déjà du théâtre, et c'est tout le théâtre de Porto-Riche.

Voyez cette petite pièce mélancolique :

> On dit que je suis changé,
> Ma figure est enlaidie ;
> . . . .
> Et je sens peser le faix
> De mes trente-sept années.
>
> . . . .
> J'ai perdu cet air vainqueur
> Dont plus d'une fut charmée.

C'est tout ce qu'il y a de plus joli et de plus touchant dans le vilain égoïste de *La Chance de Françoise*.

Et cette strophe :

> Et je suis bon et caressant,
> Car je comprends que son cœur porte
> Le vague effroi du jour naissant
> Et le regret de la nuit morte.

Ce personnage ne s'embarrassera d'aucune philosophie, d'aucun scrupule, d'aucun autre souci que lui-même ; il ne poursuivra dans l'amour que le plaisir, ne verra dans la femme nul symbole d'infini. Il ne sera ni Lovelace, ni Valmont, pas même Bel-Ami, encore moins Priola. Il promène dans les salons faciles, ou les coulisses brillantes et les ateliers féminins d'aujourd'hui, son désir et sa vanité, sa fatuité d'inlassable, d'irrésistible tempérament.

Il dira — le mot fut prononcé — des femmes exposées à son regard dans une assemblée : « Toutes ont été, sont ou seront mes maîtresses. »

Un telle simplification, sans doute, eût été périlleuse devant le public, mais en même temps qu'il le simplifiait, Porto-Riche abandonnait, sacrifiait son type. Il comprit que le gros Juan qui n'était plus Don Juan

N'est-ce pas l'un des plus jolis couplets d'*Amoureuse* || « *Ah ! le jour...* » || et l'une des plus tendres nuances de sa tendresse ? Sinon la pièce entière ?

Et enfin, il faudrait écrire en épigraphe au *Passé* ces huit petits octosyllabes d'une sécheresse merveilleuse :

> J'ai froidement exécuté
> Ma camarade intérimaire.
> Elle pleurait, non sans beauté,
> Dans sa batiste un peu sommaire.
>
> Mais je connais des yeux plus noirs
> Qui me verront dans la soirée.
> *Je ne me sens de vrais devoirs*
> *Qu'envers la femme désirée.*

J'ajoute que la facture poétique de ces notes « au crayon » a toutes les qualités de la future prose de Porto-Riche. Ses sentiments et son talent s'accommodent mal, semble-t-il, du grand vers ; mais il a toute la maîtrise de l'octosyllabe. Et il est curieux de voir comme ces petits bouts de rythmes et de rimes vous donnent souvent l'impression de l'achevé et du définitif. On y pressent l'éloquence théâtrale, toute de mouvement et de précision.

Certes, il n'est pas à croire qu'il y ait dans la nature de Porto-Riche de grandes sources de lyrisme. Sa poésie est surtout scénique. Dans sa pièce de début, qui eut un si retentissant succès, *Un Drame sous Philippe II*, il y a des couplets d'allure absolument Cornélienne. C'est la même précision, la même sonorité, la même puissance d'opposer et de résumer dans le balancement des hémistiches. C'est un drame romantique écrit en vers tragiques. Et l'on sait aussi avec quelle verve s'élancent les rimes de Lazzaro, dans l'*Infidèle*.

Après de tels exercices, il ne faut pas s'étonner de ce que sera, dans la comédie, le dialogue de ce virtuose.

comme devant, ne pouvait ainsi se maintenir au premier plan, et demeurer le personnage principal du drame. Don Juan nous avait masqué ses maîtresses, Juan nous laissera voir les siennes. Tout l'intérêt, que perdait le héros d'amour, allait donc se reporter, se renouveler sur ses victimes, et c'est surtout en peignant les amoureuses de l'homme d'amour, que Porto-Riche, éclairant un point obscur d'une longue tradition, aura inscrit son nom dans l' « Histoire du cœur ».

La préface de l'œuvre, c'est la *Chance de Françoise...* Marcel Desroches est marié depuis trois ans; il est encore un peu garçon; il sort la nuit, déjeune au Cercle, possédé son atelier à lui tout seul. Mais il engraisse, ne peut plus veiller, et il s'inquiète de son charme déclinant. Trente-cinq ans, moins de cheveux, un peu de ventre; le temps des aventures est mort et enterré. « Il n'espère plus ! » Ce n'est pas qu'il y ait dans cette mélancolie de beau garçon le désir précis de tromper sa petite compagne résignée. Marcel est très heureux du bonheur qu'il donne, sinon de celui qu'il reçoit; Françoise lui plaît infiniment de l'adorer, et il s'apitoie sur elle à l'idée de sa propre infidélité. Seulement, quand on a plu toute sa vie, il faut plaire encore et, quand on a été le beau Marcel, on se range, on ne se guérit pas. Il suffirait d'un instant, d'une tentation qui passerait : il en passe une. Heureusement, il y a la chance de Françoise. Et la chance de Françoise, c'est elle-même, ce sont ses « coins », sa nouveauté, sa joie mélancolique, sa jeunesse craintive. Elle a l'idée poétique et charmante, que ce qui serait délicieux dans l'amour, est déprécié dans le ménage. Elle s'applique à se faire oublier en laissant à Marcel l'illusion de sa liberté.

FRANÇOISE. — N'est-ce pas aussi une joie de se dire : il est libre, je ne suis pas sa femme, il n'est pas mon mari ; je ne suis pas le devoir, la chaîne, je suis la fantaisie, l'amour. S'il part, c'est qu'il s'ennuie, mais s'il revient, c'est qu'il m'aime.

MARCEL. — Tiens, Françoise, tu es forte, toi !

Tels sont et resteront les deux personnages de tout le théâtre de Porto-Riche, *Théâtre d'Amour*, en trois pièces. La première et la plus courte, c'est leur lune de miel, inquiète déjà, la sagesse brève de l'homme léger, sa halte rapide et impatiente, son instant de fidélité.

*
* *

Mais cet homme-là vieillira, il finira, malgré lui, par être un peu de son temps, du temps où l'on travaille, où l'on a de l'ambition. Pour être moderne, il deviendra sérieux, songera à la science. Il n'aura pas changé, car « on ne change pas », mais il se sera fatigué et aura porté cette fatigue en hommage à sa jeune femme. Ayant fait de l'homme d'amour sa spécialité, Porto-Riche devait être tenté d'en pousser l'étude à fond, non plus romantiquement, mais bourgeoisement, dans le mariage. La situation était nouvelle, étant psychologique. Peu à peu, en effet, ce libertin aura modelé sa femme à son image. En se détachant du plaisir, il n'a pas modifié sa manière de le comprendre. Et c'est là le très profond sujet d'*Amoureuse*... Étienne a conquis Germaine jeune fille, en passant, comme une bonne fortune. Il l'a appareillée à ses habitudes. Il a conservé avec elle « des allures, des façons, des coquetteries, des coquineries qui appellent, qui provoquent l'amour ». Il en a fait une maîtresse obsédante et obsédée. Dans la maison, elle ne voit que son mari; elle est insensible au désordre, elle n'aperçoit pas la poussière; les épingles de son chapeau ou de ses cheveux traînent sur la table de travail; elle est indifférente à la cuisine qui s'accommode mal; elle repousse instinctivement tout ce qui pourrait favoriser les intérêts de son mari et léserait son amour, à elle. Une occasion s'offre pour Étienne d'aller représenter la

France à un Congrès d'Italie. Mais ils ne se sont jamais quittés et elle s'arrange à son insu de manière à faire manquer la chose. Elle est devenue à elle toute seule pire que toutes les petites femmes. Le pot au feu, c'était le foyer des maîtresses ordonnées, non pas celui de l'épouse. Moralement et physiquement, l'homme d'amour est exténué par le mariage.

Point de départ piquant, observation juste. Pourtant combien reste spécial encore ce ménage de Porto-Riche ! C'est un lieu commun que l'homme à conquêtes est antipathique au théâtre, et par là il ne semble pas que la femme qui s'attache uniquement à cet homme et vit par lui, comme Germaine par Étienne, se trouve elle-même bien favorablement recommandée au public. La vérité est donc que les personnages qui plaisent le plus à Porto-Riche sont peut-être ceux qui plaisent le moins à tout le monde. Quel joli problème de dramaturgie à résoudre! A quels sentiments généraux faut-il que l'auteur fasse secondairement appel pour sauver sa donnée principale?

Étienne et Germaine sont mariés. De cela seul que c'est avec sa femme qu'Étienne est homme à femmes, il devient sympathique et presque pitoyable. Son irrésistibilité n'est plus qu'un accessoire, un petit détail de mise en scène et d'agrément. Nous lui pardonnons ses cheveux qui ne veulent pas tomber, les femmes qui le pourchassent, ses pirouettes de vieille coquette. Il rejoint directement le commun par son égoïsme conjugal, dont l'ingénuité touche au sublime. Il a tous les droits, ceux du maître, de l'Époux. Il n'a pas aussitôt pris une décision regrettable qu'il reproche à sa femme de ne pas l'en avoir empêché; il la punit de sa faiblesse. En revanche, il n'a pas assez d'attendrissement à l'idée de l'enfant, du « pauvre petit », qui pourrait survenir dans un ménage comme le sien. Voilà qui est ordinaire, et point n'est besoin d'avoir remporté un grand nombre de succès féminins pour être ainsi fait. C'est le Mari, à mi-chemin entre Don Juan et Sganarelle. — De même on excuse tout de cette pauvre Germaine, qui n'a que le malheur d'être légitime ; on lui passe ses exagérations de « petit crampon », ses manies de dînette, son caviar, son champagne, ses salades russes et ses questions perpétuelles : « M'aimes-tu ? ». Il suffit que ce soit dans la chambre conjugale qu'elle soupe. Elle est l'Épouse, entre Pauline et Phèdre.

De plus, Porto-Riche, homme de théâtre aussi sûr que psychologue délié, sait bien qu'un joli sujet n'est pas un sujet de comédie, et que l'originalité scénique n'est que le biais par lequel on présente un lieu commun. Son idée d' « AMOUREUSE », femme de Don Juan, ne fut que ce biais par lequel il a pris la question la plus intime et la plus triste du ménage, l'invention par laquelle il a renouvelé le drame profond de la vie commune et de tout amour domestique. Dès le début du second acte, Étienne et Germaine s'impersonnalisent et le conflit s'élargit. Le mariage ne réalise pas pour les conjoints une destination semblable. L'un fait une fin, l'autre un commencement. Au bout de six mois, Étienne a rouvert ses livres.

— Hélas ! s'écrie Germaine devenue clairvoyante, on devrait dire aux jeunes filles que l'amour et le mariage sont deux choses différentes qui ne vont pas ensemble. Elles choisiraient avant ou elles feraient comme vous, elles aimeraient d'abord et se marieraient ensuite... Ah ! tu comprends l'amour à l'état d'aventure, de plaisir, comme un sentiment de luxe, mais dans le mariage, dans cette vie pacifique où on se soigne, où on calcule, où on s'occupe de sa fortune et de sa carrière, tu le considères comme une chose déplacée, insupportable, et, si tu l'osais, tu dirais impudique !

Pour la première fois, nous trouvons une amoureuse dans une femme légitime, et qui reproche à son mari non pas une faute, une trahison sentimentale, mais son insuffisance, et qui nous entre-bâille, dans le mariage sacré, la porte de sa chambre à coucher

Là, l'intimité factice harmonise un instant la fatigue de l'un et l'impatience de l'autre. Mais il faut bien que le jour se lève!... Toutes les heures ne se ressemblent pas. L'un oublie et regrette les plus douces, mille et unième réplique d'une carrière trop remplie, l'autre s'en souvient précieusement et convoite le retour de la petite minute qui est toute sa vie, tout son pouvoir. Et de ce malentendu profond des nuits illusoires, de cette duperie secrète, résulte l'âpre conflit des jours, les querelles et les réconciliations qui usent le temps de la vie, les jalousies, les larmes et les plaintes d'un côté, les alternatives de lâcheté sensuelle et de révolte morale, de pitié et de rancœur de l'autre.

Tel est le duel classique des deux sexes, des deux égoïsmes, de deux vies désappareillées. Nous sommes au fait, maintenant ; nous suivons avec l'intérêt des choses familières cette péripétie éternelle. Mais voici qui nous touche plus encore, aux environs de 1891, nous, spectateurs studieux, amoureux intellectuels. Le point précis et nouveau de ce vieux conflit, c'est le travail. Étienne Fériaud est médecin, c'est-à-dire n'importe quoi, mais savant, et ce qu'il défend contre Germaine, c'est son cerveau, la pensée de l'homme laborieux contre l'instinct de la femme oisive.

ÉTIENNE. — Je suis ton mari, tu es ma femme, je devrais m'incliner... Je t'appartiens, c'est ton droit d'espionner ma vie, de contrôler mes actes, d'épier mes gestes, de fouiller dans mon cerveau comme dans ces tiroirs... C'est ton droit d'interrompre ma tâche, de t'asseoir à ma table de travail, de me traquer de chambre en chambre, de m'imposer ta présence, ta conversation et tes épanchements... C'est ton droit !

GERMAINE. — ... Toute mon intelligence est d'accord avec toi, mais mon cœur et mon corps protestent, t'accusent, te trouvent injuste... La souffrance est plus forte que tous les raisonnements, vois-tu...

Tôt ou tard le long mensonge du passé apparaît dans la vérité d'un instant... O les soudaines révélations des existences les plus intimes, les plus mêlées!

GERMAINE. — De la pitié, des semblants d'amour, voilà tout ce que j'ai eu de toi, même dans les premiers temps !

ÉTIENNE. — Et quand cela serait !...

De telles situations ne se dénouent pas : la vie est inextricable et continue; les malheurs frappent et passent. Pour exprimer cette vérité nouvelle, qui est le sens profond, positif, que nous avons acquis de l'existence, l'auteur dramatique avait le choix des moyens, et pouvait nous donner, entre Étienne et Germaine, le spectacle de telle catastrophe qu'il voulait. On a contesté celle qu'il a choisie, jeter Germaine dans les bras trop intimes de l'ami du ménage, parce que cet ami est là, à la minute de la destinée. Ce moyen, psychologiquement discutable en effet, ne fausse pourtant point la signification de la pièce, même il l'accuse.

Étienne et Germaine, emportant un tiers dans leur folie, ont commis de toutes les erreurs la plus irréparable : il fallait qu'il en fût ainsi! Ceux-là ont fait plus que de « manquer leur bonheur », ils l'ont gâché eux-mêmes. Ce n'est pas la fortune qui les a frappés, mais leur propre imprudence et leur faiblesse; la misère est en eux, l'affreuse misère des cœurs légers, plus misérable et plus humaine.

GERMAINE. — Réfléchis, Étienne, tu seras malheureux.
ÉTIENNE. — Qu'est-ce que ça fait ?

C'est la vie qui recommence, — et désormais, pour quinze ans, au moins, les pièces ne finiront plus.

.•.

Dans *Amoureuse*, Étienne Fériaud a vieilli comme tout le monde; dans *Le Passé*, François Prieur n'a fait que prendre de l'âge et perdre des cheveux. Il est resté le nomade du désir, celui qui prend et qui laisse, aussi oublieux qu'irrésistible, éternel et distrait amateur qui ne sait même pas le prix de ce qu'il brise. Il va parmi les femmes, au gré de leur faiblesse, au hasard de sa sensualité indifférente et fougueuse : « Tu es un être sur lequel on a aucune prise, lui dira sa maîtresse en une seconde de sagesse, un être changeant, un cœur facile et passager. On tient un ambitieux, on tient un fat, on tient même un coquin, on ne tient pas un homme léger. »

Ou encore, comme avaient prophétisé les vers mélancoliques :

> Pour une ivresse de hasard,
> Il néglige un amour immense,
> Sans voir qu'il est une œuvre d'art,
> Il *goûte, laisse et recommence.*

Il est d'autant plus précieux dramatiquement, qu'il a moins de réalité personnelle. Il est l'occasion du drame féminin, rien de plus et, avec lui, il semble que la psychologie sentimentale, cette fois-ci, change tout à fait de côté. L'écrivain analyste avait étudié le malentendu d'amour; il décrit maintenant l'amour lui-même, le grand amour fidèle, éclos au cœur mystérieux de la femme, et solitaire. *Amoureuse*, c'était Étienne et Germaine; *Le Passé*, c'est Dominique !

Camarade exquise, amie judicieuse, Dominique est la conscience de tous. Elle hait le mensonge d'une haine instinctive et éprouvée; elle est généreuse jusque dans l'humiliation ; elle défend contre elle-même celui que tous les autres condamnent : elle est aussi infiniment désirable ; elle a mieux que la jeunesse, car, en ayant gardé la beauté, elle y joint tous les jours le charme inquiet de la voir diminuer. Il n'est pas jusqu'au désespoir qui se cache au fond de son talent, qui ne lui donne un nouveau prestige, n'attendrisse sa gravité et son sérieux... Et François n'a pas été fidèle huit jours à cette femme-là ! Il a lu publiquement ses lettres suppliantes ; il a mis l'univers entier dans la confidence de sa misère ; il « a livré à des filles tous les secrets de son âme et de son corps. » Dans la secrète maison de leur intimité, tous les murs ont été témoins de scènes atroces.

DOMINIQUE. — Je peux dire que j'ai promené ma désolation dans chacune de ces pièces. J'ai pleuré dans cette chambre, j'ai pleuré dans celle-ci, j'ai pleuré partout... Tenez, là où vous êtes, près de cette table, une soirée entière, j'ai été insultée par lui. J'entends encore sa voix méchante. Et chaque meuble pourrait raconter une histoire semblable... De chaque objet se lève un souvenir humiliant... Mais tout ici, tout, jusqu'à ce groupe à moitié brisé, atteste ses emportements.

Pourquoi cette femme ne s'est-elle pas ressaisie, ne s'est-elle pas arrachée à cet homme? Aberration psychologique et invraisemblance dramatique, a dit la critique. Mystère et fatalité de la poésie, a répondu l'enthousiasme. Tout le monde s'est dit confusément : « En effet il est rare d'aimer ainsi ». Et auprès du grand public, le *Passé* n'a pas eu d'abord le même sort qu'*Amoureuse*, parce qu'il allait plus avant dans la vérité[1].

Si Porto-Riche avait entrepris de nous représenter dans le présent l'amour de Dominique pour son amant, il n'est pas douteux que cet amour excessif pour ce personnage fût demeuré inexplicable ou désobligeant. Mais la pièce, n'est-il pas vrai? c'est *Le Passé*. Dominique à trente-huit ans; sa passion est ancienne, lointaine, rétrospective et elle s'élargit, se poétise et s'approfondit comme tout ce qui, dans le temps, nous échappe et nous enveloppe. Pourquoi Dominique aime Prieur? Parce qu'il est sa mémoire, toute sa mémoire d'amour, toute sa souffrance, toute sa déception; il a disparu soudainement, sans l'adieu qui achève ou qui adoucit la séparation, il est parti, l'homme léger, comme quelqu'un qui pourrait revenir : elle ne l'a jamais revu, et sur cette rupture, sur ce désespoir, elle a rétabli son existence incertaine, sa sagesse vacillante. Elle eût pu être brisée; elle ne l'a pas été; elle s'est improvisée une âme et un art, mais se survivre ainsi, c'est se revivre sans fin et sans merci. Qu'est-ce donc que ce François, qui

---

1. *Le Passé* a été joué une première fois sans succès sur la scène de l'Odéon. Dans cette mésaventure, il y avait eu surtout des responsabilités matérielles de mise en scène et d'interprétation. Au Théâtre-Français, la reprise fut triomphale, bien que malheureusement interrompue par des motifs (encore) d'interprétation. Il avait suffi de quelques coupures et de quelques retouches de dialogue, au cours des répétitions, pour rétablir sa fortune.

reparaît devant ses yeux aussi inopinément qu'il s'était esquivé, sinon l'image d'elle-même, l'évocation de tout ce qui ne fut pas, son cœur stérile, sa jeunesse inutile ?

« Ah ! ma jeunesse, ma jeunesse, l'avoir perdue, pendant que tu n'étais pas là... Pourquoi viens-tu si tard ou pourquoi es-tu parti ?... »

Si Dominique ne peut ni se redonner ni se reprendre ; si elle se débat pitoyablement entre « son amour qui ne dépend pas d'elle et son pardon qu'elle croit dépendre de sa volonté » ; si elle est faible et hésitante, elle ne l'est pas seulement « de son âme incrédule et de son corps fidèle », elle l'est d'un regret infini, elle l'est de son usure, de ses luttes, de son âge. Quand les rides s'annoncent au miroir menaçant, quand la ruine est si proche, quand elle est « à peine assez belle pour un caprice », comment n'y céderait-elle pas et ne tenterait-elle pas, lamentable amoureuse, son dernier prestige, « l'unique supériorité de sa souffrance » ? Et voilà, sensible en cette femme, le drame intérieur le plus poignant et le plus mystérieux, celui du souvenir, l'obsession d'une image vivante, plus forte que la durée, fortifiée par elle. Quand nous n'oublions pas, c'est que nous nous souvenons trop.

*
* *

On ne trouverait donc dans l'œuvre d'aucun écrivain dramatique une parenté semblable à celle qui relie les trois pièces en prose de ce « Théâtre d'Amour ».

Elles sont nées l'une de l'autre, comme un amour naît d'un autre amour, par reprise et rajeunissement. Elles n'ont pas été recommencées, mais revécues ; elles vont plus loin dans le même sens, creusent plus avant dans le même sillon. Ce n'est point sécheresse ni monotonie, mais continuité, pénétration, renouvellement, unité vivante. Il semble que Porto-Riche se soit développé à l'inverse de ses contemporains : Paul Her-

vieu s'est tourné vers la nature et l'histoire ; François
de Curel a exploré la science et la philosophie ; Maurice
Donnay s'est inspiré des questions morales, Capus du
goût public, et Brieux de n'importe quoi ; ils ont tous plus
ou moins cherché à s'étendre au delà d'eux-mêmes.
Les meilleurs ont subi à quelque degré l'influence
multiple de l'étranger. Porto-Riche, au contraire, a évolué intérieurement ; lui, dont le tour d'esprit nous paraît
si moderne, est à peine d'aujourd'hui. Dans notre
temps maussade et affairé, il se croit volontiers malheureux. Il se plaît aux objets anciens et aux bibelots,
son foyer tient du musée et il s'attache à tout ce qui
écarte du présent obscur et tumultueux. Il a des airs de
classique : on a dit qu'il l'était et, pour achever d'expliquer son succès, il faut en effet tenir le plus grand
compte des ressemblances techniques de son théâtre
avec celui du XVII° siècle.

J'ai insisté déjà sur le caractère tout psychologique
de la comédie de Porto-Riche ; il s'intéresse uniquement
à l'homme envisagé comme individu, indépendamment
de la situation qu'il occupe dans le monde et la société.
Il nous est bien dit, dans une phrase incidente, par
exemple, qu'Etienne et Germaine sont riches, que Dominique sculpte et réussit, mais uniquement parce que
ces détails sont utiles à l'action du drame ou au caractère des personnages. Ils ne sont là que pour la vrai-
semblance, et ce n'est pas autrement que nous appre-
nons d'Agamemnon qu'il est roi et d'Hermionne qu'elle
est princesse. Pas plus ici que là, il n'y a trace quelconque de *préoccupations* matérielles, soit de la part
de l'auteur, soit de la part des personnages. On se
désintéresse pareillement de la fortune, de la situation,
du milieu, des relations, de tout ce qui fait de l'individu
un être social. De part et d'autre, on ne peint que des
sentiments ou des sensations, une rencontre d'âmes
ou un conflit d'organismes.

Aussi, — et c'est là justement un second trait de
l'Art classique, — le théâtre de Porto-Riche n'est-il

militant à aucun degré, ni d'intention ni de fait. Il est vraisemblable que notre organisation sociale ne plaît guère à cet écrivain sensitif, mais comme ses personnages se trouvent à l'abri d'en souffrir, ils ne se soucient pas de la réformer. Ils ne s'intéressent qu'à eux-mêmes et acceptent tout le reste pour les autres. Ils ne sont troublés d'aucune inquiétude, même métaphysique. Ainsi, les grands classiques considéraient comme résolues toutes les questions qui nous harcèlent aujourd'hui. A part quelque plaisanterie positiviste sur Dieu, cet « absent » dont il ne faut pas dire de mal, Porto-Riche ne pose pas ces problèmes et, dans son théâtre, cela revient exactement au même que s'il les réservait comme un sujet de Louis XIV.

Enfin, voici le trait le plus profond qui résume les autres.

L'amour est d'une incroyable complexité; chaque âge le marque d'un caractère et l'entend à sa façon. De notre temps, Maurice Donnay a créé, nous l'avons vu, une manière d'être amant; il a noté dans sa fluidité une nuance de sentiment. Paul Hervieu a dressé contre les lois la révolte du cœur féminin et Maeterlinck a noyé de mystère les plus simples attraits. Ces variétés de l'amour sont le sujet, — parfois très sombre, — de la comédie. L'amour lui-même, dans son principe et son fond, est le sujet de la tragédie. Ceux qui à propos du *Passé* avaient rappelé le souvenir de *Phèdre* n'avaient pas eu tort. Il n'y avait rien de commun dans le sujet (Phèdre désire, Dominique regrette), mais les personnages étaient conçus de la même manière, semblablement généraux et simplifiés. Ils ont même perdu un dernier trait. Ils sont dépouillés de tout caractère fataliste, religieux ou moral. Ils ne sont soumis qu'à eux-mêmes, à leur tempérament, à la nature.

Ces pièces sont donc bien des tragédies, parce qu'elles se développent en dehors du temps et que l'amour s'y trouve dépeint dans ce qu'il a d'éternel, de primitif, en dehors des nuances mouvantes et des parti-

cularités caduques. Porto-Riche a brisé tous les cadres
factices de la sentimentalité commode et de la tendresse
usuelle. Ce qu'il a exprimé, c'est l'élan sexuel, l'incom-
préhensible et inéluctable désir, le désir polygamique
du mâle humain et le désir monogamique de la femme
passive, toutes les forces mystérieuses qui, du fond
d'eux-mêmes, conduisent les êtres à leur insu et contre
lesquelles ils se débattent aveuglément.

J'ai insisté sur ce théâtre, dont le succès, par con-
traste, m'a paru significatif. Il est directement en opposition avec ce que le public demande dans le roman,
ce que tant d'autres auteurs dramatiques se sont efforcés
de lui donner, des conclusions.

Rien de moins idéologique que ce théâtre d'amour.
Il est justement l'expression de tout ce qui, dans
l'homme, n'est pas une idée et s'efforce à la combattre.

Au cours de sa vie éblouissante, Porto-Riche s'est
de plus en plus enfermé dans la tristesse de son désir ;
il a aimé l'amour de toutes les manières, par sensibilité
sans doute, par sensualité certainement, par habitude
aussi et peut-être par chagrin. On dirait que toutes les
fièvres successives du grand frisson humain se sont
déposées et accumulées dans son système nerveux pour
rendre de jour en jour son émotion plus contagieuse et
plus prenante. Son progrès a été d'exprimer de plus
en plus profondément sa nature instinctive dans une
action dramatique plus intense et dans un dialogue
plus rapide.

De là, sa puissance à peu près unique de contagion
émotive ; il a le don de sincérité, le mouvement direct,
la résonnance immédiate sur les nerfs du public.

Dans ce théâtre, dès qu'on a fini de rire, on est pris,
non pas aux yeux, car on n'a pas le temps de pleurer,
mais au cœur qui vous trébuche dans la poitrine.
Comme les acteurs « brûlent les planches », Porto-
Riche brûle les répliques. Les couplets paraissent avoir
trois lignes, les ripostes deux mots, et tous ces chocs

multipliés agissent physiologiquement. Il en résulte une émotion spéciale et complexe où entre de la stupeur, et l'on peut dire de Porto-Riche qu'il a créé chez le spectateur une manière d'écouter.

II. — LA TRAGÉDIE SOCIALE : PAUL HERVIEU

Dans le roman, Paul Hervieu[1] avait été un traditionaliste novateur : il avait continué un mouvement, en le rajeunissant. Il s'était adressé à une clientèle formée, dont il avait respecté les habitudes en ravivant sa curiosité par de l'inédit selon ses préférences. Venu après Paul Bourget, après Gyp, aimant personnellement « le monde », Paul Hervieu en a donc continué la peinture. Il a d'abord gardé le cadre, les personnages, les quartiers et les mœurs du roman à la mode. Seulement, de Gyp, il se distingua parce qu'il n'avait pas, à l'égard du « monde », le préjugé d'en être, et de Paul Bourget, parce qu'il n'eut point celui de vouloir en être.

Mais le plaisir qu'il goûta d'y vivre, la pratique des salons, l'usage du succès lui persuadèrent que ce monde était vraiment un produit raffiné de la civilisation, un point d'équilibre et un moment précieux de la marche humaine. Il en fit une peinture brillante ; il en souligna les charmes, qui, l'ayant séduit, ne pouvaient

---

1. Paul Hervieu, né à Neuilly-sur-Seine le 2 septembre 1857 ; famille de notables commerçants, dont il est le cinquième sur six garçons ; fait ses études à Condorcet ; licencié en droit en 1877 ; inscrit au barreau de Paris. Le 21 février 1879, il entre dans le cabinet du ministre des Travaux publics et en janvier 1880 dans celui du ministre des Affaires étrangères. En 1881, il est nommé secrétaire d'ambassade à Mexico. Il démissionne et dirige le *Républicain de Seine-et-Marne* pendant la période électorale de 1881. De retour à Paris, il publie son premier livre, *Diogène le Chien* (1882), puis écrit des chroniques au *Gaulois* (publiées en volume sous le titre *La Bêtise Parisienne*) pendant un an. En même temps, dirige une brochure hebdomadaire, *Les Grimaces*, qui dure six mois. Alors commence la série des ouvrages qui ont fait sa réputation :

L'Alpe homicide, 1883 ; *L'Inconnu*, 1887 ; *Peints par eux-mêmes*, 1893 ; *L'Armature*, 1895.

Théâtre : *Les Paroles restent*, 1893 ; les *Tenailles*, 1895 : la *Loi de l'homme*, 1897 ; la *Course du flambeau*, 1901 ; *L'Énigme ; Théroigne de Méricourt ; le Dédale.*

manquer de séduire le public qui n'y va point. Il n'y a rien pour quoi la bourgeoisie ait jamais montré tant de prédilection que pour ce spectacle de la haute vie.

Mais, nullement gai par nature, âprement préoccupé de la vie et de ses résultats positifs, constamment soucieux de la réalité profonde, le jeune romancier s'est persuadé aussi que le monde était plus sérieux que ne l'indiquaient ses éclatants dehors et sa frivolité dissolue. Il était plus sérieux, c'est-à-dire féroce, c'est-à-dire humain.

Oui, ce sont des sauvages qui se meuvent dans ces décors de luxe, et l'on distingue mal un salon d'une forêt, un boudoir d'une caverne ; c'est toujours la guerre, l'éternel instinct déprédateur et lubrique. S'il ne prend plus à la lettre, comme au temps du naturalisme, l'identité des procédés de l'art et des méthodes scientifiques, le romancier ne peut pourtant rejeter de sa pensée, lorsqu'il observe, les vues que lui ont suggérées l'histoire et la philosophie. Il sait que l'évolution ne change rien de fondamental ni d'essentiel, et que la nature, chez les hommes, est toujours la plus forte. Retrouver l'éternelle barbarie sous les apparences les plus policées, le primitif sous l'acquis, embrasser dans un même regard et animer dans une même figure la créature d'instinct et le personnage façonné par un milieu spécial de civilisation intensive, tel fut assurément le dessein du jeune auteur de *Peints par eux-mêmes*, de *L'Armature*, dessein qui devait s'élargir encore, se préciser par l'effort dramatique.

Il n'y a donc pas de nom plus considérable ni plus respecté au théâtre que celui de Paul Hervieu. Dans la critique et dans le public, on l'oppose volontiers à celui d'Alfred Capus, estimant sans doute qu'ils représentent bien à eux deux tout ce que l'on peut chercher au spectacle, la joie et la tristesse, et supposant même que la gravité de l'un trouve une de ses raisons de plaire dans la légèreté de l'autre. On se lasse de la gaieté, parfois, et l'on songe à s'émouvoir : on a le regret de la vie comme elle est, et l'on aspire à une pensée qui ferait penser. On se ravise que tout ne s'arrange pas autour de nous ni pour nous, et qu'enfin la familiarité de son nom nouveau, la Veine, ne suffit pas à faire sourire toujours la vieille « Némésis ». Le besoin de souffrir et d'être rudoyé n'est pas moins humain que celui d'être flatté, et c'est pourquoi l'on songe à Paul Hervieu. On se souvient qu'il est un volontaire, un appliqué, un violent aussi, et qu'il se charge volontiers d'un vif rappel à l'ordre des choses. Tous les deux ou trois ans, on s'attend à être secoué de la belle manière. On vient à lui fiévreusement et anxieusement. C'est la peur des coups.

Car je ne puis m'expliquer autrement ce que chacun a remarqué. Toute la faveur qui précède les nouvelles pièces de Paul Hervieu lui est, au fond, défavorable. A certains de ses confrères, la salle est gagnée d'avance : ils n'ont qu'à se maintenir. Pour Paul Hervieu, au contraire, il faut toujours qu'il s'impose ; le public au lever du rideau commence par être, je ne dis pas hostile, mais attentif, méfiant. On pressent celui-là capable de tout, plein d'intentions, résolu à exiger de nous un effort qui n'est plus dans nos habitudes de spectacle.

Et puis, Paul Hervieu est le seul de sa génération qui ne commette pas d'esprit. Il a fait dans ses romans toutes les pirouettes de sa jeunesse, et il est grave aujourd'hui comme on ne l'est pas à Paris. A quel boulevardier, par exemple, viendrait l'idée de se faire adjoindre à une commission de juristes pour réglementer l'amour dans le mariage? On débute toujours par l'écouter un peu comme un auteur étranger. Il est si sérieux et nous le sommes si peu, que son œuvre nous apparaît aussitôt tendancieuse, doctrinaire, combative. Nous aurons à nous décider : ce sera à prendre ou à laisser. Sans compter qu'il y a dans sa situation considérable quelque chose d'une dictature. Il est souverain. S'il triomphe à la scène, il règne à l'Académie. Quand on a cédé à son talent, on n'a pas fini de plier sous sa volonté. Il aime

la discipline dans les lettres, sait qu'il faut des chefs,
et qu'il en est un. Tout cela crée des résistances qui
cherchent des occasions. On le craint. Mais si on osait...
si on pouvait... A la répétition générale du *Dédale*, on
a cabalé selon les plus pures traditions de la Comédie-
Française. Il y avait alors tant de questions en jeu et
tant de gens sur la brèche! Plus récemment, à l'occasion de *L'Armature* [1], on a vu comment le public, qui
n'a pas peur de Brieux, s'est vengé sur lui de sa trop
constante soumission à Paul Hervieu. Il y a de la
docilité dans notre admiration, donc il y a de la force
dans cet écrivain: son succès dramatique et intéressant
entre tous et présente, par excellence, ce caractère du
fait social qui est l'autorité.

* *
*

Parmi les auteurs dramatiques, il y a des heureux —
ou des malheureux — qui possèdent le génie du premier acte : ils partent toujours en triomphe. C'est que
l'auteur alors a tout crédit. Il est un prestidigitateur, qui
prépare comme il l'entend et par les moyens qu'il veut
une expérience qu'il est seul à connaître, et qui sera
seule intéressante. Le spectateur ne chicane pas sur les
conditions, accorde tout, avec cette unique réserve
qu'en cas de mauvais usage des permissions prises, il
sera d'autant plus sévère qu'il aura été plus généreux.
Cette règle à peu près générale est justement confirmée
par une exception, Paul Hervieu. Ses premiers actes
sont ce que le public accepte le moins aisément de ses
pièces. On hésite à partir avec lui, et ce n'est qu'en
route qu'on se décidera à le suivre. Paul Hervieu n'est
pas un révolutionnaire (encore moins, comme on a
voulu le dire, un réactionnaire), mais il est tout le
temps un conquérant. On lui en veut d'abord de la
pièce qu'il va faire, et cela n'arrive qu'à lui. C'est la

---

1. Pièce tirée du roman de Paul Hervieu par Brieux.

méthode la plus curieuse qui se soit encore rencontrée au théâtre.

On a répété que Paul Hervieu était un logicien, presque un géomètre ; c'est juste ; mais il n'est pas moins juste de dire qu'il est un observateur, voire même un psychologue, puisqu'il reste au théâtre ce qu'il fut dans le roman. Toute la question est donc celle-ci : A quel moment est-il logicien ? A quel autre est-il observateur ? Et poser cette question n'est pas, comme il peut paraître, couper en quatre un cheveu, mais pénétrer le secret de la dramaturgie la plus singulière, et il est essentiel de bien voir, dans chaque pièce, comment Paul Hervieu part d'un système pour aboutir à la vie.

En réalité, le théâtre sérieux n'a jamais eu d'autre point de départ que le *vraisemblable*, c'est-à-dire une chose qui, comme disait Corneille, n'est ni manifestement vraie ni manifestement fausse. Or cette chose-là peut être donnée par l'histoire ou la légende, c'est la tragédie ou le drame historique ; par la réalité plus ou moins modifiée, c'est la comédie proprement dite ; par une construction logique et un arrangement de l'esprit, c'est la « pièce » de Paul Hervieu. Soit cette idée : le mariage est une manière de « tenailles » ; elle a sans doute été suggérée par quelque exemple, mais le cas particulier dont elle est née, je le gagerais, n'a pu servir en quoi que ce soit à son affabulation dramatique et il n'existe rien de plus étranger à la manière de Paul Hervieu qu'une « clef[1] ». C'est donc bien par déduction que ce géomètre édifie la charpente de son sujet et ajuste son intrigue. Il combine cela comme une équation de mécanique (l'*Énigme*[2] est le chef-d'œuvre du

---

1. Irène de Fergan a des raisons sentimentales de quitter son mari ; Fergan a des raisons sociales de garder sa femme : Irène prend un amant. Dix ans après, les rôles sont renversés ; Fergan, en apprenant que son fils n'est pas le sien, songe à le chasser avec sa mère ; il a pour cela ses raisons de cœur. Mais Irène ne peut laisser dépouiller son fils d'un titre légal. A son tour, elle a le droit pour elle et elle s'en sert.

2. Deux frères, deux sœurs, mariés deux à deux, dans un château isolé. L'une des deux épouses a reçu dans sa chambre un homme :

genre), et là-dessus la cause est entendue. Mais cette équation logique, c'est en observateur que le dramaturge va la résoudre. Du point où il lui a plû de se placer, il fixe les yeux sur la réalité pour tirer humainement toutes les conséquences du cas qu'il s'est donné, pour suivre psychologiquement toutes les impressions et toute la vie des personnages qu'il a supposés dans la situation qu'il a agencée. Le sujet est logique et discutable, mais la pièce est vivante et s'impose.

Ainsi, dans *Le Dédale*, que voyons-nous au premier acte ? Marianne de Pogis est une femme infiniment réfléchie et intelligente et honnête ; elle est sensuelle aussi (et ce point est capital dans sa psychologie) ; elle est une mère très tendre et très avertie; elle habite chez ses parents ; elle aime un homme qui a été son mari, qui l'a trompée, avec lequel elle s'est trop hâtée de divorcer, qu'elle a réduit à se remarier et auquel elle ne cesse un instant de penser, et cette femme, à distance, froidement, par manière de dépit, sur l'avis de gens qui passent, et contre l'autorité de sa mère qui est religieuse, se décide à épouser un homme qui ne lui plaît pas du tout, à elle, qui est sensuelle ! Cette femme est bien exceptionnelle, a pensé M. Adolphe Brisson, et le spectateur convient que les Marianne de Pogis ne courent pas les rues.

Les OEdipe non plus ne couraient pas les rues d'Athènes et les Médée sont devenues rares ! Si nous acceptons d'emblée les postulats de Sophocle et d'Euripide, c'est que nous les connaissions avant eux, si j'ose dire, et que la légende ou la tradition ont fini par nous faire prendre pour ordinaire ce qui ne nous est que familier. Au reste, j'aurais voulu voir une répétition générale d'*OEdipe roi* où il y aurait eu surtout des écrivains et des comédiens ne sachant rien de la pièce

laquelle ? L'un des deux époux est trompé : lequel ? Maintenir jusqu'au bout, entre ces deux alternatives, dans l'esprit du spectateur, l'équilibre de l'ignorance et de la curiosité, telle est la question de mécanique psychologique et d'ajustage scénique que l'auteur a voulu se poser.

nouvelle. Il faut donc que Paul Hervieu s'explique tout au long tout seul, et il n'y a rien de lent comme l'intelligence d'un spectateur cultivé, qui n'est pas au courant de ce qu'il va voir.

Seulement attendez que nous soyons au fait, et voilà que la vie se répand et frissonne dans le système ; les personnages fictifs se débattent et souffrent, la singularité des situations se trouve justifiée par la vérité des caractères ; c'est miracle de voir ainsi la somme d'humanité profonde que Paul Hervieu fait rentrer dans le cadre étroit de sa donnée abstraite. Et il semble finalement — c'est là le triomphe scénique — que toute la nature qui palpite devant nous n'ait jamais subi d'autre loi que la logique de cet esprit.

Marianne de Pogis est donc remariée dans les conditions que nous savons avec Guillaume Lebreuil ; que va-t-il s'ensuivre selon les vraisemblances de la vie ?

L'enfant de Marianne peut-il être élevé par son second père comme par son père véritable ? Est-ce que la question de l'éducation, dans le divorce, ne se pose pas, même juridiquement ? Est-ce que M. de Pogis, devenu veuf, ne va pas se consacrer entièrement à son fils ? Max et Marianne vont se revoir, nécessairement. Ils vont se retrouver égaux, pareils et pareillement repris à leur passé commun. Et si l'enfant, autorisé à passer ses vacances chez son père, chez sa grand'mère, tombe malade de la diphtérie, est-ce que la mère hésitera à revenir dans l'ancienne demeure, au chevet du petit malade ? Et là, sur le visage de l'homme qui l'assiste dans son dévouement, est-ce que Marianne ne retrouvera pas sa propre flamme, son intime fièvre ? Est-ce que l'amour, qui n'est pas mort, n'achèvera pas de revivre ? Est-ce que... Oui, là, on a résisté à cette conséquence de la reprise — non seulement à la représentation, mais dans la critique. On n'a point contesté que rien fût plus naturel, plus fatal, plus nécessaire que la chute de Marianne aux bras de Max de Pogis. On a même admis à peu près que cette chute

pouvait se produire n'importe où et n'importe comment,
sauf pourtant de la manière et à l'instant qu'elle a lieu
dans la pièce. Comment, cette femme est épuisée par
deux semaines de surmenage physique et moral ! C'est
le premier soir où elle respire, où elle est toute à sa
maternité si éprouvée et victorieuse, et la voilà subite-
ment qui succombe à la première attaque de l'amour !
— Comme si toute fatigue et toute surexcitation ne
s'exprimaient pas justement chez une femme par de la
mollesse amoureuse ! Et puis, ne savons-nous pas que
Marianne est sensuelle, et de quelle manière elle a
aimé Max, et que son corps — le corps épris qui n'oublie rien — est resté fidèle à toutes les habitudes ? Et
surtout ne connaissons-nous pas sa droiture et sa fierté,
sa maîtrise de soi presque protestante, et qui l'eût
défendue à toute autre minute ? C'est-à-dire que Marianne
ne pouvait s'abandonner que par affaiblissement, dans
le désordre de l'épuisement et de la détente, par l'effet d'une « lassitude qui a détruit sa volonté ». L'auteur
l'a faite « momentanément détraquée, enfiévrée, prête
ainsi à toutes les défaillances physiques[1] ». C'est-à-
dire qu'elle tombe juste de la seule manière qui fût
vraie, tout à la fois par une nécessité mécanique, qui est
l'enchaînement des circonstances, et par une fatalité
psychologique, qui est le caractère de son personnage.

Et voilà bien *le Dédale*, — la situation décrétée par
l'auteur pour y ployer la vie : que va faire Marianne ?
Elle pourrait redevenir la femme de Guillaume, son
second mari. C'est la solution la plus claire, celle de
l'homme sage, le vieux père ; une plaie saignera dans
le passé de Marianne ; chacun a la sienne. Mais Marianne n'a même pas osé, à son retour précipité, rentrer

---

1. Ces expressions, ainsi qu'un passage que je cite plus loin, sont de
Paul Hervieu lui-même qui prouve ainsi « qu'il y a tout de même
dans les partis auxquels s'arrête l'auteur plus de réflexion que ne
croient, et que n'ont tels ou tels critiques du lendemain » ; et qui, de
plus, confirme notre analyse.

dans la maison de Guillaume. Ce n'est pas seulement sa dignité qui s'oppose à ce pacte de la sagesse humaine, c'est son amour pour Max. La seule crainte d'un autre baiser sur sa bouche la révolte tout entière. « L'autre m'a possédée », crie-t-elle à Guillaume pour l'écarter d'elle. — Alors qu'elle rejoigne l'homme qu'elle aime et le père de son enfant : ce serait le désir de son cœur, et c'est le conseil de la religion, semble-t-il, puisque le mariage est indissoluble. Mais acceptât-elle cette loi religieuse qui, dans l espèce, n'est que l'expression symbolique de la loi naturelle d'amour, que Marianne rencontrerait un obstacle social dans la loi civile, laquelle interdit de reprendre un ancien époux par le moyen d'un nouveau divorce. — Il est vrai, qu'importe la loi ? Marianne n'aurait qu'à partir avec Max sans tant de formalités ; l'amour est libre, et, à plus forte raison, les revenez-y d'amour ! Ce serait le parti de la passion, celui que nous aimions, hier encore, à voir prendre au théâtre. Seulement tout le caractère de Marianne repousse cet Ibsénisme. Si Marianne a perdu la religion de sa mère, elle a gardé la morale de son père, le sentiment de l'obligation personnelle, le respect austère de la parole donnée. Son seul droit est de racheter sa faute à l'égard de Guillaume, son devoir le plus clair est envers lui, et, dans le désordre de son esprit, « elle n'a plus qu'une idée fixe, la désolation de l'avoir trahi ». — Et comme enfin l'intégrité de sa pudeur, son intransigeance physique à l'égard du partage féminin achève d'éliminer pour elle l'idée même d'une vie double entre les deux hommes, elle n'a même pas à choisir ni à se décider : il n'y a rien de possible pour elle, rien de faisable. C'est une volonté qui ne peut plus vouloir, elle a perdu sa route.

J'insiste à dessein sur cette situation du quatrième acte, qui est le fond du drame, dans une pièce qui elle-même marque un grand changement dans la manière de l'auteur et surtout au théâtre.

On n'a pas oublié le dénouement de *la Loi de l'homme*

(encore une bataille gagnée, que ce dénouement !)[1].
Pour des raisons d'ordre extérieur, la loi, l'opinion,
l'intérêt des enfants, quatre personnages se trouvaient
là, jetés et broyés les uns contre les autres, s'écrasant
eux-mêmes dans le resserrement progressif du défilé
où l'auteur les avait engagés : ils ployaient sous la
pression des choses. Dans le *Dédale*, voyez la différence.
La loi du divorce (où, à mon sens, on a eu le plus
grand tort de chercher le principal du sujet) intervient
simplement ici comme une précaution de l'auteur
pour fortifier du dehors les motifs de Marianne. Elle
n'existerait pas, que la situation morale n'en serait
nullement changée. Car où sont pour Marianne les
causes de cette situation sans issue? En elle-même,
dans son caractère, dans ses sentiments, dans sa conception de la vie. C'est elle-même qui s'épuise en
son désordre et ne sait plus où aller, ni quel geste faire.
Elle ne peut respirer sans douleur, sans déchirement
d'humanité. Tout ce quatrième acte est la peinture
surprenante d'une asphyxie intérieure ; c'est comme un
étouffement moral.

Le dernier acte — malgré le dénouement d'apparence matérielle — est composé de la même manière.
Marianne, elle, a fini par trouver le bon parti, qui est
celui de la *Course du flambeau* — la loi de l'espèce.
Elle sera mère, simplement, et l'enfant l'a sauvée d'elle-
même. Restent les deux hommes ? Max sait qu'il est
aimé. Guillaume sait qu'il ne l'est pas. Toute leur
psychologie opposée les attache aussi fatalement l'un
que l'autre au sort de Marianne.

Or, dans une pièce comme *le Dédale*, il faut considérer
à part la méthode qui pose les difficultés et l'invention
qui les résout. On a beaucoup parlé de l'invention

---

1. Laure de Raguais, trompée par son mari, a vécu seule avec sa
fille. L'enfant a continué de voir son père qui a continué de voir sa
maîtresse. Cette femme a un fils dont la jeune fille s'est éprise. Est-il
au pouvoir de cette mère d'empêcher le mariage? Le droit du père l'emporte sur le sien, — et aussi le droit du mari trompé qui, au dernier
acte, décide que cette union est nécessaire pour le bonheur des enfants.

qu'il aurait fallu là, en incriminant celle qui s'y trouve. On en a proposé d'autres, dont une heureuse, assurément (elle n'est pas d'un critique dramatique) : Guillaume tuait Max d'abord et Marianne le repoussait ensuite. Mais c'eût été le dénouement d'une autre pièce. Guillaume n'est pas un duelliste ; c'est une manière de sauvage ; sa force le dispense de la salle d'armes, et il est d'humeur expéditive, comme il convient dans les pays où il s'est fait le caractère et la main. « Et puis, il ne pouvait faire des feux de file, et alors, il restait vivant ». Quant au torrent où ils disparaissent tous deux, si l'auteur l'a choisi de préférence au revolver ou à l'épée, ce n'est pas seulement pour le pittoresque, « c'est pour qu'un prolongement de mystère sur la disparition couvre l'âme et les responsabilités de Marianne au baisser du rideau. Il a voulu qu'on partit en pensant qu'elle ne saurait pas de sitôt, qu'elle ignorerait peut-être toujours la catastrophe dont elle était l'excusable, la presque innocente cause. Des cadavres par terre, comme dit l'Auvergnat, c'est sale et ça tient de la place [1]. »

Au surplus, à supposer discutable cette noyade, elle n'est rien de plus qu'un moyen, non une fin (c'est le cas de le dire) et ce qui importait seulement pour la logique de l'œuvre, c'était que fût nécessaire cette double mort.

.*.

Quant il a entrepris d'écrire *les Paroles restent*, Paul Hervieu savait déjà à peu près ce qu'il faisait. Je dis à peu près, parce que, en matière de théâtre, il n'est ni maturité ni réflexion qui puisse équivaloir à l'épreuve de la première pièce, à l'expérience nécessaire des acteurs, des répétitions, de la mise en scène, du public et de tout ce que l'art dramatique contient de mystérieux et d'imprévisible. Bien que romancier, Paul Her-

---

1. Extrait d'une lettre de Paul Hervieu, déjà citée.

vieu a vite fait cet apprentissage. Il n'a pas tardé à se
rendre compte des ressources et des difficultés qu'on
ne peut pas deviner, mais qu'on apprend vite à connaître. Dans sa pensée régulière, toutes ces observations se sont organisées en une manière de doctrine
théâtrale, et il est aisé de deviner ce qu'il a voulu faire.
Le dessein commente l'œuvre.

Examinant un jour dans une conférence la question
de la comédie triste, Paul Hervieu a noté que cette soi-
disant tristesse et ce prétendu pessimisme de la comédie
actuelle étaient simplement le signe de la confusion,
qui règne aujourd'hui dans les genres dramatiques.
En vérité, disait-il, « à côté de la véritable comédie *plaisante*, revenant à son rôle primitif de n'être que plaisante, nous aurions de plus, sous le titre impropre de
comédie, une sorte de tragédie masquée, larvée, non
reconnue. » La comédie est triste, quand elle est une
tragédie honteuse, cela va de soi. Le pessimisme qu'on
lui reproche avec ses dénouements amers, qui ne concluent pas, marque seulement son caractère hybride,
artificiel. De tout temps, il y a eu des croisements de
genres dramatiques. On a vu d'abord la tragi-comédie,
et, à un certain moment, on a inventé ce monstre
piquant, « le drame historique agrémenté de couplets. »
Mais peut-être que « l'esprit tragique et la verve comique qui après n'avoir pu se regarder en face à leurs
origines, ont été pourtant assujettis à faire un long
ménage ensemble, *seraient en train de vouloir rentrer
chacun chez soi... *». Il n'y aura donc pas de comédie
plaisante dans les « pièces » de Paul Hervieu. Une
silhouette de pêcheur à la ligne dans *les Tenailles*, un
commissaire de police au premier acte de *la Loi de
l'homme*, un guide de montagne dans *la Course du
flambeau*, quelques réflexions éparses dans le *Dédale*,
tel est à peu de chose près le bilan comique des dernières œuvres.

Réglons donc tout de suite la question : Paul Hervieu, lui aussi, a voulu écrire des tragédies, et M. Fer-

dinand Brunetière a tenté de démontrer qu'il en avait
écrit en effet [1]. Les arguments du grand critique sont
décisifs. Dans le *Dédale*, il y a de la violence et du
sang, ce qui appartient indifféremment au mélodrame
et à la tragédie, ce qui par conséquent a permis aux uns
de dire que c'était un mélodrame, et ce qui ne suffirait
pas aux autres pour affirmer que ce soit une tragédie.
Il arrive qu'une tragédie soit historique et se joue en
costume. Mais le costume ne fait pas la tragédie, bien
qu'il contribue à en rendre l'idée plus acceptable, non
plus qu'il n'empêche le mélodrame, bien qu'il ait pour
effet de l'ennoblir. Le caractère tragique, en vérité, ne
dépend ni du décor, ni du temps, ni de l'action matérielle, ni de la condition des personnages, ni de quoi
que ce soit d'extérieur, bien que tout cela puisse s'y
mêler et puisse servir indirectement à en décoler la
présence. Pour qu'il y ait tragédie, il faut et il suffit que
l'action soit *nécessaire*, que les personnages soient *res-
ponsables* et qu'enfin le sujet se pose avec une signification morale, sous la forme d'*un cas de conscience*. Et il
ne faut pas que le tragique de la situation (qui est encore
bien près de n'être que mélodramatique) nous fasse
perdre de vue le seul véritable tragique, le tragique de
caractère. La tragédie, dans son fond, c'est la représentation de la volonté qui ne sait pas sa voie et qui sait
qu'elle ne la sait pas ; c'est l'angoisse du croisement
des routes ; c'est proprement, et, à la lettre, le *dédale*.
Paul Hervieu est donc bien un *tragique*, et le voilà
sans doute installé définitivement à sa place dans l'histoire littéraire des genres.

Un point pourtant mériterait d'être précisé. Toutes
les tragédies — en tant qu'elles s'opposent au mélodrame — possèdent bien en effet les caractères généraux que M. Brunetière a indiqués. Mais une fois qu'il
est entendu ·et c'était là tout l'objet de l'étude de la
Revue des Deux Mondes — que le *Dédale* n'est pas un

1. Revue des Deux Mondes, 1ᵉʳ janvier 1904, *Mélodrame ou tragédie ?*

mélodrame, il reste possible que — *dans le domaine du tragique* — rien ne soit plus différent que la tragédie classique et la tragédie de Paul Hervieu, et je voudrais justement montrer que la seconde, se distinguant de la première par son mécanisme, achève de s'y opposer par son esprit. Ce sera marquer, en même temps que ses limites, la nouveauté de l'œuvre.

.·.

L'émotion dramatique est susceptible d'une infinité de degrés. Elle est d'autant plus intense que nous assistons à une action, où se trouve plus complètement engagée la personnalité d'un personnage. Elle atteint son maximum, lorsque nous sentons présente et agissante en un même moment, dans une même situation, cette personnalité entière, lorsque le personnage y va, suivant le mot de Platon, de toute son âme et joue sa destinée, le plus haut point de pathétique étant l'expression intégrale d'un *caractère*.

On aura donc découvert un élément dramatique, toutes les fois qu'on aura mis au jour le principe inconnu de l'existence d'un être, la raison profonde qui va modifier la créature, la transformer de fond en comble ou la briser, toutes les fois qu'on aura saisi le motif d'une catastrophe intérieure. Si c'est une volonté surnaturelle qui nous guide, une nécessité oraculaire, nous avons la tragédie antique, où la spontanéité humaine apparaît à peine, et où la résistance de l'individu accablé ne se manifeste que sous la forme de la douleur. C'est une plainte d'animal mystérieusement frappé, les Niobides tombant sous les flèches du dieu. A des degrés divers, d'Eschyle à Euripide, l'action du drame est extérieure dans sa cause, qui est fatale, et mécanique dans son développement, qui ne dépend pas de ces personnages : c'est la formule du déterminisme théologique. —Si nous sommes esclaves de nous-mêmes, si la force perturbatrice nous est intérieure, si nous subissons la nécessité d'une passion, ou si au contraire nous imposons à la vie notre volonté héroïque, nous obtenons la tragédie classique, *Horace*, *Phèdre*, et presque *Amoureuse* : c'est la formule du déterminisme psychologique.

Seulement la tragédie antique était religieuse, et la tragédie classique est incomplète. L'une, d'inspiration esthétique, avait égaré l'homme dans la nature ; l'autre d'inspiration rationnelle, l'avait au contraire isolé et détaché de tout, le traitant dans le monde, selon l'expression de Spinoza, « comme un empire dans un empire ». Or, nous avons acquis aujourd'hui une notion plus positive et plus complexe de nous-mêmes. Nous répugnons à la fois à une conception toute naturaliste et à une notion toute psychologique de l'individu humain. Entre ces deux termes, la nature et l'homme, nous en avons interposé un troisième, la société. Ne croyant plus à la Destinée, mais de plus en plus à la nécessité, nous sentons que nous dépendons en effet de fatalités lointaines, insaisissables souvent, mais pourtant précises. Ces fatalités nous atteignent du dehors, comme naguère, non plus d'en haut, par l'effet d'une divinité, mais d'en bas, par l'effet d'un milieu. La force que nous appelons notre volonté n'est pas moins impuissante devant certaines conditions précises de l'existence pratique comme l'argent, que devant le décret des oracles — et c'est la tragédie (appelée comédie) d'aujourd'hui, la pièce amère où se débattent les faibles et les malheureux sous l'étreinte de la réalité immédiate, matérielle, sous la pesanteur de l'existence collective, dans leur fortune et leur entourage ; c'est la formule du déterminisme social, c'est la tragédie de Becque, *les Corbeaux*.

Paul Hervieu lui-même a bien marqué cette importance des *Corbeaux*. Il en a fait une analyse élo ieuse, et l'on devine dans cet éloge le sentiment d'une parenté, d'une filiation.

Paul Hervieu est donc bien parti de cette idée toute

moderne, scientifique, peut-on dire, à savoir qu'il existe un *pathétique social*. Il en a commencé l'étude par le plus précis et le plus circonscrit, le plus facile aussi à saisir et à dégager dramatiquement, le pathétique où s'oppose à la volonté de l'individu la loi brutale du code, la règle de fer : dans *les Tenailles*, Irène de Fergan veut divorcer à cause de son amour, et ne le peut pas à cause de la légalité. Et il ne s'agit pas ici, quoi qu'on en ait dit, d'un individualisme romanesque comme celui de Sand, ni révolté comme celui d'Ibsen, ni révolutionnaire comme celui de Marguerite. Nous sommes si peu en présence d'une revendication ou d'une propagande que les pièces de Paul Hervieu concluent en sens inverse sur une même qestion, comme *les Tenailles* et *le Dédale* sur le divorce. Non, il ne faut voir dans l'ensemble de cette œuvre puissante et sèche que l'expression d'une angoisse nouvelle, d'une inquiétude plus précise sur la vie, d'une question de destinée qui ne s'était pas encore posée dans ces termes. Les contemporains de Socrate et de Criton se fussent-ils révoltés contre une loi de la cité ? Est-ce que l'historiographe du grand roi, Racine, eût pu seulement concevoir la pensée d'un personnage s'insurgeant contre le régime social ? Irène de Fergan est le premier personnage de théâtre qui ait opposé sa volonté individuelle, non pas à la Destinée ni au devoir sacré, mais à la volonté collective, formulée par la loi.

Et s'il faut absolument dire, après cela, que Paul Hervieu a restauré une ancienne forme dramatique, il est évident que c'est la dramaturgie des Grecs qui s'est trouvée le plus rapprochée de son dessein nouveau. Il serait aisé de démontrer que *Les Tenailles* ne sont rien de plus qu'une application juridique de la formule antique. Non seulement Irène et Fergan ne sont guère que des symboles, mais ils sont des symboles à peu près passifs, sans volonté propre et à la merci des événements. La destinée d'Irène est déterminée par des incidents qui ne dépendent pas d'elle :

la loi du divorce, la mort de son amant, la naissance
de son enfant, les droits du père régulier. Elle est enve-
loppée dans la légalité comme Œdipe dans son oracle,
et elle s'y débat aussi vainement que lui, par des
plaintes et de la souffrance. Pour que la pièce soit possible, nous avons besoin de ce minimum psychologique, le malentendu conjugal d'Irène et de Fergan :
« Je lui en veux de ne pas l'aimer! » Et encore le
sens précis de cette phrase est-il surtout social, et doit-
il être expliqué par les habitudes que Fergan emprunte
à son milieu. Et c'est donc bien exactement le contraire, comme mécanisme dramatique, de la tragédie
française. La pièce s'achève dans un gémissement :
« Nous sommes deux malheureux! » C'est le cri de
l'humanité stupéfaite, soumise par la douleur, — encore
une Niobide qui reçoit une flèche.

Il y a, à cet égard, une œuvre de Paul Hervieu qui
est lumineuse, *Théroigne de Méricourt*. L'inspiration
de cette pièce écarta d'elle beaucoup de ceux dont la
culture leur eût permis de la goûter, et son exécution
trop intelligente, un peu sommaire, ne parvint pas à
attacher ceux qui auraient dû l'aimer. *Théroigne de
Méricourt* n'est pas empruntée à l'histoire, elle est
fondée sur l'histoire, elle est l'histoire elle-même, elle
est la vision positive des choses humaines dans leur
enchaînement saisissable et mystérieux. Avec le seul
artifice d'une grande figure symbolique pour résumer la
Révolution, Paul Hervieu a voulu, pour la première
fois, dégager l'effet dramatique de la vérité scientifique
qui fait si petite la part des volontés dans l'ordre des
choses. « Ainsi, s'écrie Théroigne, tant de ferveur vers
l'idéal n'attendait, pour sombrer dans le crime, que la
contagion des cris homicides, les entraînements de
vengeance et de lâcheté! »

Or, la légalité, qu'est-ce donc, qu'une forme éphé-
mère d'équilibre entre les forces de l'histoire? Par là
s'étendait l'horizon des *Tenailles* et de *La Loi de
l'homme*. Le divorce va et vient, le code change : n'y

a-t-il pas des lois qui ne changent pas, celles de la
nature, celles qui firent justement l'épouvante religieuse de l'âme antique, celles qu'avait ignorées la
tragédie classique, et dont la réflexion a dû nous
donner aujourd'hui une notion plus précise, quoique
non moins terrible? Élargissant et achevant ainsi son
enquête sur les éléments qui nous constituent, Paul
Hervieu a dû remonter, dans *La Course du flambeau,*
jusqu'à l'hérédité.

Mais, telles que je viens de les présenter, ce ne sont
là que des vues de philosophe. Et si cette abstraite
dialectique correspond à peu près exactement à la
marche réelle de cet esprit réfléchi, il n'en est pas
moins vrai qu'après les avoir dégagés, il restait à com-
biner ces éléments en une forme vivante, à les revêtir
d'intérêt et de mouvement dramatique, à leur trouver
un champ d'action où ils fussent naturellement con-
centrés et influents, à les rendre surtout sensibles par
des péripéties et des événements capables d'émouvoir le
cœur des foules, d'exciter la « terreur ou la pitié ».

Là encore la tragédie antique et la tragédie classique montraient le chemin, avaient tracé le cadre.
C'est avec son père, sa mère, ses frères, ses sœurs, ses
fils et ses filles, qu'Œdipe commet et subit toutes les
atrocités du Destin, dont il est l'instrument. C'est au
foyer du vieil Horace que se joue le drame de la
patrie, à celui de Thésée que s'énamoure et périt
Phèdre. Il ne pouvait échapper à Paul Hervieu, également averti par l'histoire, la littérature et l'observation, que tous les conflits humains où apparaît le tragique sont des conflits de famille. La famille, par le
mariage, repose sur la loi; par l'instinct et l'amour,
elle se fonde sur la nature. Elle enserre l'individu de la
naissance à la mort et de toutes les manières, physiquement, moralement, économiquement, juridiquement.
C'était donc dans ce groupement étroit, dans ce champ
clos du foyer, que devaient se heurter toutes ces forces

obscures que nous avons démêlées, que devaient se dérouler toutes les conséquences d'un système aussi vigoureux et aussi nouveau.

S'il est vrai, par exemple, que la maternité est une des veines qui ont été le plus exploitées par les auteurs dramatiques, il est non moins exact qu'elle n'apparaît jamais au théâtre qu'à l'état de sentiment ou de ressort dramatique, et sans que l'enfant, objet de cette maternité, ait un rôle effectif à remplir. Qu'il y ait ou non des enfants dans la pièce, la pièce n'en porte pas moins uniquement sur les rapports de l'homme et de la femme; on ne trouverait guère d'autre sujet dans la tragédie classique, ni dans le drame bourgeois, ni dans la comédie sérieuse, ni dans la « pièce » d'aujourd'hui, et je n'excepte point de cette énumération les différents *Fils naturel* que nous possédons. Il restait donc à observer l'homme et la femme, non plus seulement en face d'eux-mêmes, dans le monotone conflit d'amour, mais tous deux en présence de l'enfant, dans la triple solidarité de l'amour, de l'espèce et de la loi, sous une triple fatalité psychologique, naturelle et sociale; l'étude *synthétique* de la famille n'avait pas été faite, et *Les Tenailles* ont posé, pour la première fois, les trois termes du Triptyque dans leur unité nécessaire. Toute la vie d'Irène et de Fergan dépend de l'enfant : comme il les désunit et les lie tout ensemble! Il résume la misère de leur cœur et la servitude de leur situation. Dans *La Loi de l'homme*, l'auteur a mis un cran de plus à l'étau de la famille. C'est par sa fille que Laure de Raguais reste asservie à la volonté de son mari, et ce sont les enfants qui rejettent l'un sur l'autre, brisés et résignés, ces deux couples de parents. — C'est la déclaration du droit dramatique de l'enfant. — *Le Dédale* exprime le principe même de la famille, l'amour vivant qui s'est fait chair, l'homme et la femme inséparablement attachés l'un à l'autre par le miracle de l'enfant. Et enfin, dans *La Course du flambeau*, œuvre magistrale, avec la fille, la mère et la

grand'mère, avec ces trois générations groupées selon
leur loi, qui est l'égoïsme de l'une, la férocité de
l'autre et la sénilité de la troisième, avec cette effraya-
ble progression du vol à l'assassinat, Paul Hervieu a
tenté le drame essentiel de la famille, mis à nu, en
dehors de toute moralité passagère et de toute sentimentalité fictive, le génie meurtrier de l'espèce.

.·.

Je ne discuterai pas, après cela, s'il est plus ou
moins légitime de chercher dans les pièces de Paul
Hervieu des thèses.

Sur une même question, le divorce, nous l'avons vu
proposer deux solutions antithétiques. Contradiction?
Évolution d'idées? — Je ne saurais voir là, pour ma
part, qu'un signe de singulière souplesse dans une
intelligence aussi systématique. Il observe la réalité pour
en tirer toute son essence humaine et dramatique, et ces
observations, quand elles sont faites par une pensée
comme la sienne, prennent nécessairement une apparence philosophique. Mais elles gardent pourtant toute
la flexibilité de la vie. Mariage, divorce, tout cela, au
demeurant, ne signifie pas grand'chose. Il n'y a que
l'amour et des situations faites par l'amour. Irène de
Fergan, qui n'aimait pas son mari, avait tous les droits
au divorce, et la vie commune ne pouvait qu'amener
des désastres. Marianne et Max, qui s'aimaient, ne pouvaient se séparer, et le divorce ne devait susciter entre
eux que la ruine et la mort. Telle est l· ¹çon de
l'expérience.

Même à la Comédie-Française, après un succès comme
celui du *Duel*, de Henri Lavedan, qui témoigne, tout de
même qu'un roman de René Bazin, d'une si surprenante
discipline dans la haute clientèle catholique et bourgeoise, on sentira mieux le libre esprit d'une œuvre
comme celle-ci qui, par là encore, a mérité de se faire
une place historique dans l'évolution de la tragédie

française. La tragédie la plus passionnelle du XVIIe siècle, *Phèdre*, a réconcilié Racine avec ses anciens maîtres, les austères jansénistes. Et, à la vérité, *Phèdre* n'est pas seulement janséniste, elle est chrétienne. Et, sous l'apparence de son paganisme ou de son orientalisme, sous le dehors de son rationalisme cartésien, la tragédie française, par opposition à la comédie, est restée toute pénétrée d'esprit religieux, lorsque la question religieuse n'en constitue pas le sujet même.

Certes, il serait aussi puéril de féliciter Paul Hervieu de n'avoir point traité de théologie dans ses pièces qu'il serait injuste de chercher dans *Le Dédale*, comme on l'a fait, un plaidoyer en faveur de la loi religieuse du mariage. Mais je ne saurais m'abstenir de noter le tour de conscience avec lequel ses personnages envisagent toujours le problème de leur destinée. Dans la crise de toute sa personnalité, dans l'amour et dans la chute, dans son double mariage, où se résument toutes les lois, toutes les conventions, toutes les influences qui peuvent émouvoir son cœur de femme, Marianne ne néglige qu'une seule question, la question religieuse. Pourtant, Marianne a été élevée par sa mère, et la piété de l'une souligne étrangement la liberté de l'autre. Le beau mot : « ma religion te le défend! » n'éveille rien chez elle, ni un souvenir, ni une inquiétude, à peine une révolte. Elle est la fille morale de son père, et elle se juge d'un regard humain. — Et aussi quelle sombre philosophie de la nature, presque darwinienne, a décidé, dans *La Course du flambeau*, la mort de la vieille grand'mère ! Ce n'est pas Paul Hervieu qui remettra à la scène le conflit de la science et de la religion.

Du reste, rien n'est plus confus que l'idée de ce qu'on appelle ordinairement une pièce à thèse, à moins que l'on entende faire simplement par là une distinction entre les pièces de théâtre, — et les autres, dans lesquelles on ne trouverait, en effet, comme élément dramatique, que la thèse. Les thèses de Paul Hervieu sont l'expression d'une pensée dont nous avons suivi les directions principales. Discuter cette conception de la vie, ce serait opposer à une personnalité une autre personnalité.

Le seul fait à noter, c'est que l'autorité de ce théâtre sur le public lui vient pourtant de son allure dogmatique, de son ton ferme et concluant. De plus en plus — sauf pour nous divertir en quelques salles de boulevard — nous nous écartons de l'anecdote; nous exigeons — sinon des thèses — dans une pièce, au moins un sujet, c'est-à-dire, sans doute et quand même, une thèse, puisqu'un sujet n'est qu'une anecdote destinée à rendre sensible une idée, une philosophie, une personnalité.

CHAPITRE III

CONCLUSION

LE DRAME ROMANTIQUE ET LE ROMANESQUE
D'EDMOND ROSTAND

« Je n'ai jamais été plus tenté de ne pas parler en prose. Au moment d'entreprendre ce discours, j'aurais volontiers recouru, pour me donner de la hardiesse, à une fiction d'auteur dramatique. Il m'eût été commode d'imaginer que j'écrivais une pièce dans laquelle il arrivait à un tout indigne poète ce qui vient, paraît-il, de m'arriver ; et vous conviendrez, messieurs, qu'une pièce où il y a de ces invraisemblances ne saurait être qu'en vers. « Supposons », me serais-je dit, « que j'en suis à la grande scène de la réception, au discours à faire ; il faut que mon personnage affronte l'illustre et terrible Compagnie... » C'était du théâtre héroïque ; j'y aurais peut-être réussi ; j'aurais eu pour mon héros de plus abondantes bravoures que pour moi-même ; et j'aurais fait mon discours en croyant faire le sien. Mais j'ai pris garde que je ne devais pas chercher à me faciliter l'épreuve : je m'abstiendrai donc du langage qui m'est le moins étranger, encore qu'il soit peu raisonnable de doubler les émotions, et de vouloir débuter ensemble sous la Coupole et dans la prose ».

Depuis les grandes séances du romantisme, la réception d'Alfred de Vigny notamment, il n'y a pas eu de solennité académique plus glorieuse, ni plus brillante, ni plus courue que celle où Edmond Rostand a prononcé, en juin 1903, cette sensationnelle fanfaronnade d'écolier. La curiosité avait été immense, l'impatience entretenue par les esprits les plus sobres, les plus maîtres d'eux-mêmes, les moins enclins à l'entraînement, ou au snobisme ; M. Emile Faguet, à qui les vers de *Cyrano* avaient jadis porté si vivement à la tête, avait éprouvé le besoin, dans son feuilleton dramatique du

Journal des Débats, de dire, une fois de plus, des choses définitives sur le jeune triomphateur. Tous les journaux avaient abusé de l'écho, du petit portrait, du « médaillon », de l'interview. On avait été visiter le récipiendaire à l'hôtel où il se cachait pour répéter son discours ; on s'était inquiété de son habit, de son état de santé, et l'on avait enfiévré l'opinion à un point où nous ne la vîmes depuis que lors des passages de rois.

Combien, en province, n'en sont pas encore revenus ! L'apparition de Rostand en une telle gloire demeurera toujours, pour beaucoup d'imaginations, quelque chose de légendaire et de quasi fabuleux. C'était le Prince lointain. C'est à peine si, dans la presse soi-disant éclairée, s'est mêlée à cet apothéose une nuance d'ironie. Les comptes rendus de toutes les feuilles ont été lus dans les familles avec naïveté et enthousiasme. Edmond Rostand a grisé le siècle finissant ; on a vu en lui la silhouette de Byron et le génie de Musset ; on s'est attendri sur sa débilité, et on s'est réjoui de sa bonne mine reconquise ; il a été le prodige, l'enfant gâté, le « poète » à l'ancienne mode ; il a recueilli toute la gloire éparse du romantisme rajeuni, du parnassisme vivifié, du symbolisme clarifié, et, comme il était riche, très riche, comme il était élégant de sa personne et de sa mise, comme il a toutes les séductions et tous les luxes, il n'a pas eu de peine à cueillir, avant même la fleur de son âge, les plus beaux fruits de la renommée. Coquelin et Sarah ont répandu sur les continents ses vers panacheurs et, à vrai dire, si la postérité distraite devait un jour oublier tout ce qu'il écrivit, elle ne pourrait pas méconnaître le chef-d'œuvre de chance et de bonheur que restera, dans les siècles des siècles, la jeunesse de ce poète. Les heureux n'ont pas d'histoire, j'entends d'histoire psychologique ; Rostand n'a pas de carrière ; il n'a pas d'évolution intérieure ni de formation intellectuelle ; il n'est pas une pensée ; il est un cerveau où s'ébauchent des rythmes et des rimes. Depuis l'âge de vingt ans, où il débute comme tant d'autres dans un

temps où l'on débute trop jeune, il a fait des vers et
c'est tout ce que l'on peut dire de lui. J'avoue même
que ce qui me touche le plus dans son succès, c'est sa
simplicité et l'évidence des raisons qui l'ont motivé.

Quel pâle lycéen, quelle rêveuse jeune fille, quelle
madone sentimentale, quel notaire amoureux demeu-
rerait insensible à de pareils accents, à des gestes si
larges et si élégants ! Quelle draperie, que cette tirade
d'académie, paraphrase de toute l'œuvre, symbole et
résumé de toute la manière :

Il faut réhabiliter la passion. Et même l'émotion, qui n'est pas
ridicule. Il est temps de rappeler à ces Français timides qui ont
toujours peur de ne pas avoir l'air d'être nés assez malins, qu'il
peut y avoir toute la finesse moderne dans un œil résolu ; qu'un
certain genre d'ironie ne fait plus désormais partie que des élé-
gances de bons élèves ; et que la *blague*, impertinence dont
croient se rajeunir les plus bourgeoises sagesses, n'est que le
monocle par quoi Joseph Prudhomme essaya de remplacer ses
lunettes ! Rien de plus lourd que les désinvoltures. Pirouetter,
c'est se visser au sol. Le véritable esprit est celui qui donne des
ailes à l'enthousiasme. L'éclat de rire est une gamme montante.
Ce qui est léger, c'est l'âme. Et voilà pourquoi il faut un théâtre
où exaltant avec du lyrisme, moralisant avec de la beauté, consolant avec de la grâce, les poètes, sans le faire exprès, donnent
des leçons d'âme ! Voilà pourquoi il faut un théâtre poétique, et
même héroïque ! et je songe, — oh, vous m'en excuserez tout à
l'heure ! — je songe à ces correspondants qui me faisaient sortir
quand j'étais au collège. La plupart n'admettant pas les joies
inutiles, me menaient visiter des monuments et des musées, au
ronron d'une causerie instructive, et, après cette bonne petite
fête didactique, me reconduisaient un peu las, et n'en sachant
pas davantage. Mais il y en avait un qui arrivait brusque, pim-
pant, la moustache ébouriffée, l'œil bleu : je le vois encore. Il
m'enlevait gaiement, me transportait dans des paysages bien
choisis, et me contait de belles histoires de guerre et d'amour.
Parfois un de ses mots avait l'amertume saine d'une feuille de
laurier qu'on mâche ; il était jusqu'au soir étincelant sans y
tâcher, ou profond comme par mégarde ; il me ramenait ébloui
et reposé ; il m'avait appris de tout sans avoir l'air de rien ; j'entends encore sa voix charmante ; il s'appelait Villebois-Mareuil.
Eh bien, les personnages de théâtre sont les correspondants chargés de nous faire sortir de cet éternel collège qu'est la Vie —
sortir pour nous donner le courage de rentrer ! et sans médire

de ceux qui, dans notre intérêt, nous gâtent un peu nos dimanches, celui qui nous fait encore le mieux sortir, c'est un héros !

Et Edmond Rostand avait justement fait comme il le dit. Il avait eu, à l'âge du baccalauréat, l'intuition de cette simple vérité : dans le théâtre en vers, il y a le « théâtre », comme disait ce bon Sarcey, et les vers.

Or, le « théâtre » d'Edmond Rostand avait reçu l'estampille, précisément, de Sarcey qui avait retrouvé là tout ce qu'il aimait dans l'art matériel de conduire une pièce. Voilà donc un fait déjà acquis : comme dramaturge, Rostand ne sera pas un novateur. Il n'a pas apporté une formule originale de comédie. Où est, au juste, sa marque ?

Rappelez-vous, dans *Cyrano de Bergerac*, la ballade du duel :

> « C'est au bedon,
> Qu'à la fin de l'envoi je touche, »

la visite de Roxane au camp, celle de Cyrano au couvent, la chute des feuilles, la lecture de la lettre et la scène du balcon et la fin, la douce mort mélancolique ; rappelez-vous aussi dans l'*Aiglon*, les épisodes de la leçon d'histoire, des achats, le champ de bataille de Wagram, le petit chapeau de Napoléon, etc., et vous comprendrez tout de suite que Rostand possède essentiellement l'art de l'invention scénique, la fantaisie matérielle, la verve de mouvements et d'incidents, toute cette improvisation de détails et d'accessoires qui s'adresse aux sens, à la vue surtout, qui est le fond même du métier dramatique, et sans laquelle il ne peut exister de triomphe ni à Paris, même avec Coquelin, ni à l'étranger, même avec Sarah Bernhardt. Rostand est, au premier chef, un faiseur de pièces, disposant à la fois de toutes les ressources du machinisme, du décor, de l'intrigue, et d'une connaissance instinctive ou acquise, — lui seul le sait — du goût du public.

Pour les vers, il n'y a pas à nier le mérite dramatique

de Rostand. Personne, dans la littérature française, n'a possédé comme lui le don de « parler » le vers et d'en faire un instrument de dialogue. Par là, il est véritablement un terme et une date historique ; il résume tout un long développement. Son vers, c'est le vers même de la comédie, celui de Régnard, dans son mouvement et son aisance, celui de Banville, dans ses rythmes et sa couleur, celui de Verlaine aussi, par instants et dans quelques notes, et c'est enfin celui de Rostand lui-même, dans sa souplesse et son envol, libre, ailé, spirituel, tendre, attendri, picaresque et panacheur. Rostand fait des vers, comme Maurice Donnay fait des « mots ».

Il faut même aller plus loin : dans Rostand, il y a en outre de ce versificateur, sinon un poète, un amateur de poésie et un ami des poètes. Il a une tendresse instinctive et profonde pour tout ce qui touche à la poésie et aux poètes. Dans ses pièces, dans sa conversation, et même dans son discours académique, on sent qu'il a tout dit, quand il a dit « des vers ». Dans *La Princesse lointaine*, il y a deux troubadours ; dans *Les Romanesques*, les jeunes amoureux sont férus de poésie et, quant à ce Cyrano Don Quichotte, qu'est-il donc qu'un poète ? Il n'est pas jusqu'à Jésus et à la Samaritaine qui ne soient teintés des mêmes nuances. Il est dans la nature de Rostand de mettre sa poésie partout et il est dans la nature de cette poésie de pouvoir être mise partout. Elle n'est nullement lyrique, à peine épique (quelques morceaux de l'*Aiglon*), jamais oratoire, ni éloquente, mais facile, légère, gracieuse, précieuse ; ce n'est pas une poésie qui vient du cœur, mais de l'imagination, qui ne vient pas de la vie non plus, mais de la fantaisie, et qui se trouve être la plus proche de tout le monde, parce qu'elle est la plus éloignée de la réalité, poésie à qui rien ne coûte de l'héroïsme et du rêve et qui est proprement ce que j'appellerais la poésie de romance ou mieux encore la poésie du romanesque. Rostand a lui-même trouvé le véritable titre de toute son œuvre en intitulant les trois actes qui sont restés au répertoire du Théâtre-Français *Les Romanesques*. Deux jeunes gens ne se sont avisés de s'aimer que grâce à l'ingéniosité de leurs pères, qui ont jugé ingénieux de jouer les Montaigu et les Capulet : la haine soi-disant héréditaire des familles exalte le cœur des tendres rêveurs ; ils se choisissent par-dessus le mur charmant de l'inimitié et ils ne demandent pour s'épouser avec ivresse que l'illusion d'un mariage de déraison : romanesque de la tendresse, comme *La Princesse lointaine* est le romanesque du rêve, *L'Aiglon* le romanesque de l'Histoire et *Cyrano* le romanesque du romanesque !

Poésie, comme on le voit, qui n'est pas l'expression des grands sentiments humains, mais de leurs semblants et de leurs reflets ; peinture, non pas de l'amour, mais de l'attente, non pas de la piété, mais de l'aspiration, non pas de Jésus, mais de la Samaritaine.

.·.

Si j'ai cru devoir conclure, par cette œuvre retentissante d'un poète maladif, c'est que, correspondant exactement en vers à l'œuvre d'Alfred Capus en prose par laquelle j'avais débuté, elle me semble résumer plus vivement et rendre plus sensible qu'aucune formule la signification même de cette étude sur le théâtre, et symboliser la situation entière de notre littérature dramatique. Elle est le type accompli du succès intense et bref, et sa portée, comme il apparaît à l'analyse de ses éléments, est surtout négative. Nombreux déjà sont les symptômes, — le succès durable de la tragédie bourgeoise, notamment, — qui nous permettent d'induire que tout ce théâtre romanesque, — vers ou prose, — a surtout correspondu à une fatigue du public.

Durant de longues années deux influences toutes puissantes se sont exercées sur notre théâtre, la gloire d'Alexandre Dumas fils et la critique de Sarcey. Sur l'exemple de l'un, on croyait à la charpente d'une pièce, à la nécessité d'une formule, à la souveraineté de recettes et de procédés qui n'avaient réussi avec le Maître qu'en vertu de son talent ; à l'école de l'autre, on avait appris à faire la distinction mystérieuse et quasi rituelle entre ce « qui était du Théâtre » et ce qui n'en était pas. Dans une pièce — fût-elle d'Ibsen — il n'y avait pas à tenir compte — ou du moins en fait on en tenait très peu compte — de la vérité ou de la nouveauté de l'observation, ni de l'idée morale ou philosophique qui s'y pouvait trouver contenue. Le théâtre, ou du moins ce qui « était du Théâtre », était alors conçu comme quelque chose de tout à fait à part, tenant sans doute un peu du don, certainement beaucoup du savoir et de l'expérience scénique, mais en tous cas n'ayant avec la vie et la réalité qu'un rapport bien lointain, nullement nécessaire. C'est par là que nous avons été maintenus pendant si longtemps dans la méconnaissance des chefs-d'œuvre étrangers, d'une part, et que, d'autre part, notre théâtre national s'est attardé dans la platitude du vaudeville. D'un autre côté et par réaction, le *Théâtre libre* avait tellement excédé le public de prétentions enfantines, on l'avait si lourdement accablé d'ennui, qu'il devait faire fête à toute pièce qui se laisserait seulement écouter, à tout écrivain qui serait simplement un « conteur » dramatique, sachant mettre en scène quelque anecdote aimable. Le besoin du spectacle ne cesse de croître dans le public, la production des pièces de se multiplier. Mais quelles sont les pièces que l'on donne à ce public ? Découragé, il a un instant dévié, mais à contre-cœur et à contre-bourse, — vers le café-concert. Il était donc nécessaire que, dès qu'il entendrait des vers vivants dits par quelque grand acteur ou quelque illustre tragédienne travestie, il se passionnât pour une telle représentation, non pas tant parce qu'elle lui semblait belle, que parce que, n'en ayant pas d'autre, il l'admirait de s'y être rendu en si grande masse.

Mais de nouveau le voilà détaché, sentant le vide, las de sourire ou de pleurnicher, applaudissant de jeunes écrivains, observateurs, véhéments, courageux, tels que celui qui nous a donné récemment les deux pièces les plus neuves du moment, *La Vie Publique*, *Les Ventres Dorés* [1]. — L'avenir n'est plus là.

[1]. Dans *la Vie publique*, M. Emile Fabre s'était révélé comme un auteur dramatique ayant le don absolument nouveau d'observer et de faire vivre les foules, les collectivités ; l'intrigue de la pièce était l'histoire d'une élection municipale, et c'était miracle de voir que, par le relief et le pittoresque de la peinture, cette élection prenait l'attrait de la plus mouvementée aventure d'amour. Dans *les Ventres dorés*, c'est le même don d'observateur et de dramaturge qui triomphe. L'intrigue de la pièce est le simple exposé d'une affaire : la Sainte-Afrique. Ce n'est point que les affaires soient au théâtre une matière nouvelle ; on les a vues sous bien des formes apparaître dans les coulisses, fournir à bien des pièces des accessoires ou des détails. C'est cependant la première fois qu'un dramaturge ait osé prendre comme unique sujet une spéculation et comme principal personnage un conseil d'administration. Le deuxième acte, qui nous présente ce conseil d'administration, est admirable, également accessible et s'imposant pareillement aux financiers par la sûreté de l'exécution, au public par la maîtrise de la réalisation dramatique. Lorsque nous sommes ainsi intéressés à l'organisation de l'affaire, nous nous passionnons à ses aventures, la hausse et la baisse, qui remplissent d'un mouvement unique dans notre théâtre le troisième acte, et même pour ses victimes, comme cet honnête Vernière, dont l'infortune et la mort au pied du coffre-fort font du quatrième acte l'un des plus intenses, l'un des plus terrifiants, en un mot l'un des *plus tragiques* que nous ayons vus au théâtre.

Pourtant il semble que le jeune et audacieux écrivain ait encore douté de lui-même, c'est-à-dire du public, et qu'il ait craint que les péripéties de la Sainte-Afrique ne fussent pas capables à elles seules d'intéresser une salle de la rive gauche (à l'Odéon) pendant toute une soirée. Il a donc jugé nécessaire de nous montrer en cette affaire la lutte passionnelle, le conflit orgueilleux des deux barons de la finance. Cette pièce psychologique n'est pas moins vigoureuse que la pièce financière (les deux barons n'ayant pu se vaincre finissent par s'associer) mais elle en est une autre. — Succès considérable, d'ailleurs, presque le centième au théâtre de l'Odéon !

D'ailleurs, toute la jeune génération d'auteurs dramatiques, surtout préoccupée d'émotions curieuses avec M. Henry Bataille et d'émotions fortes avec M. Henry Bernstein, semble sur le point de s'imposer au grand public. L'accueil fait à des œuvres comme *Maman Colibri*, la *Marche nuptiale*, le *Détour* et la *Rafale*, révèle de part et d'autre un vif désir de nouveauté et de sérieux.

CHAPITRE PREMIER

LA POÉSIE

N'est-ce pas un paradoxe un peu vif, en ce temps-ci, que parler de succès en poésie ? Dans la France d'aujourd'hui, rongée de bureaucratie, n'y a-t-il pas une bien plus grande quantité de fonctionnaires qui composent des vers au frais de l'État qu'il ne se trouve de citoyens libres qui en lisent à leurs frais ? Les poètes semblent cohue. Il s'en rencontre dans toutes les régions, dans tous les métiers, dans toutes les classes, dans la richesse et la misère, à tous les degrés de toutes les administrations. Les plus favorisés se recueillent dans les bibliothèques, les plus mélancoliques font la classe de rhétorique ou de seconde dans quelque arrondissement de Bretagne ou du Nord ; les plus actifs sont sous-préfets et vont aux champs ; les plus encombrants sont les gens de lettres qui compensent la pauvreté de leurs vers par la richesse de leur mariage ou les femmes du monde qui prennent un amant pour apprendre la prosodie ; les plus sérieux, qui sont les plus aisés, s'attachent à un Ministère où à leurs propriétés. Francis Jammes herborise à Orthez, Charles Guérin garde à Lunéville un pied à terre ; Louis Mercier travaille à la glèbe avec les paysans du Roannais ; comme une école provençale, il existe une école normande, une école berrichonne ; la poésie a échappé à la centralisation et les seuls groupements qu'on y puisse actuellement distinguer sont en effet des groupements régionaux. Même les provinciaux, qui viennent à entrer dans les Musées de Paris pour y « conserver » un petit traitement, chantent le lieu de leur naissance et ses tendres décors. Comme le sang dans un organisme bien portant, la poésie circule dans le pays. J'ai même connu un poète qui était graisseur de wagons. Il avait composé un ouvrage en vers, dédié à la Compagnie de l'Ouest, dont le titre était : *Les jours noirs et les nuits blanches*.

Dans une telle diffusion, comment pourrions-nous tenter de caractériser la poésie d'aujourd'hui avec un autre guide que l'accueil fait par le public à ceux qu'il a subis ou admirés ?

I. — La versification : Fernand Gregh

Il faut bien le constater, le jeune poète Fernand Gregh [1] appartient à l'histoire littéraire. Dès avant l'apparition de son dernier volume, il avait sa place marquée dans l'excellent répertoire de M. Lanson, où vous trouverez son nom tapi au bas d'une note, guettant l'avenir, épiant la gloire des consécrations savantes.

Selon la méthode que nous essayons d'instituer ici, épargnons-nous donc à l'égard d'un écrivain si choyé l'impertinence d'un jugement. Ce que vaut son œuvre commençante n'est point de mon ressort, et que je l'aime ou ne l'aime point, cela ne regarde que moi. Seulement, à quatre reprises différentes, cette œuvre encore légère a ému la critique, — toute la critique, — au point qu'elle motivait, hier, le *veto* d'Ernest-Charles [2].

Je sais bien que la personne du poète est charmante et que Fernand Gregh ne se repose jamais d'être charmant. Je ne connais que lui qui s'applique aussi spontanément à séduire un chacun. Dans un salon, il est

---

1. **Fernand Gregh** : *La Maison de l'enfance, La Beauté de vivre, le Clartés humaines, L'or des minutes.*

2. *Samedis Littéraires.*

tout de suite brillant, parce qu'il n'hésite pas à l'être, et dans le privé, il est incontinent intime, parce qu'il ne balance point à vous prendre pour son meilleur ami. Il vous traite avec toute la considération qu'on lui doit, et je crois bien qu'il y a tout de même dans sa réputation une grande part de séduction personnelle. Il était déjà très connu avant d'être notoire, et il faut le compter lui-même dans son succès.

Mais il faut aussi compter les autres. Mallarmé avait dit exquisement : « Les Parnassiens, eux, prennent la chose entièrement et la montrent; par là, ils manquent de mystère... *C'est le parfait usage de ce mystère qui constitue le symbole.* » Jean Moréas avouait aussi : « ... la poésie symbolique cherche à vêtir l'idée d'une forme sensible qui néanmoins ne serait pas son but à elle-même. L'idée à son tour ne doit point se laisser voir privée des analogies extérieures; *car le caractère essentiel de l'art symbolique consiste à ne jamais aller jusqu'à la conception de l'idée en soi.* » Si je rappelle ces textes célèbres, c'est qu'ils sont décisifs, et qu'ils suffisent à expliquer, non seulement la destinée du symbolisme, mais la fortune de tout ce qui l'a suivi. Mallarmé et Moréas, — détail heureux, — avaient été tous deux professeurs d'anglais. Ils avaient enseigné à de jeunes élèves cet art de jouer avec les mots, qui est la traduction, et ils avaient fini par se convaincre, à force de faire ainsi changer le sens des mots d'une langue à l'autre, que les mots manquaient de sérieux, ne signifiaient rien par eux-mêmes. C'étaient des sons, de simples sons, qu'il fallait traiter comme des sons. On avait tenté de rapprocher la poésie de la peinture ou de la sculpture : quelle erreur! C'était la musique qu'il fallait choisir comme analogie. Trop longtemps on s'était embarrassé du souci de comprendre, là où sentir suffisait. La marque historique de cette tentative aura été de dépouiller la poésie française de son génie propre, la clarté. En conséquence de quoi, il lui arriva simplement de n'être pas comprise! Et, tout en protestant de ma respectueuse admiration pour ses maîtres les plus purs, je dois à mon rôle d'historien de relever que le symbolisme n'a jamais conquis, aux plus belles heures, qu'une gloire de petites revues.

Je n'irais donc pas chercher plus loin la nouveauté de la jeune poésie d'aujourd'hui. Parmi tant de mérites divers et de qualités personnelles qui les garantiront de jamais se constituer en *École*, des poètes comme Mme de Noailles, André Rivoire, Charles Guérin, Henri Barbusse, Mme de Regnier et tant d'autres ont pourtant en commun d'écrire pour être lus. Peut-être ne sont-ils plus assez « mystérieux »; mais ils sont accessibles. Ils sont faciles et familiers. Ils sont tout proches de nous. Leur talent est de plain-pied avec notre cœur; ils reposent, et on leur sait gré, non seulement de ce qu'ils sont, mais de ce qu'ils ne sont plus. C'est un ravissement. Ils ont même fini par influencer leurs aînés, qui, pour les plus grands, reviennent si magnifiquement à résipiscence.

Or Fernand Gregh est un de ces jeunes gens pleins de limpidité. Et je me souviens encore de l'heureuse surprise qui accueillit *La Maison de l'enfance*, — cette chère Maison de l'enfance que je préférerai toujours, comme on préfère son rêve à sa vie. Fernand Gregh avait vingt-trois ans et le livre dix-huit! Cela était fluide, gracieux, mélancolique et gai, fervent, ingénieux, presque spirituel; cela était jeune et surtout rajeuni, plus renouvelé que neuf, à peine original et si frais! Cela chantait, cela souriait, cela vivait, cela allait vivre! Rythmes et rimes, musique et verbe, sentiments et images, soirs, heures, automnes, éveils d'amour, mélancolies, espoirs, pressentiments, parcs, statues, jets d'eau, tout cela flattait l'oreille, le cœur, la mémoire. On n'était pas surpris.

> La Maison de l'enfance au lointain du passé
> Se dresse et me sourit blanche parmi les arbres,
> Et je revois au parc, dès le seuil dépassé,
> L'allée où nous rêvions le soir, couple enlacé,
> Sous le geste immobile et pâle des grands arbres.

Il était donc fatal qu'une grande faveur entourât Fernand Gregh à ses débuts, puisque, l'un des premiers, il avait apporté, à la lettre et en vérité, la lumière. Quoique l'on doive penser de cette poésie qui passa pour originale, il est impossible de ne pas l'entendre, et cela explique bien des choses. De toute cette génération *lisible* à laquelle il appartient, Fernand Gregh a été le premier à publier son volume, voilà tout.

.·.

Grossièrement, vous pouvez considérer qu'il y a eu en France, au xixe siècle, le Romantisme, le Parnassisme, le Symbolisme, auxquels il faut ajouter deux grandes personnalités poétiques à peu près irréductibles, — Baudelaire et Verlaine. Eh bien! tout cela est dans Fernand Gregh!... Il a écrit un volume de critique, *La Fenêtre ouverte*. Ce titre, c'est lui-même. Il n'est plus « l'écho sonore » qui répercute les voix de la nature; il est la « fenêtre » par où sont entrés tous les chants des derniers poètes.

Dans la Maison de l'enfance, au bord des vasques, tout proche des bassins d'eau, dans l'étroit horizon du parc, sa vue ne s'étend pas encore très loin dans les perspectives de l'histoire poétique. Il s'en tient, semble-t-il, à peu près à Verlaine. Il a sa grâce molle; il a aussi ses manies et ses procédés :

> Là-bas, dans le soir pluvieux,
> Au fond du grand parc, sous le porche,
> Un instrument lointain écorche
> De vieux airs qui furent joyeux.

Et son culte pour le doux maître est filial :

> Verlaine, clair de lune odorant des jardins,
> Sanglots fous des jets d'eau pleurant dans la nuit vaine,
> Femmes sur les vieux bancs, parfums frais de verveine,
> Rires et longs baisers après les fiers dédains.

Il lui arrive aussi de penser à Baudelaire, parce qu'on

ne parle pas de Verlaine sans penser à Baudelaire, et il s'inquiète de son tombeau.

> Qu'on dresse un grand tombeau, près des flots, dans les soirs,
> Sur un cratère éteint où se taisent les nids,
> Avec des jets de lave et des blocs de granits
> Et des piliers tordus comme des désespoirs.

Mais, tout de même, ce n'est pas si jeune qu'on est sincèrement baudelairien. C'est donc dans le second volume seulement, quelques années après, que l'influence des *Fleurs du mal* devient psychologique et profonde. Fernand Gregh est alors très triste, parfois désespéré. Pourquoi? L'amour ni la gloire ne le trahissent, et lorsque l'amitié lui manque, il sait pourquoi. Il a des sentiments de famille qui soutiennent un homme. Il a été malade, c'est vrai, mais il est guéri délicieusement. Je crois, Dieu me pardonne, qu'il s'ennuie. C'est le *spleen*, encore une fois. C'est le mal de vivre, — de vivre notre vie moderne, trop difficile et trop complexe.

Heureusement les Parnassiens — c'est leur tour — sont là. A eux de révéler au jeune homme souffrant la simple séduction des choses, le charme des formes, l'attrait plastique de vivre. Fernand Gregh n'est plus un enfant; « il a travaillé, voyagé, pensé, aimé, souffert ». Il n'est pas encore tout à fait un homme : il peut être un artiste. Que la vie soit bonne ou mauvaise, ce sont des questions qui n'ont pas de sens pour un poète. Elle est belle, voilà tout. Fernand Gregh est ébloui; des lauriers couvrent sa tête; il a passé sous l'arc de triomphe de ses rêves. Il ne voit le monde ni en noir ni en rose. Il le voit en beau. Et tout ce qui le blesse lui plaît encore. Il aime sa tristesse avec un cœur d'amant. Il aime les fleurs, les femmes, les yeux bleus, les yeux noirs, les golfes murmurants. Et il trouve qu'il est vraiment magnifique de vivre dans un univers de poète, de poète parnassien.

Seulement, de la Maison de l'enfance, Fernand Gregh était allé à la Maison du peuple, faubourg Saint-

Antoine. Il avait promis de bâtir cette maison, et *Les Clartés humaines* en sont sans doute la première pierre! Fernand Gregh est entré dans l'action, il a conçu un art plus humain, une poésie sociale, dont le manifeste a paru dans *Le Figaro*; il a scruté ses hérédités qui le rattachent au généreux élan de 48, et c'est le souffle d'Hugo qui maintenant remplit sa poitrine. Il a vu en songe le poète unique, le maître des maîtres, il lui a parlé familièrement, dans un retour tardif et enthousiaste de disciple prodigue.

> Et je lui disais : « maître », humblement, tendrement.

Et voici que Fernand Gregh, poète fait citoyen, proclame maintenant la vie bonne. Il chante l'optimisme, qui est l'instinct profond de l'humanité. La vie, c'est la vie, et il faut seulement comprendre cette chose si simple, c'est que la vie demande à être vécue, et qu'elle est faite pour être vécue.

> Et comme ta beauté, poète, admets ta vie.
> Admets-la, aime-la d'une âme inassouvie ;
> Goûte l'infini de l'instant
> Et l'absolu de la seconde !

Ceci même ressemble déjà à du positivisme! Fernand Gregh sera un philosophe.

Il l'est devenu en quelques mois, et son dernier ouvrage, *L'Or des minutes*, plus hâtif que les autres et non moins réfléchi, paraît bien contenir l'essentiel de son système. C'est une métaphore de Baudelaire.

> Les minutes, mortel inquiet, sont des gangues,
> Qu'il ne faut pas lâcher sans en extraire l'or.

Il serait aussi aisé de retrouver dans la forme et la technique du jeune poète les influences subies et parfois harmonisées. Je me borne à signaler dans son avant-dernier volume sa tentative la plus précise et qui, sans doute, est aussi celle dont il est le plus fier.

Dans la réalité du dernier mouvement poétique, la théorie vers-libriste se trouve mêlée à la conception symbolique. N'y a-t-il pas lieu d'abord de séparer ces deux éléments, l'un ne peut-il pas subsister sans l'autre? De ce qu'on ne s'arrange pas du symbole des symbolistes, ne suit point qu'on ne puisse s'accommoder du vers libre, ni l'accommoder comme il faut. L'un avait masqué l'autre et le vers libre était surtout un vers obscur.

Il restait donc à faire des vers libres dont le sens fût intelligible. Fernand Gregh s'y est exercé. A côté des rythmes d'Hugo, vous trouverez dans *Les Clartés humaines* ceux de Vielé-Griffin. Notamment dans une pièce très curieuse, *Retour au soir tombant*, vous reconnaîtrez les procédés de toutes les écoles et les habiletés de toutes les techniques, l'énumération romantique (trop fréquente d'ailleurs chez Fernand Gregh), l'image plastique, le détail symbolique, la reprise musicale, le vers libre, la rime et l'assonance.

> Mon sang à mes poignets fiévreux qui bat plus fort,
> Et dans le ciel de cendre où le soleil est mort,
> Une flaque d'azur sous des nuages roses ;
>   Une lassitude comme ivre,
>   Une âpre avidité de vivre,
>   Un amour étonné des choses ;

Pour conclure, je voudrais que les poètes cessassent de se plaindre et qu'on finît de les encourager à gémir. Leur chagrin et notre pitié retardent au moins d'une génération. Je veux bien qu'on les achète moins que les mauvais romans, mais on les considère tout de même beaucoup plus. A qui donc M. Catulle Mendès [1] n'a-t-il point fait sa part officielle? A quel jeune talent l'Académie ne rend-elle pas, chaque année, un hommage précis et légitime? Est-ce que, tout de suite, du

---

1. Rapport à M. le ministre de l'Instruction publique et des Beaux-Arts. *Le mouvement poétique français de 1867 à 1900*, par Catulle Mendès.

jour au lendemain, *Le cœur innombrable*, de Mme de Noailles, n'a pas suscité l'enthousiasme et l'étonnement ? Direz-vous que Francis Jammes est resté obscur à Orthez, Charles Guérin à Lunéville, et croyez-vous que ses autres talents aient fait le moindre tort au rare poète du *Beau voyage*, Henry Bataille ? Et ne voyez-vous pas enfin qu'il suffit de faire déclamer à un acteur n'importe quel couplet cadencé pour que le public applaudisse ?' Les poètes, enfants gâtés, ne sont peut-être plus des enfants, mais ils sont de plus en plus gâtés, puisqu'il a suffi de quelques milliers de vers pour faire d'un aimable jeune homme Fernand Gregh.

II. — LA POÉSIE PSYCHOLOGIQUE : ANDRÉ RIVOIRE

Le poète André Rivoire ¹, lui, est surtout connu comme poète : c'est exceptionnel. Quand on parle de lui, c'est qu'on l'a lu, et il n'est pas de ceux qu'on subit, mais qu'on choisit. Même ses amis savent par cœur ses vers et ils ont fait plus de bruit que lui-même. Sa personnalité discrète, affinée, un peu distante, ne masque point son talent et n'encombre pas sa réputation. On le sent plus épris de la vie que de la gloire, et il se laisse volontiers découvrir. Assidu à la *Revue de Paris*, habitué des théâtres, en plein Paris littéraire et boulevardier, André Rivoire semble avoir vécu sa vie et écrit son œuvre avec la même simplicité et dans la même solitude que s'il ne se fût jamais éloigné de Vienne, dans l'Isère, où il est né, et qu'il eût composé là tous ses livres.

L'œuvre poétique d'André Rivoire a donc l'intime attrait d'une confidence. C'est, avec *les Vierges*, *Berthe aux grands pieds*, *le Songe de l'amour* et *le Chemin de l'oubli*, l'élégie de toute sa jeunesse; sorte de roman intérieur, racontant une aventure de cœur unique sous

1. *Le Paon* de Francis de Croisset à la Comédie-Française.

2. ANDRÉ RIVOIRE : *les Vierges*, *le Songe de l'amour*, *Berthe aux grands pieds*, *le Chemin de l'oubli*, *Il était une Bergère*.

ses aspects infinis, dont chaque chapitre se suffit, de
même que chaque pièce de chaque volume peut être
isolée, mais dont il faut pourtant voir l'ensemble, pour
saisir le premier don de ce rare poète, celui de la continuité et de l'harmonie.

.·.

Déjà *les Vierges* nous avaient fait oublier l'ordinaire
et fâcheux « recueil » de vers, triste bouquet des ado-
lescences avares et dispersées. C'était un volume sur
un sujet, une mélodie sur un thème. L'amoureux avait
rêvé, mais non pas au hasard. Dans notre époque
hâtive, il avait dû choisir :

Les bonheurs, les rêves, l'amour qu'on effeuille, le livre qu'on
feuillette, tout n'est plus que frêles bibelots. On les adore ainsi
pour en changer plus vite ; car on veut jouir de tout, sans s'attacher à rien. Et les femmes aussi se donnent et se reprennent,
comme elles donneraient une fleur. Un caprice fait qu'on s'as-
semble ; un caprice fait qu'on se quitte. Les lèvres s'appellent
ou se détournent ; — les cœurs restent lointains.

Alors le poète s'est souvenu de celles qui, aussi
seules que lui, rêvent encore, les Vierges. Peu à peu,
elles lui sont apparues, « parmi des soirs mystérieux
comme elles ». Il en a dit les langueurs et les paresses,
l'attente et la pitié, les extases aussi, les exils et les
détresses. Il les a évoquées du fond des légendes mélancoliques, et il s'est même diverti un jour à découper
en ombres chinoises la plus touchante mésaventure de
vierge, celle de *Berthe aux grands pieds*.

Certes, comme l'avait prédit M. Sully-Prudhomme [1],
ce ne fut pas là un début vulgaire. Ce fut surtout un
vrai début de jeune homme et qui suscitait autant de
sympathie que d'admiration. *Les Vierges* se firent
remarquer selon la bienséance. Elles étaient l'exquise
vision d'une imagination délicate et tendre, une longue
et pure *Épiphanie*.

1. Préface des *Vierges*.

> Elle passe tranquille en un rêve divin
> Sur le bord du plus frais de tes lacs, ô Norvège...

Le Songe de l'amour, le second recueil, pourrait aussi bien s'intituler *Les Femmes.* Elles sont là trois ou quatre, aussi vivantes et aussi précises que des personnages de roman, qui sont venues, avec la vie, apporter au chimérique adorateur des Vierges la déception de leur amour frivole et passionné. Car on ne réalise pas, on ne vit pas l'amour; on le pressent, on l'attend; on s'en souvient et on le redoute. Aux bras de la maîtresse la plus enivrée, aux genoux de l'amie la plus prudente, aux minutes les plus délicieuses de fièvre ou d'intimité, c'est le même songe que nous refaisons toujours, en notre cœur solitaire, avec nos regrets amers et nos espoirs cachés.

> Laissons tous deux, vois-tu, nos âmes se pleurer,
> Dans le frisson craintif dont le soir nous pénètre,
> Songeant qu'il est plus doux et qu'il est bon peut-être
> De vivre côte à côte et de nous ignorer.

Oui, près de la douce sœur que l'on regrette à vingt ans, maîtresse mélancolique qui avait accepté comme un devoir de sauvegarder son rêve, triste déjà d'un autre amour, le poète songe à celle qui, déçue aussi, ayant fait comme lui sa vie ailleurs, aurait besoin qu'on l'aime tout bas et souhaite qu'on l'assiste à son insu.

> Qu'importent les mots vains qui lui diraient ma peine !
> Notre silence même a son charme secret...
> Je veux que, sans aimer, elle ait comme un regret,
> Qu'elle soit presque sûre et demeure incertaine.

Mais quelle pire illusion que l'amour sans désir, chimère plus compliquée et plus cruelle que toutes, blessure secrète qu'une autre femme encore, résignée d'avance, et en passant, devra soigner sans la connaître.

> Et quand tu m'as senti pur des choses anciennes,
> Assez guéri par toi pour un nouveau bonheur,

> Tes mains, tes douces mains ont su quitter les miennes...
> Tu me rends à la vie avec un autre cœur.

Et c'est le rêve obstiné de la jeunesse qui se ravive encore; *Le Songe de l'amour* s'achève, avec la pièce intitulée *L'Offrande*, en un chant de croyance et de pureté, écho lointain du chœur des *Vierges*.

> Je lui dirai : Voici mon cœur et mes pensées.
> Je vous aime et j'attends ; je ne puis rien de plus
> Qu'achever, après vous, les phrases commencées
> Et prononcer les mots que vous aurez voulus.

Le Chemin de l'oubli, le dernier volume que vient de couronner l'Académie française en tête de liste, a suivi son aîné à plus de cinq années d'intervalle. Où donc ce poète avait-il le cœur de se laisser oublier ainsi ? Et combien à sa place, honteux de s'être recueillis, s'en fussent excusés dans quelque préface, expliquant qu'ils avaient consacré le temps de leur silence à vivre, à aimer, à souffrir, à être contents d'eux-mêmes, ou neurasthéniques! André Rivoire, lui, donne son livre à son heure, une fois achevé, accompli. Et il est prodigieux, en ce temps-ci, d'être aussi peu pressé!... Qu'a-t-il donc fait, au lieu d'écrire? Est-ce à tenter « l'offrande » qu'il s'est attardé et meurtri ? *Le Songe de l'amour* était comme un roman un peu personnel dont on suivait aisément, d'adieux en adieux, la trame intérieure. *Le Chemin de l'oubli* est la fin d'un roman et comme la conclusion sentimentale d'une crise amoureuse, dont la péripétie nous reste inconnue. C'est toute une humanité frissonnante, toute une âme éprouvée par la réalité, — et non plus par des inquiétudes, — c'est la réflexion après l'expérience, le regard en arrière sur la route que nous avons tous suivie, c'est l'amère sagesse de la souffrance lointaine et pardonnée, qu'André Rivoire nous apporte cette fois dans un renouvellement à peu près complet, et un élargissement presque imprévu, de son précis et souple talent. Déjà, quand parurent dans la *Revue de Paris* les grandes pièces de la fin du volume : *Éveil*, *Petite amie*, *Là-bas*, le succès s'annonça plus éclatant, plus étendu et plus simple encore, — décisif.

C'est qu'à la vérité ceux-là s'étaient surtout épris des premiers vers d'André Rivoire, qui étaient de son âge et qui lui ressemblaient. Il était le poète de « l'amour d'aimer », l'amateur un peu subtil d'un marivaudage élégiaque. Mais enfin il a épuisé l'illusion commune et éprouvé la déception nécessaire. Il sait l'amour, tous les amours. D'avance, il s'annonce le détail de ces liaisons furtives où se dépense le meilleur de nous-mêmes, en rapides *visites*.

> Tu reviendras, de loin en loin,
>   Attendant l'heure
> Où de vieillesse, dans un coin,
>   Notre amour meure.
>
> . . . .
>
> Et je te verrai, jour par jour,
>   Toi qui fus mienne,
> Reprendre un peu sur notre amour
>   Ta vie ancienne.

Il est las, non pas guéri ; il est amer, mais recueilli. Il se connaît lui-même aussi bien que l'amour, il sait le cœur de l'homme et surtout comme il est vain de le connaître et de se croire prudent. Car ce n'est point l'expérience qui nous instruit, non plus que la « peur de souffrir » ne nous préserve de nouvelles souffrances. On se défend, quand on est sage, où il ne faudrait pas, voilà tout, et l'on cède à soi-même, un soir de désir, n'importe comment.

> De nouveau, je croirai tout perdre en te perdant,
> Passagère douceur d'un amour imprudent !
>   Ma vie, au loin, sera déserte et nue,
> Et demain comme hier j'aimerai sans choisir,
> Tendre parce qu'un soir de hâte mon désir
>   M'a mis au cœur la première venue.

O la morne vie et la triste chambre où se sont donc perdues les plus belles années ! Combien de pauvres

femmes sont venues là sans bonheur, dans l'ombre de
la fenêtre éteinte, user ce cœur qui ne peut pas vieillir!

> J'ai vécu là ma solitude,
> Meurtri, nuit et jour, dans mon coin,
> Par la rumeur de multitude
> Qui monte de la ville, au loin.
>
> Ombres vaines et familières,
> Des femmes venaient tour à tour,
> M'apporter comme des geôlières
> Ma part d'ivresses et d'amour.

Et tout d'un coup, pour avoir touché, cette fois-ci,
jusqu'au fond de lui-même, juste au moment où il allait
peut-être glisser, lui aussi, à l'ennui romantique, c'est la
première mémoire de l'enfance qui s'éveille en ce poète,
au déclin de sa jeunesse vaine, élargissant comme d'un
déchirement de brume tout l'horizon de sa vie. Plus
charmants et plus chers, ils reviennent tous, les clairs
souvenirs de là-bas; l'église familière du premier émoi,
La petite amie, *La Vieille maison*, toutes les tendresses
natales où nous ramènent toujours, cœurs prodigues,
les chemins de la vie.

> Dans ce pays de ma jeunesse
> Où mes quinze ans ont frissonné,
> J'irai, pour que mon cœur renaisse
> Tendre et fort comme il était né.

Et demain sans doute, André Rivoire, revenu de si
loin, sera heureux. Il l'est peut-être... Pauvre et chère
jeunesse, tu es bien finie!

*   *
*   *

Et voici donc un poète qui n'est ni romantique, ni
parnassien, ni verlainien, ni symboliste, ni vers-
libriste, mais qui est sincère, et dont la place est marquée dans l'histoire de notre poésie; non pas par ses
innovations et ses manifestes, mais par son art personnel et son instinct.

Ce que vous entendrez, dans ces vers harmonieux et fluides, de demi-teintes et de demi-tons, dans le rythme de cette langue d'autant plus légère qu'elle est plus pénétrante et plus minutieuse, ce n'est point « l'olifant de la fauve passion » ni le sanglot de l'enfant désespéré.

> Honte à toi qui la première,
> M'as appris la trahison.

Car il n'est point chez lui d'amertume sans pitié ni de plainte si âpre qu'elle ne soit encore une tendresse et déjà une résignation.

> Et quand ton cœur voulait éclore,
> Je t'en voulais à mon insu
> De sourire et de croire encore
> A tout ce qui m'avait déçu.

Par ce tranquille orgueil et cette amère indulgence, il se rattache en droite ligne à la filiation la plus pure de notre poésie sentimentale, laquelle, par un rare bonheur, est demeurée à peu près ininterrompue dans le va-et-vient des Écoles. C'est le Vigny des pièces émues :

> Ton amour taciturne et toujours menacé ;

c'est le Leconte de Lisle de cette *Épiphanie*, à laquelle j'ai déjà fait allusion, celui d'*Hypathie* et de *L'Illusion suprême* ;

> Et tu renais aussi, fantôme diaphane,
> Qui fis battre mon cœur pour la première fois ;

c'est aussi et plus visiblement *Les Vaines tendresses* de Sully-Prudhomme, peut-être *Les Intimités* de M. François Coppée, — auxquelles il ne faut tout de même pas que leur auteur fasse tort —, et c'est enfin le doux et précieux poète de *L'Élégie*, Albert Samain.

Seulement, plus recueilli que les romantiques, puisqu'il n'a point subi comme eux la grande fascination de la nature, il a été aussi plus pénétrant, plus analyste, plus attentif à lui-même et à sa tendresse. Il a été surtout plus intelligent et plus cultivé. Il appartient à une génération excédée de mystère et d'obscurité. Il a frôlé les grandes Écoles, il s'est initié aux préparations supérieures de l'Université; il a dédié ses premiers vers à des maîtres comme Henri Chantavoine, qui a formé plus d'une moitié de notre jeune littérature à la clarté, et surtout à M. Bergson, l'ingénieux psychologue, l'analyste lumineux de l'énigme intérieur.

Ainsi, uniquement amoureux de l'amour, comme toute cette génération néo-romantique, et encore de l'amour n'ayant aimé que certaines nuances, quelques minutes fugitives et rares, il a le premier, en un temps de clairvoyance maladive, substitué au lyrisme naturaliste et idéologique la vive poésie des sentiments, sorte de lyrisme psychologique, tout à la fois plus lucide et plus rapproché du mystère intime. La faute des symbolistes avait été de méconnaître que ce mystère, dont ils avaient si bien proclamé les droits, ne s'exprime pas par du vague, mais au contraire par l'extrême précision. André Rivoire s'est donc appliqué à un art méticuleux, dont chaque détail fût une lumière, et dont l'ensemble reflétât pourtant les lueurs éteintes et le demi-jour de l'émotion.

> Prends garde : nos baisers sont doux ; le soir est tendre ;
> Il ne faut pas me croire, il ne faut pas entendre
> Les mots mystérieux qui montent de mon cœur...
>
> N'écoute pas. Je sens qu'une âme involontaire
> Pour une heure, ardemment, se lève d'autrefois
> Et brille dans mes yeux et tremble dans ma voix.
>
> Même si je voulais aimer, t'aimer encore,
> Toi, du moins, reste heureuse, évite d'engager
> Ton cœur libre, ton cœur inutile et léger.

Si d'âge en âge et dans tous les genres, le progrès de l'art est d'exprimer et de rendre de plus en plus fidèlement, non pas l'homme abstrait et moyen, pâle figure académique aux lignes trop pures et aux attitudes monotones, mais bien la complexe et vivante physionomie de l'individu, toujours changeant et nouveau, tel sourire, tel regard, telle souffrance et tel cri, telle minute aussi qui ne reviendra jamais, n'apparaît-il pas quel progrès la poésie française a fait là? La poésie racinienne était demeurée dramatique, parce qu'elle était modelée sur le type rationnel de « l'honnête homme », peignait l'amour, la jalousie, comme la comédie décrivait l'hypocrisie ou l'avarice. Son idéal était l'universel. La poésie romantique, au contraire, qui fut le lyrisme, cria la douleur de Musset trompé par George Sand. Son idéal fut personnel, et le poète ouvrit tout grand son cœur. La source était si vive que l'Art faillit s'y noyer. On avait confondu le *moi* et l'homme, et l'on s'était égaré dans l'autobiographie.

Après toutes les fluctuations, qui ont constitué l'histoire de notre pauvre poésie au xix° siècle, l'équilibre ne va-t-il pas se rétablir enfin? Ces deux grandes traditions françaises qui correspondent aux deux éléments éternels de l'art, solutions partielles et complémentaires du problème qu'il soulève, — l'individu universel, le geste de l'humanité fait par un seul homme, — ne vont-elles pas se rejoindre pour nous donner quelque jour le naturel accomplissement de notre destinée poétique, sorte de romantisme racinien, de lyrisme classique, dont il est possible, en vérité, à propos d'André Rivoire, de concevoir déjà le ferme espoir ?[1]

1. Je me borne à signaler ici le triomphal succès de : *Il était une bergère*, à la Comédie-Française. Il y a bien longtemps que des vers avaient été à pareille fête dans un théâtre. C'est qu'ils étaient d'un poète et d'un auteur dramatique. L'histoire est simple, puisqu'elle est d'André Rivoire : une princesse, ayant découvert deux bergers qui s'aiment, tente de les séparer à son profit, en faisant appel à l'anneau mystérieux de sa marraine, qui est fée. Mais la pièce est profonde, parce que la princesse s'aperçoit que l'amour est plus fort que la magie, et la grande nouveauté de cette œuvre charmante est encore l'humaine et émouvante psychologie d'où coule sa poésie.

CHAPITRE II

ÉDUCATION BOURGEOISE DE LA DÉMOCRATIE

Tous les historiens de la littérature française ont constaté qu'elle n'avait jamais été une littérature populaire. Elle a sans cesse oscillé du salon à la coterie, de la coterie au cénacle, et il n'est pas une création de nos grands génies français qui soit jamais devenue un type national. Nous n'avons jamais eu notre Don Quichotte.

Et je me suis appliqué à montrer que, aujourd'hui, malgré l'extension de la vente littéraire, il n'y avait pas d'autre forme du succès que le succès bourgeois.

Pourtant voici un grand fait nouveau, l'avènement de la démocratie. Que Racine et Corneille aient écrit pour la cour de Louis XIII et de Louis XIV, Voltaire pour celle du roi de Prusse, que les romantiques aient écrit pour eux-mêmes, que même encore de Hérédia ait écrit quelques vers pour sa famille et l'Académie, tout cela se conçoit et s'explique, selon la loi même de M. Brunetière, d'après le « moment » : il y a là une résultante nécessaire et prévisible.

Mais aujourd'hui des conditions nouvelles ne vont-elles pas produire une littérature nouvelle? Il existe assurément un souci de ce genre chez un grand nombre de romanciers et c'est à suivre leurs efforts dans ce sens que je consacrerai un second volume. L'unité de tentatives comme celles d'Anatole France, de Rosny, de Paul Adam, d'Octave Mirbeau, de Maeterlinck, etc., est celle de leur bonne volonté. Je vois bien aussi des tentatives faites pour organiser des représentations de quartier, mais je suis pris de mélancolie à la lecture des feuilletons que publient les journaux de gauche, à un sou.

Est-ce, en d'autres termes, la littérature qui, avec le concours des écrivains, se rendra populaire? Est-ce le peuple qui, par lui-même, se créera sa littérature? L'une et l'autre hypothèse supposent une condition préalable, c'est l'unité intellectuelle de la nation, qui rende capable le peuple de se substituer à la bourgeoisie dans la clientèle littéraire comme il se substitue lentement à elle dans tous les autres ordres de choses. Il faut que l'intelligence et le peuple, supprimant les classes intermédiaires qui les ont toujours séparés, communiquent directement et sympatiquement. Et il y a de cela des symptômes favorables.

Dans *L'Étudiant*, Michelet se plaignait avec éloquence du divorce de l'Université et du peuple. C'était pour lui le mal le plus grave dont souffrait la France. Aujourd'hui, les bras lui tomberaient de joie et d'admiration, en présence de cette immense et fiévreuse croisade de professeurs, qui va se multipliant dans le pays presque à l'infini. Que dirait-il, s'il pénétrait, seulement rue de la Sorbonne, dans cette étonnante *École des hautes études sociales*, où tout ce qu'il y a de plus réputé dans le haut enseignement de Paris tient à honneur de parler gracieusement? Il eût pleuré d'émotion, en parcourant les programmes de l'*Union Mouffetard*, où ont accoutumé de venir s'exercer aux leçons d'agrégation les normaliens de la rue d'Ulm. Et, sans doute, il ne lui resterait plus qu'à brûler son admirable livre, en lisant tous les recueils de discours populaires, que publie sans interruption l'Université française[1].

Précisons : M. Gabriel Séailles[2], professeur en Sorbonne, a parlé plusieurs fois à la réouverture des cours de l'*Association philotechnique*. Il a fait des conférences à l'*Amicale* des instituteurs de la Somme, à

---

1. Et notamment les publications annuelles, dans la Bibliothèque des Sciences sociales, chez Félix Alcan : *l'Education de la démocratie, les Applications sociales de la solidarité*, etc.

2. *Les Affirmations de la conscience moderne, — Education et Révolution.*

l'*Amicale* des instituteurs de Seine-et-Marne, à l'*Union pour l'action morale*, à l'ouverture de la *Coopération des idées*, à l'inauguration de l'*Université populaire* du faubourg Saint-Antoine, où il fut d'ailleurs un régulier; il a prononcé un discours au festival organisé par les Universités populaires à l'occasion du centenaire de Victor Hugo; et ce sont, jointes à quelques articles et à un discours, professionnel celui-ci, qu'il a prononcé à la séance d'ouverture de la Faculté des lettres, ces conférences qu'il a réunies dans son volume : *Éducation et Révolution*.

M. C. Bouglé, d'autre part, professe à la Faculté de Toulouse. Il est philosophe aussi, naturellement. Il est moins célèbre et plus jeune. Il n'est pas moins actif, comme en témoigne son dernier recueil : *Solidarisme et Libéralisme*. De Toulouse, il est allé discourir à la Faculté de théologie protestante de Montauban; puis, de là, à Bordeaux, pour l'assemblée générale de la *Ligue des Droits de l'homme*; puis il est revenu tout près de chez lui, à la *Bourse du travail* de Toulouse; alors il s'est répandu sur place, en une conférence pour l'assemblée générale de la *Ligue de l'enseignement*; enfin, il s'est remis à son cours en manière de répétition générale pour trois ou quatre conférences à venir, et il s'est offert, en récompense, une petite fugue au théâtre de Montpellier, lors de la *Fête de l'école laïque*. Et notez bien que ces conférences-là ne représentent que les solennités les plus marquantes d'une campagne spirituelle et que chaque dimanche, ici ou là, dans la banlieue de Toulouse ou plus loin, M. C. Bouglé discourt et sermonne pareillement.

On sent combien de tels hommes sont convaincus de cette belle parole d'un autre maître, M. Alfred Croiset : « L'éducation de la démocratie est, dans notre France démocratique du xx° siècle, une affaire aussi importante que pouvait l'être, dans la France monarchique d'autrefois, l'éducation du prince appelé par sa naissance à régner un jour sur elle. »

Nous pouvons donc par leurs livres nous faire une idée sans doute précise de ce qu'il faut entendre aujourd'hui par cette éducation de la démocratie.

M. Gabriel Séailles s'est initié à la philosophie par l'art, et à la vie publique par la philosophie. Il a le don très rare d'une pensée vivante, d'une réflexion agissante. Épris de la beauté des idées, à laquelle il doit les jouissances dont nous ont fait confidence des livres comme celui qu'il a consacré à Léonard de Vinci, il ne peut admettre que l'individu soit fatalement asservi aux nécessités économiques, et qu'il ne doive pas avoir sa propre part dans son affranchissement et son élévation. Parce qu'il est philosophe, M. Séailles répugne aux dogmes de toute religion, mais, parce qu'il est artiste, il repousse également la nouvelle fatalité des socialistes. Il dit :

Si les vieux dogmes ne trouvent plus place dans la pensée contemporaine, c'est qu'elle est occupée par des vérités nouvelles qui les excluent.

Mais il ajoute, dans le même avant-propos lumineux :

L'esclavage renaîtra toujours de la servilité, la tyrannie, de ceux qui la subissent et vont au-devant d'elle. En même temps que les institutions, les lois, les formes de la propriété, il faut changer les individus, qui ne pourraient manquer de refaire la société à leur image ; et, pour cela, il faut que le peuple ne se résigne point à n'être qu'un troupeau d'électeurs, ayant tout juste une conscience collective, une conscience de classe, qui assure l'unité de son bêlement et de son vote.

M. Gabriel Séailles, proclamant le droit du peuple à l'instruction, définissant l'école laïque, la neutralité, s'efforce donc de montrer à la fois que « la conscience moderne n'est pas vide », mais qu'elle n'est pas claire. Il en faut dégager les *affirmations*, dont la première « est ainsi le droit et le devoir de l'éducation intellectuelle et morale pour tous ». L'éducation laïque est possible, puisqu'elle repose sur des vérités nouvelles, et elle est nécessaire, parce que « l'homme n'existe pas; il se crée ». La démocratie est essentiellement une éducation.

Soit : cette éducation de la démocratie est possible, nécessaire. Mais en quoi consiste-t-elle? De tels livres, en vérité, sont plutôt des attitudes que des programmes; ils sentent encore la bataille et conservent comme un air de propagande. Le professeur y affirme sa propre légitimité, l'éducateur y défend sa raison d'être. De toutes parts, à droite et à gauche, on le sent cerné et menacé. Ce sont les défenseurs de l'autorité, qui ne voient en lui qu'un révolutionnaire et un destructeur, un partisan de l'esprit critique, un tenant de l'incrédulité. Ce sont aussi les socialistes, qui le prennent, lui aussi, malgré ses belles leçons, pour un simple *bourgeois*, et qui portent sur lui les jugements les plus sévères. « Les Universités populaires, s'écrie M. Jules Guesde, elles ont autant d'importance que l'œuvre des petits teigneux. C'est avec de pareilles inventions qu'on amuse le peuple! » Ce sont donc toujours et malgré tout des coups que l'on échange dans la mêlée, et les éducateurs nouveaux en sont encore à lutter pour la vie. Tandis qu'on ne les soutient pas à gauche, on les harcèle à droite. Ayant fait de la science le principe de leur démocratie et de leur éducation, ils ont dû subir le dernier assaut de ceux qui avaient entrepris justement de ruiner la démocratie par la science et de la frapper avec ses propres armes.

Et j'arrive ainsi à l'erreur trop facile qui, en France et en Angleterre, n'a pas cessé de troubler l'esprit public, à savoir l'assimilation de l'homme à la nature, de la société à l'organisme, de la sociologie à la biologie [1].

Sans doute, il y a continuité dans l'univers; l'homme n'est pas un « empire dans un empire »; c'est entendu. Il est un animal. Nous retrouvons donc dans la société des similitudes naturelles, et il serait puéril de ne pas

---

1. C. Bouglé. *La Démocratie devant la science* (Paris, Félix Alcan).

commencer par étudier les lois de l'univers avant d'observer celles de l'humanité, car la première conquête de l'esprit scientifique fut justement de remettre l'homme à sa place dans le monde. Mais aussi la seconde leçon de cette même science, c'est l'existence des diverses sciences, irréductibles les unes aux autres. Claude Bernard avait montré que la vie est en relation avec les lois physico-chimiques, mais jusqu'à nouvel ordre la biologie ne peut pourtant pas être confondue avec la physique ou la chimie, et ce qui est de mise ici ne s'applique plus là. De même, il est vrai que nous retrouvons dans la société, dans les relations des hommes qui mangent, qui travaillent, qui se reproduisent et se détruisent, une survivance des lois de la vie; mais il est aussi certain que ces lois n'y sont pas seules, et que le même homme qui pense, qui crée la science et l'art, qui conçoit un idéal et une morale, obéit à des lois qui lui sont propres, et qu'une science nouvelle peut seule saisir. Même au cas où l'égalité, par exemple, ne serait pas un fait *naturel*, cela ne prouverait pas qu'elle n'est pas un fait *humain*. Il n'y a pas à conclure de ceci à cela. Il n'y a qu'à étudier cela. La nature est une chose; la société en est une autre.

Si pourtant ces discussions s'éternisent sur les principes mêmes de la démocratie et de l'éducation, c'est qu'il y a là une raison profonde, et même après les travaux qui se multiplient dans ce sens, nous voyons bien — M. Séailles tout le premier — que les « affirmations » de la conscience moderne ne sont en effet que des opinions, quasiment des croyances. Elles ne sont pas encore des démonstrations, des acquisitions positives, et ce ne sont point toutes les conférences de la terre ni la plus belle éloquence du monde qui en changeront le caractère. Elles en dégageront seulement la beauté.

C'est que nous avons besoin d'autre chose. De même que le chemin de fer métropolitain a été construit par l'art des ingénieurs selon les leçons des physiciens, de même l'éducation, qui est l'art de façonner les hommes

pour la vie sociale, morale et esthétique, ne suppose-
t-elle pas, comme première condition, la connaissance
des lois qui régissent cette vie sociale, morale et esthétique des hommes? Qu'est-ce que l'industrie sans la physique? Qu'est-ce que l'éducation sans la sociologie? Il ne
faut pas mettre, comme on l'a fait tout le temps, la charrue avant les bœufs. Il est irrationnel et impossible de
préparer la jeunesse à vivre conformément aux mœurs
des hommes, si l'on ne connaît pas par avance ces mœurs.
L'éducation est l'art des mœurs qui suit la science des
mœurs, et M. Lévy-Bruhl, autre éducateur, a dit là-dessus, dans un livre nécessaire, *La Morale et la science
des mœurs*, des choses définitives. Il faut savoir ce que
sont les hommes avant de leur tracer leur loi. Et cette
loi, la connaissons-nous? Avons-nous, déjà faite, une
science sociale?

Donc, parlons et conférençions, cela est bon et noble.
Mais rendons-nous compte, tout de même, qu'entre les
vieux dogmes et les nouveaux, entre la Providence et
l'évolution, nous tâtonnons et ne suivons, en vérité,
que nos préférences instinctives, nos sentiments ou
nos intérêts. Pourquoi M. Séailles revendique-t-il le
droit de n'être pas socialiste, alors que M. Lafargue le
tiendra pour un simple capitaliste, amuseur du prolé-
taire? Pourquoi M. Bouglé tergiverse-t-il à propos du
monopole de l'enseignement? Questions que tout cela.
Nos doctrines sont incertaines, parce que notre science
sociale est à peine esquissée. Malgré nous, parce que
la vie nous presse, nous allons plus vite dans la pratique que dans la théorie. Notre politique, qui devrait la
suivre, précède notre sociologie, comme notre art,
notre esthétique. Nous parlons, réformons et tran-
chons tout d'abord, et cela est bien, encore une fois,
parce que ce qu'il y a de mieux et de plus beau, c'est
la vie. Mais travaillons tout de même et étudions!
Nous serons calmes quand nous serons sûrs, et notre
sagesse, ce sera de nous connaître.

CONCLUSION

Le succès a toujours été le fait le plus significatif
et le plus précis que puissent relever la critique ou
l'histoire littéraire. Cette affirmation, simplement ap-
proximative dans sa généralité, tend à devenir de plus
en plus exacte pour le type actuel de la société.

Il en est de la production et consommation artisti-
ques, en effet, comme de toute autre production et
consommation. C'est-à-dire que, de plus en plus, la
création, la lecture s'impersonnalisent, se socialisent
en se multipliant et en se diffusant, subissent l'action
de forces de plus en plus indépendantes des individus
qui créent ou qui lisent, de plus en plus impérieuses
aussi et coercitives. Plus ou moins consciemment, les
écrivains ont fini par s'en rendre compte, et c'est uniquement à utiliser ces conditions de succès qu'ils appli-
quent le plus souvent leur effort. Ils ne peuvent plus se
grouper suivant une esthétique ou des formules, et n'ont
pas le droit ni le temps d'en avoir. Bien loin de songer
à devenir chef d'école, chacun d'eux est le plus souvent
obligé, en cours de carrière, de modifier ses procédés,
selon le bon plaisir de Sa Majesté le Public. Tout le
xviie siècle, même Molière, écrivait pour le cercle res-
treint de la cour; aujourd'hui, il n'est point de vaudeville qui ne fasse la province et l'étranger. Chaque
écrivain a sa clientèle, à laquelle il ne s'imposera
qu'en lui complaisant. Et puisque tous poursuivent dé-
libérément dans l'art la réussite, il est difficile pour

chaque écrivain de distinguer, parmi les conditions de cette réussite, d'autre cause individuelle, à côté de ces causes générales, que l'intelligence plus ou moins claire qu'il en a eue, et la docilité plus ou moins heureuse qu'il apporta à s'y conformer.

De là un certain nombre de conséquences que nous avons observées :

1° Le succès exclut la *gloire*. Notre époque foisonne de célébrités. Elle ne saurait fournir aucune personnalité dominante et représentative. Il n'y a plus de grands noms, soit qu'il n'existe plus de grands hommes, soit que nous ne croyions plus à leur existence. L'esprit public est trop puissant, trop informé. Il donne l'impulsion, et ne la reçoit plus. Au théâtre, la facture des pièces change comme la façon des robes. Le directeur fournit ce que le spectateur demande et l'écrivain fabrique ce que le directeur commande. Mais surtout, il n'y a plus de crédulité ni d'admiration. Les petites histoires des plus notables auteurs courent les journaux et les salons, et nul n'ignore leurs embarras de fortune. De jour en jour, l'homme de lettres perd de son importance et le public de son respect ;

2° Le succès *industrialise* la littérature. Il cesse d'être le signe pour devenir le but. Dès lors, dans la cohue des écrivains et la masse des œuvres, la concurrence a sévi. La vente littéraire a été soumise aux mêmes conditions que toutes les autres, la publicité, la réclame, la façon sur commande. Un jeune critique, Ernest-Charles, est devenu célèbre pour avoir signalé et flétri ce commercialisme. Il a été le premier à pousser le cri d'alarme[1]. L'homme de lettres, par lui-même, ou par l'entremise de son éditeur, de son directeur, est devenu

---

1. Cf. toute la série des *Samedis littéraires* et notamment la préface de la *Littérature Française d'aujourd'hui*. La critique contemporaine, quoiqu'on en dise, méritant une étude à part, nous trouverons chez Ernest-Charles, qui fit ses débuts comme spécialiste de « l'Éreintement » et voulut faire place nette, l'un des exemples les plus curieux où le succès fut d'abord obtenu par un constant effort à le combattre.

un homme d'affaires. Il lui arrive de gagner beaucoup d'argent. Mais, dans un temps de grande production, il demeure tout de même l'un des plus petits enrichis, et il est à craindre que son ancienne autorité morale, il ne puisse la remplacer par la considération qui s'attache à l'extrême richesse.

3° Le succès impose *l'actualité*. Toute la littérature contemporaine est improvisée comme un journal. Les jeunes écrivains se hâtent vers la notoriété ; les écrivains connus se démènent contre l'oubli. Nul n'a le droit de se recueillir pour donner à son heure son œuvre. Ceux qui ne fournissent qu'un roman ou une pièce par an sont des sages. Dans ces conditions, comment réfléchir, se renouveler, penser, comment surtout étudier les traditions de la langue? La littérature d'aujourd'hui est essentiellement journalistique par ce double trait, l'information rapide, *l'absence de style*. Si les chroniques disparaissent des journaux, c'est que les livres, les pièces sont des chroniques.

.·.

Je ne doute pas que beaucoup d'esprits ne trouvent alarmants ces symptômes et ne soient disposés à en conclure, comme on l'a fait brillamment[1], que l'intelligence, avec le progrès économique, rétrograde devant la force, et à prononcer le déclin de l'art en général, de la littérature française en particulier. C'est excessif. Cherchons plutôt l'endroit de la médaille, et nous verrons peut-être, avec deux nouvelles conséquences du succès, la nécessité de conclure justement le contraire.

1° Le succès atteste, sinon l'intelligence, au moins la *réceptivité* croissante du public. Nous sommes de plus en plus avertis et sensibles. Nous ne savons pas encore très nettement ce qu'il nous faut, mais il nous faut quelque chose. Le public contemporain ne juge

---

1. Charles Maurras. *L'Avenir de l'intelligence.*

encore les œuvres, semble-t-il, que selon ses instincts, ses tendances obscures, ses préjugés, mais il évolue très vite. Il a suffi d'un article de Jules Lemaître pour rendre Georges Ohnet ridicule et lui-même célèbre, comme il a suffi d'un autre d'Octave Mirbeau pour « lancer » Maurice Maeterlinck. Bientôt sans doute, au-dessus des forces mystérieuses qui décident encore du succès, faudra-t-il compter le sens critique et la culture du public ?

2° Mais le fait capital dont témoigne le succès, c'est en effet que la littérature ne mène plus le mouvement de l'esprit public. Peut-être en fut-il toujours ainsi : le xvii° siècle a été cartésien et le xviii° encyclopédique. Mais aujourd'hui la dépendance de la littérature est un fait évident. L'esprit public en France, depuis la Révolution, a été uniquement guidé par la science, les sciences de la vie, et la vie elle-même. Le savoir, les affaires, le mouvement social, voilà surtout ce qui compte pour nous, et c'est dans la mesure où la littérature deviendra l'expression de cette triple activité qu'elle réussira dans l'avenir. Pour l'instant, elle tâtonne encore. Déjà pourtant des voies s'ouvrent et des œuvres se font.

INDEX ALPHABÉTIQUE DES NOMS PROPRES

A

Adam (Mme Juliette-Lamber), 102.
Adam (Paul), 15, 214.
Allais (Alphonse), 75.
Amiel, 84, 89.
Arène (Emmanuel), 128.
Aristote, 4.
Augier (Emile), 58.

B

Balzac (H. de), 40, 41, 52, 72.
Banville (Th. de), 192.
Bara (Joseph), 72.
Barbusse (Henri), 200.
Barrès (Maurice), 13, 63, **83**, 112.
Bataille (Henry), 195, 205.
Baudelaire (Charles), 84, 201, 202, 203.
Bazin (René), 13, **18**, 185.
Becque (Henri), 180.
Bergson (Henri), 67, 68, 212.
Bernard (Claude), 219.
Bernard (Tristan), **64**.
Bernhardt (Sarah), 191.
Bernstein (Henry), 195.
Boileau, 67.
Bossuet, 77.
Bouglé (C.), **216**.
Bourget (Paul), **27**, 37, 96, 166.
Brieux, 163, 169, 181.
Brisson (Adolp.), 171.
Brisson (Henri), 31.
Brunetière (Ferdinand), 8, 18, 178, 214.
Byron, 189.

C

Cabanis, 92.

Capus (Alfred), 10, 42, 61, **123**, 149, 163, 167, 193.

Caran d'Ache, 75.
Champmeslé (la), 5.
Chantavoine (Henri), 212.
Charles (Ernest), 198, 222.
Chateaubriand, 78, 79, 81, 82, 84, 85, 94.
Chénier (André), 103.
Combes (Emile), 77.
Comte (Auguste), 52.
Constant (Benjamin), 63, 84.
Coppée (François), 211.
Coquelin, 191.
Corneille (Pierre), 4, 6, 140, 170, 214.
Courrier (Paul-Louis), 67.
Courteline (Georges), 75.
Croiset (Alfred), 216.
Croisset (Francis de), 205.
Curel (François de), 10, 52, 130, 149, 163.
Curie (Mme), 93.

D

Descartes, 30.
Descaves (Lucien), 97.
Desmoulins (Camille), 77.
Dickens, 67.
Donnay (Maurice), 9, 67, **130**, 163, 164, 192.
Dumas fils (Alexandre), 28, 40, 52, 123, 193.
Dürkheim (Emile), 3.

E

Eschyle, 140, 179.
Euripide, 171, 179.

TABLE DES MATIÈRES

ÉVREUX, IMPRIMERIE DE CHARLES HÉRISSEY

www.ingramcontent.com/pod-product-compliance
Ingram Content Group UK Ltd.
Pitfield, Milton Keynes, MK11 3LW, UK
UKHW022333090726
13658UKWH00001B/252